国家社科基金
GUOJIA SHEKE JIJIN HOUQI ZIZHU XIANGMU
后期资助项目

墨经公孙龙子译注

The *Mohist Canon* and *Gongsun Longzi* : Collated and Annotated Edition

张荣明 著

中华书局
ZHONGHUA BOOK COMPANY

图书在版编目(CIP)数据

墨经公孙龙子译注/张荣明著. —北京:中华书局,2021.7
(国家社科基金后期资助项目)
ISBN 978-7-101-15258-6

Ⅰ.墨… Ⅱ.张… Ⅲ.①墨家②《墨经》-译文③《墨经》-
注释④名家⑤《公孙龙子》-译文⑥《公孙龙子》-注释
Ⅳ.①B224.2②B225.4

中国版本图书馆 CIP 数据核字(2021)第131026号

书　　名	墨经公孙龙子译注
著　　者	张荣明
丛 书 名	国家社科基金后期资助项目
责任编辑	王　璇　朱立峰
出版发行	中华书局
	(北京市丰台区太平桥西里38号　100073)
	http://www.zhbc.com.cn
	E-mail:zhbc@zhbc.com.cn
印　　刷	北京瑞古冠中印刷厂
版　　次	2021年7月北京第1版
	2021年7月北京第1次印刷
规　　格	开本/710×1000毫米　1/16
	印张23½　插页2　字数315千字
国际书号	ISBN 978-7-101-15258-6
定　　价	83.00元

国家社科基金后期资助项目出版说明

　　后期资助项目是国家社科基金设立的一类重要项目,旨在鼓励广大社科研究者潜心治学,支持基础研究多出优秀成果。它是经过严格评审,从接近完成的科研成果中遴选立项的。为扩大后期资助项目的影响,更好地推动学术发展,促进成果转化,全国哲学社会科学工作办公室按照"统一设计、统一标识、统一版式、形成系列"的总体要求,组织出版国家社科基金后期资助项目成果。

全国哲学社会科学工作办公室

目　录

墨经译注

凡　例

1.本书以中华书局《新编诸子集成》之孙诒让《墨子间诂》（孙以楷点校,1986年版）为底本,校以诸本（见"参校版本"）,并参考毕沅、张惠言、俞樾、王念孙、张纯一、高亨等学者校勘成果而成。

2.《墨经》有广狭二义。狭义指《墨子》中《经上》《经下》《经说上》《经说下》四篇,广义是在上述四篇基础上,再加《大取》《小取》二篇。本书取广义,学界或谓墨辩。

3.《经上》《经下》《经说上》《经说下》四篇,形式有似名词解释或百科词条,逐条排列,早期版本为上下两栏,旁行左读。后之纂者上下两栏通排,遂致条目参错,难以卒读。毕沅《墨子注》之《新考订经上篇》,开上下两栏重排之端;张惠言《墨子经说解》继其后,经文旁行,以《说》配《经》,逐条展开,甚便。孙诒让将毕氏、张氏考订之《经》目,附于《经说下》之末,其《经》《说》正文,循于旧例。高亨《墨经校诠》依张氏体例,并标条目序号。本书继之,条目酌加修订。

4.本书体例,每篇篇名之下先作解题,简释该篇题目、结构大意。内容体例依次为原文、校注、译文。

5.原点校断句有误者,为避烦琐,径作更正,除个别者外,一般不出校。

6.凡文字校改者,一律在校注中说明。移至其他位置的文字加黑框标示,并注明移至之处;从其他位置移来的文字,注明移来之处。

7.非今日学人熟知的通假字、古今字,一律在〔〕内随标正字或今字;约定俗成的通假字,一仍其旧。

8.内容浅显者,不再赘列前贤注文。前贤校勘、训释无益者,亦少赘列。凡采前贤真知灼见,一律在校注中标明。

9.译文取直译之法,力求译文与原文对应,以求贴切。

10.《经说》与《经》原不同篇,故《经说》每条起始之处大多有提示词语,以示与《经》某条对应。今《经说》与《经》同条,故《经说》之提示语用【】标示,以免与《经说》正文混淆。

11.《经说》内容,或个别条目较长,或个别条目内容不相统贯,当为墨家后学不同派别之说,类《兼爱》诸篇分上、中、下,故根据内容酌情分段。

12.本次排印使用简化汉字,其于训诂甚为不便。为训诂计,个别之处仍保留繁体字。

经上/经说上

[解题]

　　《晋书·鲁胜传》载鲁胜注《墨辩》,并录其叙曰:"《墨辩》有上、下《经》,《经》各有《说》,凡四篇。"此四篇即《正统道藏》本《墨子》的《经上第四十》《经下第四十一》《经说上第四十二》《经说下第四十三》。孙诒让《墨子间诂》曰:"凡《经》与《说》,旧并旁行,两截分读,今本误合并写之,遂捆淆讹脱,益不可通。今别考定,附著于后,而篇中则仍其旧。"(第279页)旁行《经》文,逐条排列,眉目清晰,载《经说下第四十三》末。在毕沅、张惠言、谭戒甫等人研究基础上,高亨作《墨经校诠》,以《说》附《经》,为182条,甚便。兹循高氏《墨经校诠》体例,将《经上》《经说上》合为一篇,《经下》《经说下》合为一篇,校订为183条。

　　《墨经》内容,有关于社会、伦理者,有关于科技者,有关于逻辑原理者。就体例言,部分条目类似"名词解释"或"概念定义",部分条目论各类知识,部分条目是与当时其他诸家的辩论,其宗旨乃建立墨家辩学体系。

第 1 条

[原文]

　　经　故:所得而后成也。

　　说　【故】[1]小故:[2]有之不必然,无之必不然。体也,若有端。[3]大故:[4]有之必然,无之必不然。[5]若见之成见也。[6]

[校注]

[1]【故】:故,提示语,故用【】标出,以与随后之诠释文字相别。墨家讲经,通常先作提示,表明对应经文哪条,然后再作讲解。《经说》之提示,有三种情形:第一种情形,取《经》第一字,如此条;第二种情形,口语性提示,由《经》之第一字加其他文字构成,有二字者,如第 3 条,也有三字者,如第 162 条,有四字者,如第 90 条;第三种情形,不作提示,文义自见,如第 86 条。梁启超曰:"凡《经说》每条之首一字,必牒举所说《经》文词条之首一字以为标题。"①后之学者影从,不确。

[2]小故:孙中原《墨子今注今译》:"相当于必要条件。"

[3]体也,若有端:这是对小故的举例。参后文"若见之成见也"句式,若作"若体也有端",义便了然。有物体未必有端头,如圆球,但没有物体一定不会有端头。此五字,学者训释多端。张惠言《墨子经说解》:"五字是下节文。"孙诒让《墨子间诂》:"张说近是。"高亨《墨经校诠》曰"有"前脱"尺"字,孙中原《墨子今注今译》从之。皆非。在《墨经》中,体与端对举。体:个体或整体之部分。端:端头。参第 62 条"端:体之无序而最前者也"。

[4]大故:孙中原《墨子今注今译》:"相当于充分必要条件。"

[5]无之必不然:原作"有之必无然"。孙诒让《墨子间诂》:"此疑当作'大故,有之必然,无之必不然',与上'小故'文正相对。"后之学者从之,故校改。

[6]若见之成见也:无物则无所见,有物则必能见,物为见的充分必要条件。

[译文]

经　故:有了它相应的命题才能成立。

说　小故:有此前提未必得出彼结论,无此前提一定不会得出彼结论。比如物体与端头的关系。大故:有此前提一定得出彼结论,无此前提一定不会得出彼结论。比如看见那个东西,那个东西是人们看见它的充分必要条件。

---

①梁启超:《墨经校释·读墨经余记》,第 4 页。载《饮冰室合集》,第八卷,北京:中华书局,1988 年。

第 2 条

[原文]

经　体:分于兼也。[1]

说　【体】若二之一、尺之端也。[2]

[校注]

[1]体:部分。分于兼也:《墨经》之"兼"略有二义:其一,一个整体;其二,一个集合,如"牛马"为"牛"和"马"之兼。高亨《墨经校诠》:"物之总体,《墨经》谓之兼。"近之。

[2]二之一:两个当中的一个。尺:木尺或竹尺。端:端头,两端。说"两个当中的一个",一定还有另一个;说"尺的一端",一定还有另一端。孙诒让《墨子间诂》:"尺之端,谓于尺幅中分之,其前为端。"高亨《墨经校诠》:"几何学上之线,《墨经》谓之尺。几何学上之点,《墨经》谓之端。"王赞源《墨经正读》:"犹几何学的点。"孙说近之。

[译文]

经　体:整体或集合的一部分。

说　比如二个中的一个、尺的一端。

第 3 条

[原文]

经　知〔智〕:材也。[1]

说　【知材】[2]知〔智〕也者,[3]所以知也;而必知,若明。[4]

[校注]

[1]知:读为"智"。张惠言《墨子经说解》:"读'智'。"俞樾《诸子平议》卷十一《墨子三》:"'知',读为'智'。"材:材质,素质。这里指智力的天赋因素。孙诒让《墨子间诂》:"此言智之体也。"体者,实体。

[2]知材:提示语。谭戒甫《墨辩发微》:"此牒经标题用'知材'二字是特例。"不然,此非特例,用二字为提示语者,又见第 112 条、139 条、178 条、179

条、180 条。

[3]孙诒让《墨子间诂》:"上二'知'字读为'智'。"

[4]此以"明"为例。明者,光亮也。人类虽有见物的天赋因素,但也依赖于外部光亮,若无光亮,亦不能见。故孙诒让《墨子间诂》曰:"此假目喻知也。"

[译文]

经 智:资质;禀赋。

说 智,是实现认知的主体因素;若要完成认知,还须外部条件,比如光亮是见物的外部条件。

第 4 条

[原文]

经 虑:求也。[1]

说 【虑】虑也者,以其知〔智〕有求也;而不必得之,若睨。[2]

[校注]

[1]求:索取。《康熙字典》引《增韵》:"觅也,乞也。"虑:心之求;思索。

[2]睨:《说文》卷四目部:"衺视也。"《康熙字典》引《埤雅》谓《禽经》曰:"鸡以嗔睨。"此谓歪着脖子看,不正视。王赞源《墨经正读》:"睨,从目儿声,声亦兼义。儿即乳子、婴儿,婴儿眼睛自然转动,寻视各方,但不必认识物件。分析字形,睨的本义应为寻视。"此谓漫无目标地看。以上二义均通。高亨曰:"睨即是虑。"非。

[译文]

经 虑:心之索求。

说 思虑,是因为心智有索求;但仅仅心智索求未必有结果,比如歪着脖子就看不见想看的东西。

第5条

[原文]

经　知:接也。[1]

说　【知】知也者,以其知〔智〕过物而能貌之,若见。[2]

[校注]

[1]知:认知。第3条的"知"表示认知的先天主体因素,此条的"知"表示认知过程。张惠言《墨子经说解》:"读如字。"孙诒让《墨子间诂》:"此言知觉之知。"接:主体心智接触外部存在。毕沅《墨子注》:"知以接物。"是。

[2]过:交接,接触。孙诒让《墨子间诂》:"'过'疑当为'遇',与《经》云'接'同义。"亦通。貌:识其外观,得其面貌。孙诒让《墨子间诂》:"能貌之,谓能知物之形容。"见:眼睛看见东西。

[译文]

经　知:认知,即心体感知外部存在。

说　所谓认知,就是心体感知外部存在,进而识别外物,比如看见东西。

第6条

[原文]

经　恕:明也。[1]

说　【恕】"恕"也者,以其知〔智〕论物,而其知之也,著若明。[2]

[校注]

[1]明:明白,晓得。

[2]恕:知道;知晓。"心"形"知"声,表示认知结果。以其知论物:"知",读为"智",天赋智慧。刘师培《墨子拾补》:"上'知'字与'智'同。"论:分析,识别。《说文》卷三言部:"议也。从言,仑声。"段注:"论以仑会意。亼部曰:'仑,思也。'侖部曰:'仑,理也。'"著若明:显而易见。此乃墨家习语,又见第7条。第3条言认知的主体因素,第5条言认知过程,第6条言认知结果。

［译文］

经　恕：明白；知晓。

说　所谓"恕"，就是心体识别外物，对外物的认知，洞若观火。

第 7 条

［原文］

经　仁：体爱也。[1]

说　【仁】爱己者，非为用己也，不若爱马，著若明。[2]

［校注］

[1]体：整体的一部分。第 2 条《经》曰："体：分于兼也。"兼为整体、全部，体为部分、个别。体爱：个体化、有差异之爱。高亨《墨经校诠》："体爱者，爱其一部分也；兼爱者，爱无等差也。体爱者，儒者之道也；兼爱者，墨者之道也。"是。

[2]此释"体爱"。人们爱自己，无条件、无目的；人们爱马，是为了用马做事。因而，爱己与爱马不同，此爱为体爱。张惠言《墨子经说解》："爱己非为用己也，爱马为用马也。"是。高亨训"己"为"民"，谓"非为用民而爱民，乃仁也"。其说无据。著若明：道理显而易见，参第 6 条。孙诒让《墨子间诂》曰："三字无义。"高亨曰："'著若明'三字涉上条而衍。"非。

［译文］

经　仁：有差异之爱。

说　人们爱自己，不是为了从自己这里得到什么好处，不像人们爱马是为了用马，这道理显而易见。

第 8 条

［原文］

经　义：利也。[1]

说　【义】志以天下为芬〔分〕，而能能利之，不必用。[2]

[校注]

　　[1]仅从字面看,《经》谓义就是利;但从《说》看,是指利人之心。当以《说》为据。据此可知,墨家讲"利",乃在利人,而非利己。

　　[2]芬:读为"分",职分,本分。此从王闿运、高亨之说。以利天下为己任,而且具备利天下的能力,此主观精神便是义。由此可知,儒家讲仁内、义外,墨家异之,认为"义"乃是人的主观因素,只要有此心,便是有此"义"。不必用:未必已做利天下之事。

[译文]

　　经　义:利人之心。

　　说　以天下为己任,而且有为天下做贡献的能力,但未必已做利天下之事。

第9条

[原文]

　　经　礼:敬也。

　　说　【礼】贵者公,贱者名,而俱有敬僈〔慢〕焉,等异论〔伦〕也。[1]

[校注]

　　[1]贵者公,贱者名:公者,社会之名器,若公侯伯子男之爵号,非私有者也;名者,私有之名器也,若墨翟、孟轲。《春秋经》文公八年:"宋杀其大夫司马,宋司城来奔。"《公羊传》曰:"司马者何？司城者何？皆官举也。"何休注:"皆以官名举言之。"此乃"贵者公"之例。贱者名,贱者称名而不讳也。孙诒让《墨子间诂》:"言贱者称贵者为公,而自名也。"高亨《墨经校诠》:"名疑当作台。""台读为臺。"《左传》昭公七年:"王臣公,公臣大夫,大夫臣士,士臣皁,皁臣舆,舆臣隶,隶臣僚,僚臣仆,仆臣臺。"高亨据此而谓:"此文之公,即《左传》之公。此文之台,即《左传》之臺。"备一说。俱有敬僈:敬,恭敬。僈,毕沅《墨子注》:"慢字异文。"慢,怠慢。不同等级之间存在恭敬与怠慢关系,即贱者对贵者施敬,贵者对贱者施慢。等异论:等,齐等。《说文》卷五竹部:"齐简也,从竹从寺。""论",读为"伦"。许慎《说文》卷八人部:"辈也。"段注谓为"类"

或"比"。"等异论"者,似有等级齐等之意,或可谓墨家否定礼乐制度。然细绎整句之意,"等"当作名词,其意当为等级不同,礼法有别。

[译文]

经 礼:恭敬。

说 对尊贵的人称呼其爵号,对卑贱的人称呼其名,卑贱之人对尊贵之人要敬,尊贵之人对卑贱之人要慢,等级不同,礼法有别。

第 10 条

[原文]

经 行:为也。[1]

说 【行】所为不善〔缮〕名,行也;所为善〔缮〕名,巧也,若为盗。[2]

[校注]

[1]行:本义为在路上走。《说文》卷二行部:"人之步趋也。"为:做,做事。《尔雅·释言》:"作、造,为也。"

[2]善:读为"缮"。《墨子·杂守》:"治复道,为筑墉,墉善其上。"孙诒让《墨子间诂》引苏云:"善与缮通。"缮名:博取名誉。张惠言《墨子经说解》:"善名,求善其名也。所为求善名,其巧如为盗。"是。高亨《墨经校诠》:"二善字皆当作差,形近而误。""所为不差名,是言行一致,名实相符,乃可谓之行。"恐非。墨家区分"为"与"巧",肯定前者,否定后者。

[译文]

经 行:做事。

说 做事不为博取名誉,就去做;做事为了博取名誉,这是投机取巧,犹如盗窃。

第 11 条

[原文]

经 实:荣也。[1]

说 【实】其志气之见〔现〕也，使人如己，不若金声玉服。[2]

[校注]

[1]实：本义为"富"。《说文》卷七宀部："实，富也。"引申为植物的果实。段玉裁《说文解字注》："引伸之为草木之实。"荣：植物的花。《尔雅·释草》："木谓之华，草谓之荣。"高亨《墨经校诠》："实存于内，荣见于外，有实必有荣。"甚是。《经》喻表里如一。

[2]其志气之见也：志气者，志向，意愿。见：读为"现"，显现。一个人心里的想法表现出来。使人如己：对待别人就像对待自己一样。孙诒让《墨子间诂》："言待人以实，与己身无异。"金声玉服：响亮的声音，漂亮的衣服。张纯一《墨子集解》："岂若金声玉服，徒饰外观者。"谭戒甫《墨辩发微》："金声玉服，徒炫于外，而无补于内。"此条之旨为表里如一，待人如己，不虚张声势。《经》曰"实，荣也"，讲植物现象，《说》以人际关系申之。高亨改字作解，不必。

[译文]

经 实：就是花。

说 为人做事，其内心志向表现出来，应该待人如己，而不装腔作势。

第 12 条

[原文]

经 忠：以为利而强低〔砥〕也。[1]

说 【忠】不利弱子亥〔孩〕，足将入止容。[2]

[校注]

[1]利：利人、利天下。低：读为"砥"。《诗·小雅·大东》："周道如砥，其直如矢。"强砥：顽强努力。以为利而强砥：认为对人有利的事情，坚持去做，这便是忠。墨者尚义，故讲忠。毕沅《墨子注》："言以利人为志而能自下。"备一说。孙诒让《墨子间诂》："'低'疑当为'君'，'君'与'氏'篆书相似，因而致误'氏'，复误为'低'耳。忠为利君，与下文孝为利亲，文义正相对。"忠孝并举，以孝推忠，把"忠"的对象限定于君主，似不然。谭戒甫《墨辩发微》："墨家之

所谓忠,乃谋国辅人、奉上使下之一令德,初非限于臣对君也。"近乎是。

[2]弱子亥:亥,读为"孩"。子孩:孩子。弱子孩:幼子。张纯一《墨子集解》引曹云:"不利弱孩者,不为身家妻子之利也。"足将入止容:足将入户而止之状。此条《经》言利天下,《说》曰不利妻子儿女,足将入户而止,大禹治水三过家门而不入之意也。

[译文]

经　忠:坚信能利于他人,故砥砺而行。

说　不为自己的年幼之子谋利,若脚将要踏进家门而停止不入的样子。

第 13 条

[原文]

经　孝:利亲也。[1]

说　【孝】以亲为芬〔分〕,而能能利亲,不必得。[2]

[校注]

[1]利亲:有利于父母双亲。但从《说》的解释看,孝重在主观精神,故当为有利于父母之心。

[2]芬:读为"分",职分,责任,见第 8 条校注。以亲为分:以利于父母为自己的本分责任。得:已经做到。不必得:未必已经做了。高亨《墨经校诠》:"不必得亲而后为孝。"于义未尽。孝亲之心,固已有之,纵然尚未行之于事,已为孝矣。此句之结构与第 8 条略同,可参。

[译文]

经　孝:有利于父母之心。

说　以利于父母为自己的责任,有能力做对父母有利之事,但未必已经做了什么。

第 14 条

[原文]

经　信:言合于意也。[1]

说 【信】不以其言之当也。使人视城得金。[2]

[校注]

[1]言合于意:心口如一。

[2]之:语气助词。王引之《经传释词》:"之,语助也。"(第201页)不以其言之当也:言而当,此谓验;心口如一,此谓信。验重在结果,信重在主观态度。高亨《墨经校诠》:"信之界说,只限于心口之如一……而不涉及其言之当否。设言合于意,其言当,信也;其言不当,亦信也。"是。使人视城得金:此举例。如我让张三视城,谓之或可得金。冀其得金,我之愿也;果得金否,未可知也。张惠言《墨子经说解》:"使人视之如城,得之如金。"孙诒让《墨子间诂》:"言告人以城上有金,视而果得之,明言必信也。"张、孙之说未切墨家之意。

[译文]

经 信:心口如一。

说 所说未必应验。如言于人:"视城可得金。"然未必得金。

第 15 条

[原文]

经 佝:自作〔怍〕也。[1]

说 【佝】与人遇,人众,惼。[2]

[校注]

[1]作:参《说》,当为"怍"之借字,畏缩之义。《说文》卷十心部:"怍,惭也。"高亨《墨经校诠》:"作,疑借为怍。"是。

[2]惼:字书未见。"惼"乃形声字,源于"盾",落于"心",心之盾也。遁:逃避。以类推之,"惼"乃逃避之心。高亨《墨经校诠》:"与人相遇,人之数众力伟,自愧不如,莫敢与争,因而存遁退之心,即佝矣。"是。

[译文]

经 佝:自己内心畏缩。

说 与人相遇,对方人多势众,有畏惧退缩之心。

第 16 条

[原文]

经　誩:作嗛也。[1]

说　【誩】为是,为是之台〔诒〕彼也,弗为也。[2]

[校注]

[1]誩:不言。毕沅《墨子注》:"字书无誩字。"高亨《墨经校诠》:"誩者,有所不能为也。"案:"誩"与"狷",同源词。狷:有所不为。《论语·子路》:"狂者进取,狷者有所不为也。""狷"之义在有所不为,"誩"之义在有所不言,此其异也。嗛:《说文》卷二口部:"口有所衔也。从口,兼声。""口有所衔"者,所谓"衔枚而行"之"衔枚"也。嗛,缄口不言之谓。孙诒让、谭戒甫、吴毓江等有异说,不赘。

[2]为是:孙诒让《墨子间诂》:"下'为是'二字,盖误衍。"未必衍,或为墨师口授重复之迹。台:"诒"之借字。孙诒让《墨子间诂》引顾曰:"'台'读当为'诒'。"诒:《说文》卷三言部:"相欺诒也。一曰遗也。从言,台声。"诒彼:欺骗对方。弗为也:不为诒彼之事,缄口不言也。张惠言《墨子经说解》作"勿为也"。

[译文]

经　誩:有所不言。

说　这样说,这样说欺骗对方,所以不说。

第 17 条

[原文]

经　廉:作,非也。[1]

说　【廉】已惟为之,知其甄也。[2]

[校注]

[1]廉:狭小、仄陋之义。《说文》卷九广部:"廉,仄也。"段玉裁《说文解字注》:"此与'广'为对文。"作:有所作为、有所改变,即改变自己所处"廉"的状态。非:错误。此释守"廉"。墨家尚俭,推崇大禹,正与此同。孙诒让《墨子间诂》:

"'廉'疑当作'慊'。慊,恨也。作非,谓所为不必无非。"高亨《墨经校诠》:"作,借为怍。廉者知耻,所行者非,则内怀惭愧,故曰:'廉,作非也。'"备二说。

[2]"己",原作"已",宣统二年刻本同,张纯一《墨子集解》作"己",是,故校改。惟:思考。《说文》卷十心部:"惟,凡思也。从心,隹声。"己惟为之:自己有改变廉的想法。此释"作"。聑:孙诒让《墨子间诂》训为"惧",曰:"字书无'聑'字……以文义校之,当为'愳'之讹。《荀子·强国》篇云'虽然,则有其愳矣',杨注云:'愳,惧也。'……此家上为文,言狷者则有所不为,慊者己虽或为非,而心常自恨,犹知惧也。"高亨《墨经校诠》训为"耻"。求其大意,"知其聑也"乃释《经》"非"之义,知不当为,故以为耻。

[译文]

经　廉:有所改变,那就错了。

说　有改变仄陋状况的想法,但知道那样想不对。

第 18 条

[原文]

经　令:不为所作也。[1]

说　所令,非身弗行。[2]

[校注]

[1]令:命令。不为所作:句有省略,参《说》,意为命令不仅是让别人去执行的,自己应该带头去做。毕沅《墨子注》:"言使人为之,不自作。"与《说》义恰反。高亨《墨经校诠》:"令之为善也,谓不为其内心惭愧之事。"《经》无惭愧之义。

[2]所令:所下之令。非身弗行:身行,以身作则。这与墨家推崇大禹及尚同的原则完全一致。陶鸿庆《读墨子札记》曰:"此言所令者,非身为倡率,则其令不行。"是。孙诒让《墨子间诂》:"言使他人作之,非身所亲行也。"非。高亨《墨经校诠》校改,断句为"所非身弗行",并释曰:"其心之所非,其身不肯行。"不当改。

[译文]

经　令:不仅是让别人执行的。

说　所下的命令，不能以身作则，就难以要求别人做到。

第 19 条

[原文]

经　任：士损己而益所为也。[1]

说　【任】为身之所恶，以成人之所急。[2]

[校注]

[1]任：责任，任务。损己而益所为：牺牲自己，努力为人做事。高亨《墨经校诠》："任者甘于牺牲自己，以求有益于所为之人。"是。

[2]身之所恶：伤害自己利益。毕沅《墨子注》："言任侠轻财。"高亨《墨经校诠》："墨子贵任之精神，以兼爱为原动力。"均是。

[译文]

经　任：士人损己为人。

说　所做之事不利于己，只为别人排忧解难。

第 20 条

[原文]

经　勇：志之所以敢也。[1]

说　【勇】以其敢于是也命之，不以其不敢于彼也害之。[2]

[校注]

[1]勇：勇敢。志：心志，意志。《说文》卷十心部："志，意也。从心，之声。"敢想敢为谓之勇。

[2]张惠言《墨子经说解》："人有敢，亦有不敢。"人之勇，所在不同。有勇于此者，有怯于此者；有勇于彼者，有怯于彼者。因其所勇而任之，不强其所怯而害之。高亨《墨经校诠》亦此义，不赘引。

[译文]

经　勇：心志敢于去做。

[说] 他敢于做此事就命令他去做,他不敢做彼事就不要强迫他做,以免使他受害。

第 21 条

[原文]

[经] 力:刑〔形〕之所以奋也。[1]

[说] 【力】重之谓下。与重,奋也。[2]

[校注]

[1]刑:"形"之借字,战国习见。形:这里指动物(包括人)之躯体。奋:本义为振翅,引申为动物(包括人类)躯体发力运动。毕沅《墨子注》:"同形","言奋身是强力"。张惠言《墨子经说解》:"形以力奋。"这是用动物(包括人)的运动给"力"下定义,是"力"概念的古典形态。①

[2]重之谓下:重力是向下的。与:繁体字作"與"。與:承负。《说文》卷三舁部:"與,党與也。"此释人与人到一起为"与"。人与物到一起,人承负物体,亦为"与",此乃"与物"也。孙诒让《墨子间诂》:"'與',疑当作'举'。"高亨《墨经校诠》:"與,借为举。"释此可通,但释第 107 条则不通。该条《说》:"举不重不与针,非力之任也。""与针"乃做针线活,非举针也。与重,奋也:承负重物,这是"奋"。《说》释"奋"字。

[译文]

[经] 力:躯体运动之所以爆发的原因。

[说] 重力是向下的。把重物举起,这是奋。

第 22 条

[原文]

[经] 生:刑〔形〕与知〔智〕处也。[1]

[说] 【生】楹〔盈〕之生,商不可必也。[2]

---

① 可以参见张波:《〈墨经〉中"力"的内涵再认识》,《自然辩证法研究》2018 年第 12 期。

［校注］

［1］生：活着的命，今谓生命。刑："形"之借字。知：读为"智"，同第3条"知〔智〕，材也"之"智"。墨家持有鬼论，这里指灵魂。佛家谓之赖耶。处：处所，引申为在一起。躯体与灵魂结合，于是有生命。孙诒让《墨子间诂》："此言形体与知识，合并同居则生。"高亨《墨经校诠》："形体与知觉同处乃为生，离则为死。"训"知"为"知识"或"知觉"，意有隐晦。

［2］楹：读为"盈"。孙诒让《墨子间诂》："'楹'，吴钞本作'盈'。"盈：充满。盈之生：灵魂注入躯体，于是有生命。商：度也，揣摩。《康熙字典》引《广韵》："度也。"商不可必：言灵魂未必能充盈于形体，未必形成生命。毕沅《墨子注》："商不可必，言不可知量。"孙诒让《墨子间诂》训"商"为"常"，曰："言生无常，形与知合则生，离则死也。"亦通。

［译文］

经　生命：形体与灵魂结合在一起。

说　灵魂充满躯体而有生命，然灵魂未必能进入躯体。

第 23 条

［原文］

经　卧：知〔智〕无知也。[1]

说　【卧】

［校注］

［1］卧：卧床，引申为睡眠。高亨《墨经校诠》："墨家所谓卧，同于他书所谓寐，今语所谓睡也。"知：第一个"知"读为"智"，乃知之体，同《经》第3条；第二个"知"为感知之"知"，同《经》第5条。一个人感知不到身边发生的事情，这是处于睡眠状态。此义甚简，故无《说》。

［译文］

经　卧：人的知觉感知不到身边发生事情的时候。

说

第 24 条

[原文]

经　梦:卧而以为然也。[1]

说　【梦】

[校注]

[1]卧:睡眠,见前条。以为然:感觉像真的一样。此释何为"梦"。义甚简,故《说》仅一"梦"字。

[译文]

经　梦:睡眠中心里发生的事情,感觉像真实发生的一样。

说

第 25 条

[原文]

经　平:知〔智〕无欲恶也。[1]

说　【平】惔〔憺〕然。[2]

[校注]

[1]平:此条所谓"平",非山高水低之谓,乃心态平和之谓也。知:知之体,即智,同《经》第3条。无欲恶:没有好恶、爱憎。所谓心态平,是指没有欲望爱憎。

[2]惔:读为"憺",心态恬静。《广韵》第五十四"阚"部:"憺,恬静。"随后释"惔"曰:"同上。"故知"憺""惔"二字,音义相同。张惠言《墨子经说解》:"'惔',疑当为'憺'。"是。憺:《说文》卷十心部:"安也。从心,詹声。"

[译文]

经　平:心智无欲望好恶。

说　心态淡泊安然。

第 26 条

[原文]

经　利:所得而喜也。[1]

说　【利】得是而喜,则是利也。其害也,非是也。[2]

[校注]

[1]利:利益,好处。所:表示原因。所得而喜:因得到某物而高兴。此释何为"利"。高亨《墨经校诠》:"凡事物有利于人,则人得之而喜。"

[2]是:第一个"是"字,代词,某一事物。得到好处,人们高兴;受到伤害,则不如此。

[译文]

经　利:因得到某物而心生欢喜。

说　为所得的东西欢喜,这种东西对人来说便是利。害,不是如此。

第 27 条

[原文]

经　害:所得而恶也。[1]

说　【害】得是而恶,则是害也。[2]其利也,非是也。

[校注]

[1]此条与上条,句式相同,句意相反。所得而恶:得到某物而心生厌恶。

[2]得是而恶:"是",代词,事物。得到此物而心生厌恶,便是害。

[译文]

经　害:得到某种东西而心生厌恶。

说　得到一样东西而厌恶,这种东西对人来说就是害。利,不是这样。

第 28 条

[原文]

经　治:求得也。[1]

说　【治】"吾事治矣。"人有治南、北。^[2]

[校注]

　　[1]治:《荀子·修身》:"少而理曰治,多而乱曰秏。""少而理"者,事情不多,做得井井有条。习语所谓"天下大治",此之意也。张纯一《墨子集解》:"治,理也,乱之反也。"是。求:期望,期待。得:得到。求得也:期望的结果。毕沅《墨子注》:"言事既治,所求得。"高亨《墨经校诠》:"求之而得。"近之。

　　[2]吾事治矣:"我的事情做好了。"此乃例句,亦为墨师口语之迹。人有治南、北:当为"人有治南,人有治北"之省,谓人各有所长,各有所短。孙诒让《墨子间诂》无释。高亨《墨经校诠》谓"人有治南北"疑当作"人治有向北",向北者,向背也。备一说。

[译文]

经　治:人们期望的结局。

说　"我的事情做好了。"有人擅长于此,有人擅长于彼。

第 29 条

[原文]

经　誉:明美也。^[1]

说　誉之,必其行也,其言之忻,使人督之。^[2]

[校注]

　　[1]明美:彰显别人的美好。誉,就是彰显别人的优点或善举。

　　[2]必:必须,一定。行:为,做。誉之,必其行也:赞扬一个人,赞誉之辞必与此人行为一致,不溢美。忻:心胸坦荡,豁达无私。《说文》卷十心部:"闿也。从心,斤声。"其言之忻:赞扬别人之时,应豁达无私。张惠言《墨子经说解》:"若是者,其言可忻悦也。"高亨《墨经校诠》:"忻"借为"欣","誉人之言,使人欢欣"。皆非,参下条。督:《说文》卷四目部:"察也……从目,叔声。"叔:《说文》卷三又部:"拾也。"《诗·豳风·七月》:"九月叔苴。"毛传:"叔,拾也。"由此可知,"督"乃目击之义。使人督之:经得起众人检验。孙诒让《墨子间诂》:"'督','笃'之借字。"备一说。《说》之意,赞美别人,必合实情,言者

发自肺腑,经得起人们检验。

[译文]

经 誉:用语言彰显别人的优点或长处。

说 赞誉之辞必切合其行为,且赞扬之言发自肺腑,经得起人们检验。

第 30 条

[原文]

经 诽:明恶也。[1]

说 【诽】必其行也,其言之忻。[2]

[校注]

[1]诽:形声字,"言"表意,"非"表声。"诽"者,言人之非也。明恶:指明别人的过错。墨家尚诚,故"诽"无贬义,犹"国人谤王"之"谤"无贬义。

[2]必其行:对别人的批评必符合实际。言之忻:心胸坦荡,见上条之释。此条与上条,义虽相反,旨趣相同。孙诒让《墨子间诂》:"诽、誉义相反,说不宜同,疑皆涉上而误,下亦有脱文。"张纯一《墨子集解》亦谓"当有脱文"。高亨《墨经校诠》:"忻当读为怍,形近而误。""诽人之言,使人惭愧。"陈孟麟、孙中原从其说。皆非。

[译文]

经 诽:指明别人的错误。

说 批评之辞必切合其行为,且发自肺腑。

第 31 条

[原文]

经 举:拟实也。[1]

说 【举】告以文名,举彼实也。[2]

[校注]

[1]拟实为举。何为"拟实"?参《说》,用语言表达实物。张惠言《墨子经

说解》："以名拟实。"是。举:本作"擧"。《说文》卷十二手部:"擧,对举也。从手,与声。"《说文》谓本义,《经》和《说》释逻辑范畴之义。

[2]文名:成文之名。孙诒让《墨子间诂》:"文名,言以文饰为名。"高亨《墨经校诠》:"文名者,成文之名也。"告以文名:告诉别人这个名称。举彼实也:表达那个实体对象。《说》以名实关系释"拟实"。

[译文]

经 举:用名称表达事物。

说 告诉别人这个名称,是为了表达那个事物。

第 32 条

[原文]

经 言:出"举"也。[1]

说 故"言"也者,诸口能之,出民〔名〕者也,民〔名〕若画俿〔虎〕也。[2]

"言"也谓。言犹石〔实〕致也。[3]

[校注]

[1]这是给"言"下定义。出举也:表达特定的内容。据上条,"举"是内容,"言"是形式,二者相辅。孙诒让《墨子间诂》:"谓举实而出之口。"是。

[2]诸口能之:口之功能。出民者也:"民",或为"名"之借字。孙诒让《墨子间诂》:"'民'当为'名'之误,后文云'声出口,俱有名'。"亦可从。民若画俿也:当作"名若画俿也"。俿:毕沅《墨子注》:"'俿','虎'字异文。"战国文字,"虎"有几种写法,"俿"乃其中之一。名若画虎也:名称犹如描摹老虎一样。象形乃汉字六书之一,"虎"字象形。《说文》卷五虎部:"山兽之君,从虍,虎足象人足,象形。"当人们口说"虎"时,虽不见其形,然心存其影,故谓"名若画虎"。

[3]言也谓:语言的功能乃称谓对象。石:读为"实"。毕沅《墨子注》:"'石'当为'实'。"言犹实致:言说某物,犹实物在前。此条二《说》释一《经》,或《韩非子·显学》所谓"墨离为三,取舍相反不同"者乎?

[译文]

经　言:说出"举"的内容。

说　所谓语言,乃口之功能,是为了表达名称,名称犹如描摹老虎。
语言是称谓特定对象的。言说之时犹如实物在场。

第 33 条

[原文]

经　且:言然也。[1]

说　【且】自前曰且,自后曰已,方然亦且,[2]若石〔实〕
者也。[3]

[校注]

[1]然:"燃"之本字,本义为以火烧肉。《说文》卷十火部:"然,烧也。从
火,肰声。"引申为特定的状态。言然也:说的是特定的状态。

[2]事情即将发生曰"且",事情已经发生曰"已",事情正在发生亦曰
"且"。俞樾《诸子平议》卷十一《墨子三》:"盖凡事,从事前言之,或临事言之,
皆可曰且,如'岁且更始'之'且',事前之且也。如'匪且有且'之'且',毛传
曰'此也',此方然之'且'也。惟从事后言之,则为已然之事,不得言且,故云
自后曰已。"

[3]若石者也:直译为"像石头一样",与前文之意不接。参第 32 条《说》
"言犹石致也"之例,"石"当读为"实"。考之《经》"言然也","然"表示状态,
与"实"之义正合。若实者也:像实际情况一样。孙诒让《墨子间诂》:"'若石
者也'疑当作'臣民也者',乃约述经语以起下文,今本讹舛不可通,遂误属之
上章耳。"高亨从之。似非。

[译文]

经　且:表示特定状态。

说　事情将要发生曰且,事情已经发生曰已,事情正在发生也曰且,就像
实际情况一样。

第 34 条

[原文]

经　君、臣、萌〔氓〕:通约也。[1]

说　【君】以若名者也。[2]

[校注]

[1]萌:读为"氓",民。《墨子·尚贤上》"四鄙之萌人",孙诒让《墨子间诂》注:"《汉书·刘向传》颜注云:'萌与甿同,无知之貌。'《管子·山国轨》篇尹注云:'萌,田民也。'《一切经音义》云:'萌,古文甿同。'《史记·三王世家》'奸巧边萌',索隐云:'萌,一作甿。'《说文·民部》云:'甿,民也,读若盲',又'甿,田民也'。毕云:'萌,甿字之假音。'"通约:孙诒让《墨子间诂》:"谓尊卑上下等差不一,通而约之,不过此三名。"数学之通约,乃不同数字之最大公约数;社会人群之通约,乃人群最大公约数,不过君、臣、民三类。第79条《经》:"名:达、类、私。"此类名也。

[2]若:若此、如此。《孟子·尽心下》:"由孔子而来至于今,百有余岁,去圣人之世,若此其未远也;近圣人之居,若此其甚也,然而无有乎尔,则亦无有乎尔。"若,这里指《经》所说君、臣、民。以若名者也:以君、臣、民称名。前贤诠说种种。孙诒让《墨子间诂》:"此言君之名,对臣民而立,故云以若名。若,即指臣民也。"谭戒甫《墨辩发微》:"若,犹《尚书》'钦若昊天',顺也。"高亨《墨经校诠》读为"君,臣萌通约也",训"若"为"顺",曰"臣民之于君,必顺服之,而听从其命令"。皆未得要旨。此条言人群之分类,属墨家"以类取",今谓归纳。

[译文]

经　君、臣、民:国民通约之名。

说　以君、臣、民称呼不同政治阶层。

第 35 条

[原文]

经　功:利民也。[1]

说　【功】不待时,若衣裘。[2]

[校注]

[1]利于民为功,利于己不为功。《说文》卷十三力部:"功,以劳定国也。"许说与墨家之说大体相同。墨家"功"之概念,以民为本。法家与之异。

[2]不待时:省略了主语"利民"。利民之事,时不我待,应该及时。孙诒让《墨子间诂》:"'不',疑当为'必'。言功之利民必合时宜。"似非。若衣裘:如同准备应季衣服。张惠言《墨子经说解》:"冬资葛,夏资裘,不待时而利。"《大取·语经》第44条:"兴利除害也,其类在漏瓮。"与此条同旨。

[译文]

经　功:有利于百姓之事。

说　利民之事,时不我待,就像准备应季衣服。

第 36 条

[原文]

经　赏:上报下之功也。[1]

说　【赏】上报下之功也。[2]

[校注]

[1]此为"赏"的定义。下级立功,上级奖励,是为"赏"。因而,"赏"包含上下或尊卑关系,虽今亦然。

[2]"上报下之功也"六字,原在第37条"罪不在禁,虽害无罪,殆姑"十字后,当移此。参第38条体例。

[译文]

经　赏:上级对部下功劳的回报。

说　上级对部下功劳的回报。

第 37 条

[原文]

经　罪:犯禁也。[1]

说　【罪】不在禁,虽害无罪,[2]殆姑。[3]<u>上报下之功也</u>[4]

[校注]

[1]禁:禁律,律条。犯禁:触犯法律,违犯禁令。

[2]孙诒让本作"惟害无罪"。惟:通"虽",《墨经》习见,简体字作"虽",今校改。虽害无罪:虽然产生了危害,也不算犯罪。高亨《墨经校诠》:"设其所为,不在法禁,虽有害于人,亦无罪。"是。

[3]姑:姑息,宽容。孙诒让《墨子间诂》、张纯一《墨子集解》、谭戒甫《墨辩发微》、高亨《墨经校诠》有异说,不赘。

[4]"上报下之功也"六字,当移至第36条。

[译文]

经　罪:触犯禁律。

说　律条未禁之行为,虽危害社会也不谓罪,姑且宽容。

第 38 条

[原文]

经　罚:上报下之罪也。[1]

说　【罚】上报下之罪也。

[校注]

[1]惩罚是上级对下级罪过的处分。此乃"罚"的定义。

[译文]

经　罚:上级对下级罪过的处分。

说　上级对下级罪过的处分。

第 39 条

[原文]

经　同:异而俱于之〔至〕一也。[1]

说　【佀】二人而俱见是楹也;若事君。[2]

[校注]

[1]同:《说》作"佝"。佝:二人或多人同在一处。异:不同的事物或人。之:读为"至",《墨经》屡见。一:一处。异而俱于至一:不同的事物或人集中到一处。孙诒让《墨子间诂》:"谓合众异为一。"高亨《墨经校诠》:"相异之物,而俱有某一种行事也。"不切。又:谭戒甫《墨辩发微》、姜宝昌《墨子训释》分条不同。

[2]佝:字书未见。《说》之诠释,正为"佝"字本义。二人而俱见是楹:两个人同时看见一个楹柱,意谓二人共在一处。孙诒让《墨子间诂》:"楹,疑亦'形'之误。张云:'一楹也,二人俱见,俱谓之楹,是同也。'案:张说亦通。"张说近之,孙说非。若事君:"事",旧本多作"是",孙诒让据《正统道藏》本作"事",甚确。若事君:好像众臣聚于朝堂事奉君主。《周易·同人》:"同人于野""同人于门""同人于宗""同人于郊"。《周易》之"同"与此"佝"之义正合。高亨《墨经校诠》:"佝、同之别:佝主事言,同主物言,不可不辨也。"似不切。

[译文]

经　同:不同人或物共在一处。

说　比如两人同时看见一个楹柱;再如群臣共处朝堂之上事奉君主。

第 40 条

[原文]

经　久:弥异时也。[1]

说　【久】古今,旦莫〔暮〕。[2]

[校注]

[1]弥:遍及,覆盖。后第 41 条《经》校注引王引之曰:"弥,遍也。"异时:不同时间。弥异时:遍及一切时间。案:参后第 41 条可推知,"久"与"宙"同义。

[2]莫:"莫"为"暮"之古字。古今、旦暮:这是举例,古今为"异时",旦暮亦为"异时",都在"久"的范畴。王念孙《读书杂志·墨子第四》王引之曰:"言

古今异时,旦莫异时,而遍历古今旦莫则久矣。"高亨《墨经校诠》:"久即时间,概括一切异时,则凡古今也、旦暮也,皆时间也。"王、高之说皆是。

[译文]

经 久:覆盖一切时间。

说 古今为久,旦暮亦为久。

第 41 条

[原文]

经 宇:弥异所也。[1]

说 【宇】东西家南北。[2]

[校注]

[1]弥异所:遍及一切空间。王念孙《读书杂志·墨子第四》王引之曰:"弥,遍也。宇者,遍乎异所之称也。"

[2]家:自己所在之处。我所在之处的东西南北不同空间,都是"宇"。孙诒让《墨子间诂》:"家犹中也。"高亨《墨经校诠》:"家谓人所处之室也。人处于室,自其室以言,始有东西南北。"皆是。

[译文]

经 宇:遍及一切空间。

说 由家向东、向西、向南、向北,都属于宇的范畴。

第 42 条

[原文]

经 穷:或有前不容尺也。[1]

说 【穷】或不容尺,有穷;莫不容尺,无穷也。[2]

[校注]

[1]或:《说》作"或不",与"莫不"相对而言,故知"或"表示有的情况下,有的场合。谭戒甫《墨辩发微》:"'或'者,域之正字也。"高亨《墨经校诠》:

"或即域字。"似非。前不容尺：前面没有一尺的间隙，喻尽头。穷，空间上的尽头。

[2]这是通过对比的方法，阐明"有穷"与"无穷"。①

[译文]

经　穷：表示前面几乎没有空间。

说　有穷，就是前面几乎没有空间；无穷，就是前面有无限空间。

第 43 条

[原文]

经　尽：莫不然也。[1]

说　【尽】但止、动。[2]

[校注]

[1]莫不：双重否定，相当于全称肯定。然：表示状态，参第 33 条《经》。尽：全称词，表示全都这样。沈有鼎说："全称判断的表达方式，在古代中国语言中是用一个'尽'字。"②

[2]但：仅，只有。《辞海》："但：只，仅。"《史记·刘敬叔孙通列传》："匈奴匿其壮士肥牛马，但见老弱及羸畜。"止：不动。动：与止相反，运动。但止：只有静止状态。但动：只有运动状态。物质世界的运动状态只有两种：一种是静止，一种是运动。这是古代人们对世界运动状态的概括。孙诒让《墨子间诂》："'但'，疑当作'俱'。"谭戒甫《墨辩发微》："但止动者，犹言但止无动、但动无止也。"高亨从之，未尽墨家之意。

[译文]

经　尽：都是这样。

说　万物只有静止、运动两种状态。

---

①可以参见邹大海：《对一条涉及无穷大的〈墨经〉条文的考释》，《中国科技史料》第 16 卷第 4 期，1995 年。

②沈有鼎：《墨经的逻辑学》，北京：中国社会科学出版社，1982 年，第 32 页。

第 44 条

[原文]

经　始:当时也。[1]

说　【始】时,或有久,或无久,始当无久。[2]

[校注]

[1]当:对应,相应。《礼记·王制》:"次国之上卿,位当大国之中,中当其下,下当其上大夫。"当时也:对应时间。谓"始"关乎时间,这是粗略的表述。

[2]时,或有久,或无久:在时间维度上,一种情况是有延展,另一种情况是无延展。始:时间的起点,相当于没有延展。

[译文]

经　始:对应的是时间。

说　时间,或有延展,或无延展,"始"说的是最初没有展开的时刻。

第 45 条

[原文]

经　化:征易也。[1]

说　【化】若蛙为鹑。[2]

[校注]

[1]化:变化。征易也:特征变了。所谓"化",就是特征变了。高亨《墨经校诠》据《荀子·正名》而谓:"凡物之化,其实本一,只是形状改变,象征改变。"

[2]若:比如。蛙为鹑:蛙变为鹌鹑。《淮南子·齐俗训》:"夫虾蟆为鹑……皆生非其类,唯圣人知其化。"《论衡·道虚》:"虾蟆化为鹑,雀入水为蜄蛤,禀自然之性。"

[译文]

经　化:就是表征变了。

说　比如青蛙变为鹌鹑。

第 46 条

[原文]

经　损:偏去也。[1]

说　【损】偏也者,兼之体也。[2]其体或去或存,谓其存者损。[3]

[校注]

[1]偏:部分。《左传》隐公十一年:"郑伯使许大夫百里奉许叔以居许东偏。"去:去掉了,没有了。损,就是去掉了一部分。

[2]"偏也者",孙诒让本原作"偏去也者"。孙氏曰:"旧本无'去'字,今依王校补。"高亨《墨经校诠》:"'去'字不当补。"案:高说是,当依旧本,故删"去"字。偏也者,兼之体也:所谓的"偏",就是整体的一部分。

[3]谓其存者损:对于还在的那部分来说,减少了就是"损"。义甚简,不赘引前贤之说。

[译文]

经　损:减少了一部分。

说　偏,是整体的一部分。一部分去掉了,一部分保留着,对保留的那一部分来说就是损。

第 47 条

[原文]

经　益:大。[1]

说

[校注]

[1]孙诒让本原作"大益",《正统道藏》本、芝城铜活字蓝印本、唐尧臣刻本、江藩刻本、童思泉刊本、冯梦祯辑本、堂策槛刻本、灵岩山馆刻本同。孙诒让曰:"无《说》,未详其义。此与前云'损,偏去也'损益义似正相对。疑谓凡体损之则小,益之则大也。"后之学者均谓当作"益大",今校改。益,就是增大。义甚简,故无《说》。

[译文]

经 益:增加。

说

第48条

[原文]

经 儇:积〔惧〕祇〔祗〕。[1]

说 【儇】昫〔恤〕民也。[2]

[校注]

[1]儇:《说文》卷八、《方言》卷一皆训为"慧",此为"儇"之一说。墨家《经》《说》之"儇",又一义也。"积",或当读为"惧";"祇",或当读为"祗"。《说文》卷一示部:"祗,敬也。"儇:内心忧惧、敬畏神灵也。孙诒让《墨子间诂》训"儇"为"环",训"积"为"俱",训"祇"为"柢",曰:"凡物有端则有本,环之为物,旋转无端,若互相为本,故曰俱柢。"高亨《墨经校诠》训"儇"为愿,训"祇"为祗,曰:乡愿小心畏敬,以取容于世。各备一说。

[2]《说》乃举例。昫:《说文》卷七日部:"日出温也。从日,句声。"段玉裁《说文解字注》:"昫与火部煦义略同。"煦,温暖。《广韵》卷三麌部:"煦,温也。"昫:殆读为"恤"。《康熙字典》:昫,"《唐韵》火于切,《集韵》《韵会》匈于切,从音訏";恤,"《唐韵》辛聿切,《集韵》《韵会》《正韵》雪律切,从音戌"。昫民:恤民也。墨家尊天事鬼,天为正义、民意之化身,故以恤民释惧祇也。

[译文]

经 儇:敬畏神灵。

说 应该体恤民生。

第49条

[原文]

经 库:易也。[1]

说 【库】区穴,若斯貌常。[2]

[校注]

[1]库:存放兵车之房。《说文》卷九广部:"库,兵车藏也,从车在广下。"后泛指储物之房。易:贸易,交易。此句大意:库是周转货物之所。此乃功能性定义。

[2]区:储存物品之处。《说文》卷十二匚部:"踦区,藏匿也。从品在匚中。品,众也。"穴:洞。区穴:储存物品的窖穴。若斯貌常:就是这个样子。《说》以区穴为例,解释"库"的含义。张纯一《墨子集解》、谭戒甫《墨辩发微》、高亨《墨经校诠》有异说,不赘引。

[译文]

经 库:货物流转之所。

说 区穴,通常就是如此。

第 50 条

[原文]

经 动:或从也。[1]

说 【动】偏、祭〔际〕从者,户枢、免〔勉〕瑟。[2]

[校注]

[1]或:特称词,不尽然。《小取》:"'或'也者,不尽也。"从:随行,随动。《说文》卷八从部:"从,随行也。"或从:部分、局部跟着发生位移。"动"与"运"异。"运",整体发生位移;"动",局部发生位移。我们日常生活中说"他身体动了",表示他身体的局部发生位置变化。孙诒让《墨子间诂》:"'或',当为'域'之正字。""'从'〔從〕当作徙。""言人物徙其故所处之地域,是动之理也。"高亨《墨经校诠》亦云:"从〔從〕当作徙,形近而误。"这是用"或徙"解释"动"。似不确。

[2]偏:局部,部分,参第46条。祭:读为"際",简体字作"际"。际:《康熙字典》引《广韵》:"边也,畔也。"偏、际从:即偏从、际从。偏从:部分跟着动。际从:边缘跟着动。此释"或从"。孙诒让《墨子间诂》:"疑'偏祭'当作'遍际'。"户枢、免瑟:此为举例,说明偏从、际从。户枢:门轴。门轴旋转,是边缘

随动,故为"际从"。免:读为"勉",用力。《说文》卷十三力部:"勉,强也,从力,免声。"勉瑟:用力弹瑟。弹瑟之时,弦动而主体不动,是为"偏从"。孙诒让《墨子间诂》、张纯一《墨子集解》、谭戒甫《墨辩发微》、高亨《墨经校诠》、姜宝昌《墨子训释》有异说,不赘引。

[译文]

经　动:部分跟随发生位移。

说　偏从、际从皆为随动,门轴转动为际从,弹瑟为偏从。

第 51 条

[原文]

经　止:以久也。[1]

说　【止】无久之不止,当牛非马,若矢过楹。有久之不止,当马非马,若人过梁。[2]

[校注]

[1]止:静止,与"动"相对。以:根据,基于。久:时间,见第 40 条。以久也:基于时间。一物是静止还是运动,取决于时间长短或时间单位,故曰"止:以久也"。第 40 条讨论时间,第 41 条讨论空间,此条讨论运动。孙诒让《墨子间诂》:"谓事历久则止。"谭戒甫《墨辩发微》:"凡物体当运动时,须以力久之,故曰'止,以久也'。"高亨《墨经校诠》:"物之动而止者,因有拒之者耳。"皆非。陈孟麟《墨辩六书今译》:"静止有绵延性,故曰止,以久。"孙中原《墨子今注今译》:"静止需要经过一段时间的延续。"近之。

[2]此释"以久"的两种情形。无久:瞬间,刹那。有久:一段时间。不止:运动。无久之不止:刹那的运动,瞬间的运动。当:相当于……的情形。《礼记·王制》:"次国之上卿,位当大国之中,中当其下。"牛非马:牛就是牛,马就是马,二者皆定而不变。若矢过楹:两楹之间夹一飞矢,此乃一幅静态画面,高速摄影画面与此同。有久之不止:一段时间的运动。当马非马:相当于马不是马。为何马非马?马的平均寿命三四十年,以万年为时间单位,马瞬间而亡,固非马矣。此墨家所谓"马非马",与《庄子·齐物论》"马之非马"、《公孙龙

子》"白马非马"之说无涉。若人过梁:犹如人走过桥梁,处于动态之中。简言之,基于无限短暂时间,一切运动物皆静止;基于无限长时间,一切存在物皆运动变化。

此条文字,前贤所释多端,似无谓也,故不赘引。二千多年以前,墨家就已注意到运动(存在)与时间的关系,没有绝对的静止,也没有绝对的运动。

[译文]

经　止:所谓静止基于时间尺度。

说　瞬间的运动,相当于牛就是牛、马就是马,又如飞矢驻留于两楹之间。长时间的运动,相当于马生马亡,又如人过桥梁。

第 52 条

[原文]

经　必:不已也。[1]

说　【必】谓台执者也。[2]若弟兄,一然者,一不然者,必不必也,是非必也。[3]

[校注]

[1]已:原作"己",宣统二年刻本作"巳"。张纯一《墨子集解》本作"巳",然其案语之意为"已"。"己""巳"均当为"已"之讹,故校改。不已:不放弃。毕沅《墨子注》:"言事必行。"《论语·子罕》:"子绝四:毋意,毋必,毋固,毋我。"毋必者,不固执己见,与此正相印证。张纯一《墨子集解》、谭戒甫《墨辩发微》、高亨《墨经校诠》有异说,不赘引。

[2]谓台执者也:此《说》释"不已"。台:繁体字作"臺"。台执:战国时代用语,今作固执。毕沅《墨子注》:"'臺'疑'握'字。《说文》云:'臺,古文握。'握执,言执持,必然者也。"孙诒让《墨子间诂》:"毕说是也。"高亨《墨经校诠》:"臺疑当作壹。""壹执者,谓执于壹而不变也。"亦可通。谓台执者也:说的是固执己见。

[3]此举例。一然者,一不然者:一人说是,一人说非。必不必也:一定不要固执己见。是非必也:重复。兄弟二人意见不一,不必固执己见。孙诒让

《墨子间诂》、张纯一《墨子集解》、谭戒甫《墨辩发微》、高亨《墨经校诠》之说异,不赘引。

[译文]

经 必:不放弃。

说 谓固执己见。比如弟兄二人,一人认为如此,一人认为并非如此,这种场合不要固执己见,没有必要这样。

第 53 条

[原文]

经 平:同高也。[1]

说

[校注]

[1]高度相同,这是平。义甚简,故无《说》。

[译文]

经 平:高度相同。

说

第 54 条

[原文]

经 同长:以舌相尽也。[1]

说 【同】捷〔楗〕与狂〔框〕之同长也。[2]

[校注]

[1]舌:俞樾《诸子平议》卷十一《墨子三》:"毕谓'舌即正字',是。"案:"舌"字,《墨经》见于第 54 条、第 57 条、第 85 条、第 86 条、第 101 条、第 123 条、第 125 条、第 126 条、第 163 条,凡九见。归纳言之有三义:恰好(第 54 条、第 57 条、第 85 条);正确(第 101 条、第 125 条、第 126 条);垂直(第 123 条、第 163 条)。据此,其与"正"字之义不殊。今日所见卜辞、铜器铭文、简牍文字,

"正"字之形与秦篆同。《墨经》中"舌"字,殆为地方文字。相尽:两端等齐。同长,就是长度一样。

[2]捷:或为"楗"之讹,或读为"楗"。门楗,纵向的门闩。孙诒让《墨子间诂》:"'捷',吴钞本作'捷'。毕云:'一本作楗。'案:顾校季本同。"高亨《墨经校诠》:"横木为关,则直木为楗矣。"狂:读为"框",门框。高亨曰:"狂当读为框。框,门两旁柱也。"是。此举例说明什么是"正相尽"。

[译文]

经　同长:两物端头等齐。

说　门楗与门框,就是同长。

第 55 条

[原文]

经　中:同长也。[1]

说　心中,自是往,相若也。[2]

[校注]

[1]中:参《说》,指"心中",即圆心。同长:孙诒让《墨子间诂》引《几何原本》:"圆界至中心,作直线俱等。"

[2]"中"有多义,此言圆心这个"中",十分明确。高亨《墨经校诠》:"心中当作中心,盖中为标牒字,当居首;心为《说》文,当居次。"其说虽可通,似不必,固为标牒字之说所囿。是:代词,指圆心。往:往圆周也。相若:半径相等。自圆心到圆周任意一点的距离相等。义甚简,不赘引。

[译文]

经　中:到圆周任何一点的长度相同。

说　圆心这个"中",从此点到圆周任意一点,距离相等。

第 56 条

[原文]

经　厚:有所大也。[1]

说　【厚】惟"无所大"。[2]

[校注]

[1]厚:薄厚之"厚",亦指体积。第66条《说》:"无盈无厚。"大:此"大",不但指面积,也指体积,与名家异。惠施用"积"表示体积,用"大"表示面积。《庄子·天下》载惠施曰:"无厚,不可积也,其大千里。"高亨《墨经校诠》:"厚即几何学所谓体也。体必有所大。"姜宝昌《墨子训释》:"厚……指厚度、体积。"姜说于义较长。

[2]惟:思考,想一想。《说文》卷十心部:"凡思也。从心,隹声。"段玉裁《说文解字注》:"《方言》曰:'惟,思也。'又曰:'惟,凡思也。''虑,谋思也。''愿,欲思也。''念,常思也。'许本之曰:'惟,凡思也。''念,常思也。''怀,念思也。''想,冀思也。'思部:'虑,谋思也。'凡许书分部远隔,而文理参五可以合观者视此。凡思,谓浮泛之思。"惟"无所大":想一想"无所大"——没有体积的情形。此用反向思维法。孙诒让《墨子间诂》:"此谓积无成有,其厚不可极也。"谭戒甫《墨辩发微》:"惟无所大……盖谓止有面而无体也。"高亨《墨经校诠》:"'惟无所大',疑当作'惟无厚无所大',转写误脱。"孙、谭、高之说似不切。

[译文]

经　厚:有一定的体积。

说　想一想"没有体积"的情形。

第57条

[原文]

经　日中:耑南也。[1]

说

[校注]

[1]日中:日在天中;正午时。正南:太阳在正南方向。孙诒让《墨子间诂》:"中国处赤道北,故日中为正南。"张纯一《墨子集解》:"此测景、知时、定方之理。"义甚简,故无《说》。

[译文]

经　日中：太阳在天空正南方。

说

第 58 条

[原文]

经　直：参也。[1]

说

[校注]

[1]直：直线。《墨子·法仪》："百工为……直以绳,正以县〔悬〕。"参也：三点成一直线。孙中原《墨子今注今译》："直线是三点中有一点恰好介于另两点之间。"按照现代几何学,两点成一直线。但是,墨家的表述不同。假设提问：有一片树林,请指出哪些树在一条直线上？我们一定会发现：三棵以上的树构成一条直线,两棵树之间的直线关系不明显。或受西方几何学影响,后之学者往往以直立为解。孙诒让《墨子间诂》引毕曰："《说文》云'直,正见也'。《论语》'子曰：立则见其参于前'。"又引陈曰："此即《海岛算经》所谓'后表与前表参相直'也。"高亨《墨经校诠》："参者,纵也,竖也。"以"直"为"正",非。义甚简,故无《说》。

[译文]

经　直：三点在一条线上。

说

第 59 条

[原文]

经　圆：一中同长也。[1]

说　【圆】规写攴〔之〕也。[2]

[校注]

[1]中:据第 55 条,"心中"也。"心中"者,圆心。一中:同一个圆心。孙诒让《墨子间诂》引陈曰:"《几何原本》云:'圆之中处为圆心。'一圆惟一心,无二心,故云'一中'也。"同长:圆周任意一点到圆心距离相等。第 55 条自圆心说,此条自圆周说。

[2]规:圆规。攴:又见第 60 条"矩见攴也"。孙诒让《墨子间诂》:"'攴',吴钞本作'支',下同。"支:《康熙字典》引《增韵》:"俗作攴,非。"故"攴"乃"支"之俗字。支:读为"之"。支:《康熙字典》引《唐韵》《集韵》《韵会》"章移切",《正韵》"旨而切","从音卮"。之:《康熙字典》引《唐韵》《正韵》"止而切",《集韵》《韵会》"真而切","从音枝"。规写之也:圆规所画之形。孙诒让谓"疑当为'交'之讹"。张纯一《墨子集解》、谭戒甫《墨辩发微》、高亨《墨经校诠》、姜宝昌《墨子训释》从之。"交"释此条可通,但释下条难通。

[译文]

经　圆:任意一点到圆心距离相等。

说　用规所画的图形。

第 60 条

[原文]

经　方:柱隅四讙〔环〕也。[1]

说　【方】矩见攴〔之〕也。[2]

[校注]

[1]柱:柱子。柱隅:柱子所在的屋角。讙:当读为"环",环绕。屋角四个柱子环绕构成的形状,就是方。《康熙字典》释"讙"曰:"《唐韵》《集韵》《韵会》《正韵》从呼官切,音欢";释"环"曰:"《唐韵》户关切,《集韵》《韵会》《正韵》胡关切,从音还。""讙"与"环",双声叠韵。孙诒让《墨子间诂》谓"讙"为"雚"之讹,"雚"即"匪"。谭戒甫《墨辩发微》谓"讙"为"權之假字"。高亨《墨经校诠》亦曰:"讙疑当为權衡之權。"备参。

[2]见:看见。刘师培《墨子拾补》曰:"'见'疑'皃'讹,即'貌'字。"可参。

攴:俗"攴"字。攴:读为"之",见上条校注。

[译文]

经　方:屋子四角的柱子连线所成之形。

说　见到了矩,即见到了方的形状。

第 61 条

[原文]

经　倍:为二也。[1]

说　【倍】二尺与尺,但去一。[2]

[校注]

[1]二:基数的二份。所谓"倍",就是基数再加上该基数。

[2]二尺与尺:二尺与一尺。但去:减去。二尺减去一尺剩一尺,原来的二尺就是一尺的倍。墨家用实践说明"倍"与基数之间的关系。张惠言《墨子经说解》:"二尺与一尺,但相较一也。"

[译文]

经　倍:就是两个这么多。

说　二尺与一尺,二尺减去了一尺。

第 62 条

[原文]

经　端:体之无序而最前者也。[1]

说　【端】是无同也。[2]

[校注]

[1]序:向前延伸者。《说文》卷九广部:"东西墙也。从广,予声。"段玉裁《说文解字注》:"《释宫》曰:'东西墙谓之序。'按堂上以东西墙为介。《礼经》谓阶上序端之南曰序南,谓正堂近序之处曰东序、西序。"据此,"序"乃山墙向南续接之墙。体之无序:物体尽头无法延伸之处。最前者也:最前之处,与"体

之无序"同义。端,即物体尽头,不能再延伸之处。第 1 条《说》:"体也,若有端。"第 2 条《说》:"尺之端也。"第 64 条《说》:"不夹于端与区穴。"第 68 条《说》:"端与端,俱尽。尺与端,或尽或不尽。"第 121 条《经》:"在午有端。"《说》:"在远近有端。"数条之"端",通约之,谓尽头之处。孙诒让《墨子间诂》引陈氏曰:"端即西法所谓点也。"谭戒甫《墨辩发微》:"端为极小之一,无可斩半。"高亨《墨经校诠》:"端即几何学所谓点也。"孙中原《墨子今注今译》:"相当于平面几何中的'点'。"王赞源《墨经正读》:"犹点。"训"端"为"点",非。孙诒让注又引学者诠释"体之无序"种种,诸说纷纭,不赘引。近年有学者认为,"惠施的'小一'可以作为对墨子'端'的新阐释",①亦非。

[2]同:第 39 条"同:异而俱于之〔至〕一也",谓不同的人或物在一处。无同:无比肩者。是无同也:谓无比肩之物,这是对"体之无序""最前者也"的进一步解释。张惠言《墨子经说解》:"若有同之,即非最前。"恰得其义。谭戒甫《墨辩发微》断句作"是。无同也。"高亨《墨经校诠》校曰:"'同'上当有'不'字。"谭、高之说皆非。

[译文]

经　端:一个物体的无法再向前延伸的尽头之处。

说　没有它物同在此处。

第 63 条

[原文]

经　有间:中也。[1]

说　"有间",谓夹之者也。[2]

[校注]

[1]有间:两物之间有空隙。中:二物中间。毕沅《墨子注》:"间隙是二者之中。"张惠言《墨子经说解》、孙诒让《墨子间诂》承之。

[2]所谓"有间",是说两物之间有空隙。此立足于两物立场,故曰"谓夹之者也"。高亨《墨经校诠》:"所谓有间者,指夹其中空之两体而言。"是。

---

① 张波:《〈墨经〉中"端"之新释》,《自然辩证法研究》第 33 卷第 10 期,2017 年。

《说》之语气,明"有间"非所谓标牒字。

[译文]

经　有间:两个物体有间隙。

说　所谓"有间",乃立足于相邻两物立场说。

第 64 条

[原文]

经　间:不及旁也。[1]

说　"间",谓夹者也。[2]尺,前于区穴而后于端,[3]不夹于端与区穴,[4]及及,非齐之及也。[5]

[校注]

[1]及:涉及。不及旁也:不涉及两旁,基于空隙言。张惠言《墨子经说解》:"不及于旁,谓隙中。"是。"有间"与"间"之别:"有间"基于间隙两侧物体立场说,"间"基于空隙立场说。张纯一《墨子集解》:"盖有间依两旁而指其中言……间专指隙言。"高亨《墨经校诠》:"有间谓两体不相切依,尚有空隙,为两体之中。""间者谓两体之中之空处。"皆是。

[2]谓夹者也:若作"谓被夹者也",义便了然。

[3]尺:或谓木尺,或谓一尺之距。区穴:一物也。端:又一物之端也。区穴、端殆为墨家工程设施,二者相邻,但有一尺之距。

[4]原作"不夹于端与区内"。"内",当为"穴"之讹。毕沅《墨子注》:"疑'穴'字。"是,故校改。不夹于端与区穴:谓尺不接触两侧的端和区穴。孙诒让曰:"此似谓前有端,后有区穴,尺虽在其中,然与前后幅相连属不绝,则不得为二者所夹也。"

[5]及及:几乎接触。非齐之及也:几乎接触而未接触。此一句,学者断句、校勘、训释各异。高亨《墨经校诠》:"言线与线非平行,则相交也。"非。

[译文]

经　间:立足于间隙而言,而非两旁之物。

说　"间",说的是被夹的空隙。例如一把尺,在区穴前边,在某物一端后边,没有被区穴和物端夹住,几乎接触,但未接触。

第 65 条

[原文]

经　纑〔栌〕:间虚也。[1]

说　【纑】"间虚"也者,两木之间,谓其无木者也。[2]

[校注]

[1]纑:读为"栌"。王念孙《读书杂志·墨子第四》王引之曰:"'纑'乃'栌'之借字。"孙诒让《墨子间诂》:"纑与栌同。""栌为柱上小方木,两栌之间,空虚之处,则无木。"间虚:中间空虚。

[2]这是对"间虚"的解释:两木之间,没有木头的地方。

[译文]

经　纑〔栌〕:说的是间虚。

说　所谓"间虚",就是两个栌木之间,没有木的地方。

第 66 条

[原文]

经　盈:莫不有也。[1]

说　【盈】无盈无厚。[2]于尺,无所往而不得,得二。[3]

[校注]

[1]盈:充满。《广雅·释诂》:"盈,满也。""莫不有",指空间上充满。

[2]厚:厚度,引申为体积。《说文》卷五旱部:"山陵之厚也。"用"厚"描述山陵,则"厚"有体积之义。无盈无厚:没有充满,就没有厚度或体积。孙诒让《墨子间诂》:"言物必有盈其中者,乃成厚之体,无所盈则不成厚也。"得之。

[3]尺:作动词用,丈量。于尺:用尺丈量。无所往而不得:怎样丈量均可。得二:既可以平(横)着丈量,也可以竖(纵)着丈量,指可以丈量立体。"于尺,无所往而不得"八字,毕沅《墨子注》、张惠言《墨子经说解》属此条;"于尺,无所往而不得,得二"十字,孙诒让《墨子间诂》曰当属下条,高亨、孙中原等学者从之。案:当

以毕沅、张惠言之说为是,然漏"得二"两字。随后之"坚"字,正为下条提示语。

[译文]

经　盈:无处不有。

说　没有充满就没有厚度或体积。用尺丈量,怎样丈量均可,可以横向丈量,亦可纵向丈量。

第 67 条

[原文]

经　坚白:不相外也。[1]

说　【坚】异处不相盈。相非,是相外也。[2]

[校注]

[1]坚白:坚和白,此为石头两种属性。墨家论坚与白两种属性寓于石头。不相外也:"坚"这种元素与"白"这种元素,彼此相融,此不在彼之外,彼也不在此之外。孙诒让《墨子间诂》:"此即公孙龙坚白石之喻。不相外,言同体也。"案:墨家此说与名家之说相斥,参《公孙龙子·坚白论》。

[2]异处:坚在一处,白在一处。盈:融合。此"盈"与上条之"盈"于义相近。不相盈:彼此不相融合。相非:相互排斥。是相外也:就是各自在对方之外。此释《经》"不相外"之"相外"。《经》从坚白同处立说,《说》从坚白异处立说。此条浅显,不赘引前说。

[译文]

经　坚白:彼此不在对方之外。

说　坚、白异处就不会相互融合。相互排斥,是各在对方之外。

第 68 条

[原文]

经　撄:相得也。[1]

说　【撄】尺与尺,俱不尽。[2]端与端,俱尽。[3]尺与端,或尽

或不尽。[4]坚白之撄,相尽。[5]体撄,不相尽。[6]端

[校注]

[1]撄:接触;相交。《韩非子·说难》:"夫龙之为虫也,柔可狎而骑也,然其喉下有逆鳞径尺,若人有婴之者则必杀人。人主亦有逆鳞,说者能无婴人主之逆鳞,则几矣。"婴即撄,是撄有接触义。张纯一《墨子集解》:"撄,触也。"高亨《墨经校诠》引《孟子》《庄子》《吕氏春秋》,谓"撄有触义",均是。相得也:相互得到。

[2]《说》分为五种情形诠释《经》。张纯一《墨子集解》:"撄有'俱不尽''但[俱]尽''或尽或不尽''相尽''不相尽'之五种。"第一种情形,两条线段相交。尺:本义为丈量长度的直尺,引申为线段。张纯一:"尺犹形学之线,有长无广者也。"高亨《墨经校诠》:"尺即几何学所谓线也。"两条线段相交于一点,即不完全相交,故曰"尺与尺,俱不尽"。见图1。

[3]第二种情形,两条线段的端相交。端:这里指线段的两端。高亨《墨经校诠》:"端即几何学所谓点也。"非。两条线段的端相交,这两端都完全接触,故曰"端与端,俱尽"。见图2。

[4]第三种情形,一条线段与另一条线段的一端相交。原作"尺与或尽或不尽"。此条之末余一"端"字,孙诒让曰:"此与上下文不相属,疑即上'尺与端'句之脱字,误错著于此。"是,故将"端"前移至"尺与"之后,作"尺与端,或尽或不尽"。一条线段与另一条线段的一端相交,对此线段来说是不完全相交,对彼线段的端来说是完全相交,故曰"尺与端,或尽或不尽"。见图3。

图1 "俱不尽"示意图　　图2 "俱尽"示意图　　图3 "或尽或不尽"示意图

[5]第四种情形,两种元素融于一物。就石头而言,坚与白完全接触、完全融合,故曰"坚白之撄,相尽"。

[6]第五种情形,一个固体与另一个固体接触,彼此都不能完全吻合,故曰"体撄,不相尽"。此条,张纯一《墨子集解》、谭戒甫《墨辩发微》、高亨《墨经校诠》、姜宝昌《墨子训释》有说,或有不同,不赘引。

[译文]

经　撄:相交;相互接触。

说　一条线段与另一条线段相交,彼此不会完全重合。两条线段端头相交,两端完全重合。一条线段与另一条线段的端头相交,对于端来说是完全相交,对于线段来说是不完全相交。石头的坚与白的接触,是完全接触。两个固体接触,不会完全重合。

第 69 条

[原文]

经　仳〔比〕:[1]有以相撄,有不相撄也。[2]

说　【仳】两有端而后可。[3]

[校注]

　[1]原作"似",《说》作"仳",读为"比"。毕沅《墨子注》据《经》改《说》,孙诒让《墨子间诂》、张纯一《墨子集解》据《说》改《经》。当以"仳"为善,故校改。孙诒让《墨子间诂》引王引之曰:"仳与比通。比者,并也。"这里指相邻的两条直线。

　[2]有以相撄:两条直线相交,此为相交线。有不相撄:两条直线不相交,此为平行线。见图4。

图4　"有以相撄,有不相撄"示意图

　[3]端:端头,这里指有端头的直线,即线段。两有端而后可:两条线段方可。为什么墨家强调直线的长度?因为墨家的科技工程和墨家辩学以实践检验为标准,超越实践、无法验证者,不予认可。比如,名家说"一尺之捶,日取其半,万世不竭",这超越了实践所能检验,故墨家否认其真理性。同理,平行线不相交,这在墨家也是难以验证的,故限制在可经验的范围内。此条,孙诒让《墨子间诂》不释。谭戒甫《墨辩发微》的释文是:"端,点也。盖无论线之相撄、不相撄,必须两线各有定点以为之率,方可得其差数也。"高亨《墨经校诠》:"较两线之长短,或用两线相交法,或用两线平行法,均必须两线各有定

点,以为之准,而后方可得其差数。"备参。

[译文]

经 仳〔两条相邻直线〕:有的相交,有的不相交。

说 两条线段方可。

第 70 条

[原文]

经 次:[1]无间而不相撄也。[2]

说 【次】无厚而后可。[3]

[校注]

[1]次:切点。弧线相切,方有切点。张纯一《墨子集解》:"次,则一切无间、又不相撄,虽不相撄、又无不撄也。"高亨《墨经校诠》:"次即几何学所谓相切也。"是。见图5。

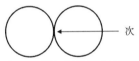

图5 "无间而不相撄"示意图

[2]原作"无间而不撄撄也"。孙诒让《墨子间诂》:"'撄撄'当作'相撄'。"谭戒甫《墨辩发微》:"张谓衍一'撄'字,孙谓当作'不相撄'……按孙校是。"故校改。无间:相切的两线之间没有间隙。不相撄:相切的两线不接触。

[3]无厚,谓平面。《庄子·天下》载辩者命题曰:"无厚,不可积也,其大千里。""无厚"之义,正与此同。此条属平面几何学,学者所明。

[译文]

经 次(切点):两条弧线之间,既无间隙,又不接触。

说 必须平面方可。

第 71 条

[原文]

经 法:所若而然也。[1]

说 【法】意、规、员〔圆〕，三也，俱可以为法。[2]

[校注]

　　[1]法：方法。《墨子·法仪》："虽至百工从事者，亦皆有法。百工为方以矩，为圆以规，直以绳，正以县〔悬〕。"若：如此，这样。所若而然：按照这样去做就行。所谓"法"，就是照着去做。

　　[2]意：思路，想法，此为思想工具。规：圆规，此为外部工具。员：读为"圆"。圆：此为结果。俱：《说文》卷八人部："偕也。从人，具声。"段玉裁《说文解字注》："'皆'，各本作'偕'，字之误也。今正。"知"偕"通"皆"。"俱"者，皆也。俱可以为法：都可以作为方法——思路可以作为画圆的指导，圆规可以作为画圆的工具，圆可以作为画圆的模板。高亨《墨经校诠》断句为"意规员三也俱，可以为法"，释曰："人之行事造物，其程序有三：一曰目的；二曰工具；三曰结果。"陈孟麟《墨辩六书今译》译文曰："概念、圆规、模式三样东西，都可以作为标准。"皆通。

[译文]

　　经　法：照着做即可实现。

　　说　思路、圆规、圆形，这三项都可以作为画圆的方法。

第 72 条

[原文]

　　经　俒：所然也。[1]

　　说　【俒】"然也"者，民若法也。[2]

[校注]

　　[1]俒：第15条《说》云："俒：与人遇，人众，循。"故"俒"乃畏惧、害怕。所然也：所以这样的原因。第15条释"俒"之本义，此条释"俒"之原因。孙诒让《墨子间诂》："《尔雅·释言》云：'俒，贰也。'郭注云：'俒次为副贰。'次贰与顺义近。"张纯一《墨子集解》："副本如正本，民皆顺从也。"似不确。

　　[2]然也者：此释《经》"然也"。民若法：此举例，像百姓面对法律而畏惧一样。高亨《墨经校诠》释"民若法"为民顺法，改"俒"为"循"，孙中原《墨子

今注今译》从之。似不当改。

[译文]

经 佴(恐惧):一定原因所致。

说 其原因,就像百姓面对法律一样。

第 73 条

[原文]

经 说:所以明也。[1]

说

[校注]

[1]说:论证。《小取》:"以名举实,以辞抒意,以说出故。"此论证。所以明:阐明事理的手段。义甚简,故无《说》。高亨《墨经校诠》:"说者,所以申明其意悁。"孙中原《墨子今注今译》:"推论是用来揭示事实,阐明道理,探究根据的。"近之。

[译文]

经 说:阐明事理的手段。

说

第 74 条

[原文]

经 彼:不可两,不可也。[1]

说 【彼】"凡牛。"[2]"枢非牛。"[3]两也,无以非也。[4]

[校注]

[1]彼:原作"攸"。《说》之提示语作"彼"。张惠言《墨子经说解》:"或'攸'当为'彼'。"后之学者从之,故校改。彼:辩的对象。第 75 条《经》曰:"辩,争彼也。"正是此义。关于"彼"之义,有三说。或谓"彼"为命题。陈孟麟《墨辩六书今译》训"攸"为"彶",谓:"凡矛盾命题,既不能同真,也不能同假。"

高亨《墨经校诠》:"彼者,所争辩之命题也。"或谓"彼"为争论的对象。杨武金说:"两个人对同一个对象进行争辩,一个说'这是牛',另一个说'这不是牛',这就是'争彼'。"①或谓"彼"为泛指。孙中原曰:"本条与下条的'彼'指代事物、主项或所争论的论题。"上述诸说皆通,但在全部《墨经》中,唯第二说可贯通。不可两:争辩的对象不可以是两个。《说》"两也,无以相非也",正是此义。不可也:重复。孙中原读为"不可两不可",进而认为"彼""相当于一对矛盾命题"。②

[2]凡:所有的,一切。《说文》卷十三二部:"最括也。"《康熙字典》引《广韵》:"常也,皆也。""凡"乃最概括之词,比"物"更概括。凡牛:一切都是牛。命题之一。高亨《墨经校诠》:"凡当作兕。"孙中原《墨子今注今译》训"凡"为"之"。不必改字。

[3]枢非牛:户枢不是牛。命题之二。

[4]两:争论的对象是两个,即"凡"和"枢"。无以非:不能形成彼此排斥关系。相互排斥的命题形式,如:"枢牛"/"枢非牛"。

[译文]

经 彼〔辩的对象〕:不可以是两个,不可以。

说 "一切都是牛。"/"枢不是牛。""一切"与"枢"是两个对象,无法形成互斥性的二值关系。

第 75 条

[原文]

经 辩:争彼也。[1]辩胜,当也。[2]

说 【辩】或谓之牛,或谓之非牛,是争彼也。[3]是不俱当,不俱当,必或不当。[4]不若当犬。[5]

[校注]

[1]辩:墨家所谓"辩",形式上是辩论,实际上是指墨家逻辑二值判断,此为狭义。《小取》:"夫辩者,将以明是非之分,审治乱之纪,明同异之处,察名

---

① 杨武金:《墨经逻辑研究》,北京:中国社会科学出版社,2004 年,第 41 页。
② 孙中原:《中国逻辑史(先秦)》,北京:中国人民大学出版社,1987 年,第 238 页。

实之理,处利害,决嫌疑;焉摹略万物之然,论求群言之比——以名举实,以辞抒意,以说出故,以类取,以类予;有诸己不非诸人,无诸己不求诸人。"此为广义,指墨家辩学。彼:对象,特指同一个对象。争彼:争论同一个对象。胡适说:"'争彼'的'彼'字,当是'佊'之误……佊字与'诐'通……现在的'辩驳',就是古文的'争佊'。"①误。高亨《墨经校诠》:"彼者所争论之命题也。"姜宝昌、孙中原承之,似不甚确。

[2]辩胜:辩论中胜利的一方。当:得当,符合实际。《说文》卷十三田部:"当:田相值也。"卖出一块农田,取得一定数额金钱,二者相应,是为"当";提出一个命题,命题合乎实际,亦为"当"。

[3]原无"或"字,作"谓之非牛"。孙诒让《墨子间诂》:"疑当作'……或谓之非牛'。"是,故校增"或"字。或谓之牛,或谓之非牛,是争彼也:此句中的"之"是代词,代替的就是"彼"这一对象。一人指着那个对象物说:那是牛。另一人指着那个对象物说:那不是牛。这是"争彼"。在这里,只有是非二值,无论指着的对象是牛还是马,争论双方必定一对一错。

[4]是不俱当:不可以两个判断都正确。必或不当:两个判断必有一错。

[5]不若当犬:不像一个人说犬。前面说"或谓之牛,或谓之非牛",这是对的。若作"或谓之牛,或谓之犬",这就不合逻辑了。因为,假如争论的对象是一匹马,这两个判断都错。胡适、高亨校"不若当犬"为"不当若犬",似不必校改。

[译文]

经 辩:争论同一个对象。取胜的一方,谓之当。

说 一人说"那是牛",另一人说"那不是牛",这是争论同一个对象。这两个判断不可能都正确。不可能都正确,一定有一个错。不像一人说"那是牛",另一人说"那是犬"。

第 76 条

[原文]

经 为:穷知而县于欲也。[1]

---

① 胡适:《中国哲学史大纲》,北京:中华书局,2015 年,第 173 页。

说 【为】欲齹其指,智不知其害,是智之罪也。[2]若智之慎之也,无遗于其害也;[3]而犹欲齹之,则离之,是犹食脯也。[4]骚〔臊〕之利害,未可知也,欲而骚〔臊〕,是不以所疑止所欲也。[5]廧〔墙〕外之利害,未可知也。[6]趋之而得,力则弗趋也,是以所疑止所欲也。[7]观"为:穷知而縣于欲"之理,[8]齹脯而非恕〔智〕也,齹指而非愚也,[9]所为与不所与为相疑也,非谋也。[10]

[校注]

[1]穷知:无知也。縣:牵系、引诱。张惠言《墨子经说解》:"縣,犹系也。"縣于欲:受欲望驱使。穷知而縣于欲:无知而受欲望驱使。孙诒让《墨子间诂》:"此言为否决于知,而人为欲所縣系,则知有时而穷。"张纯一《墨子集解》:"知有时而穷,是无真知之过。"皆是。高亨《墨经校诠》:"爲疑借为譌。心欲为之,而智不知其不可为,以致错误。"不若孙、张之说善。"为"与"行"最初有别。据此条,"为"属本能的反应。据第10条,"行"属思考后的动作。但在后来的字书中,二者界限逐渐模糊,"行为"一词由是而生。

[2]齹:字书未见。分析字形结构,"齹"由佳、羊、食三部分构成,可推"齹"乃美食之义。此字,学者训释种种,不赘引。指:所指之物。欲齹其指,智不知其害,是智之罪也:想吃看到的东西,但不知是否有害,这是知识有缺陷。

[3]原作"若智之慎文也"。孙诒让《墨子间诂》:"'文',当为'之'之误。"今据校改。遗:留下。若智之慎之也,无遗于其害也:在不能确定是否有害的情况下,若能谨慎小心,就不会给自己造成伤害。

[4]而犹欲齹之,则离之,是犹食脯也:虽不确定此物是否有害,但仍然想吃,那就暂时搁在一边,就像把肉晾成肉干然后再吃一样。孙诒让《墨子间诂》:"'离',俗作'罹',同。……离之,谓因欲而离患也。"备一说。

[5]"骚":读为"臊"。毕沅《墨子注》:"骚,臊字假音。"肉味为臊,鱼味为腥。骚之利害,未可知也:此肉对人是利是害,不能确定。欲而骚,是不以所疑止所欲也:贪于肉味,是自己的疑虑阻挡不住自己的欲望。

[6]廧:读为"墙"。墙外之利害,未可知也:墙外发生之事是好是坏,不知道。

[7]趋之而得:翻过墙去就知道了。力则弗趋:知道自己没有能力翻越此墙。疑:考虑,这里指考虑到无法翻越此墙。是以所疑止所欲也:这是自己的理性阻止了自己的欲望。翻墙之例,释前句"以所疑止所欲"。

[8]观"为:穷知而悬于欲"之理:思考"为:穷知而悬于欲"这句《经》文所述之理。

[9]恕:知识,参第6条。雒脯而非智也,雒指而非愚也:吃肉干算不得聪明,吃所指的东西算不得愚蠢。

[10]所为:指本能行为。不所与为:指理性行为。孙诒让《墨子间诂》:"张读作'所为与所不为相疑也'。"此更合今日语言习惯。相疑:彼此斟酌权衡。所为与不所与为相疑也:本能与理性之间权衡。非谋也:算不得谋略,算不得聪明才智。此条,学者断句、解释纷繁,大意相近,不罗列。此条之旨,辨析本能行为与理性思考之间的关系。

[译文]

经　为:无知而受欲望驱使。

说　想吃眼前之物,但又不知是否有害,这是知识有缺陷。若能谨慎小心,就不会给自己造成伤害。若受欲望驱使仍想吃此物,就暂时把它搁置一边,就像把肉晒成肉干再吃一样。这肉味到底是有利还是有害,尚未可知,贪此肉味,这是未用自己的理性遏制自己的欲望。墙外发生之事是好是坏,不知道。翻墙过去就可知道,但自己没有能力翻过墙,这是自己的理性阻止了自己的欲望。分析"为:穷知而悬于欲"之理,可知吃肉干算不得聪明,吃眼前之物算不得愚蠢,这是本能与理性权衡的结果,算不得谋略。

第 77 条

[原文]

经　已:成;亡。[1]

说　【已】为衣,成也。治病,亡也。[2]

[校注]

[1]张惠言《墨子经说解》:"已有二义。"成:完成。亡:没了。

［2］此举例。张惠言《墨子经说解》："为衣以'成'为已,治病以'亡'为已。"案:病亡也,非人亡也。

［译文］

经　已:完成;没了。

说　做衣服,"已"表示衣服做好。治病,"已"表示疾病没了。

第 78 条

［原文］

经　使:谓;故。[1]

说　【使】令,谓也,不必成。[2]湿,故也,必待所为之成也。[3]

［校注］

［1］张惠言《墨子经说解》:"使有二义。"谓:对……说。故:原因,缘故。《说文》卷三攴部"故":"使为之也。从攴,古声。"段玉裁《说文解字注》:"今俗云'原故'是也。凡为之必有使之者,使之而为之,则成故事矣。"详《说》注。

［2］原作"令,谓谓也,不必成"。高亨《墨经校诠》:"谓字不当重,转写误复。"故校删。令,谓也,不必成:命令,是口头驱使,未必有结果。此释"谓"。

［3］湿:潮湿。故也:这有原因。湿,故也,必待所为之成也:潮湿,必有缘故,肯定是某种因素造成的。此释"故"。合以今例言之:"这是张三使李四做的。"这句话有二义:其一,张三让李四做,李四做没做不知道;其二,无论李四这样做是对还是错,都与张三有关。

［译文］

经　使:口头让别人做;事情的缘由。

说　命令,是口头让人做,未必做了。潮湿,事出有因,必是某种因素造成的。

第 79 条

［原文］

经　名:达、类、私。[1]

说　【名】"物",达也,有实必待之,多也。[2]命之"马",类也,若实也者,必以是名也。[3]命之"臧",私也,是名也,止于是实也。[4]声出口,俱有名,若姓、字灑〔俪〕。[5]

[校注]

[1]名:名称。名称分为三个层级。最高一级"达名",称呼一切存在物。中间一级"类名",称呼一类存在物,以区分不同类别。最低一级"私名",称呼个体。高亨《墨经校诠》:"达名者万物之通名也。类名者同类之物之共名也。私名者一物之专名也。"是。

[2]原作"有实必待文","文"乃"之"字舛讹,《墨经》数见,前文已及,故校改。达:达名,通达一切存在之名,若"物"。孙诒让《墨子间诂》:"'物'为万物之通名。"是。多也:包摄的对象最多。

[3]类:类名,某类事物之名,若"马",专指某类牲畜;若"山",专指某类地貌。

[4]私:私名,一物或一人之名,若某人叫"臧",某人叫"获"。

[5]原作"若姓字灑"。"字"当为"字"之讹。毕沅《墨子注》:"疑'字'。"张惠言《墨子经说解》:"当为'字',物之有名,如人之姓字。"是,故校改。古谓"姓字",今谓"姓名",其实一也。"灑",读为"俪",简体字"伉俪"之"俪",配偶也。此义,谭戒甫《墨辩发微》、高亨《墨经校诠》、姜宝昌《墨子训释》皆明之,甚是。毕沅《墨子注》、张惠言《墨子经说解》、孙诒让《墨子间诂》、张纯一《墨子集解》皆将"灑"字归入下条之首,误。声出口,俱有名,若姓、字俪:声自口出,名实相应,名实相应,就像一个人的姓与名相配一样。

[译文]

经　名:分为达名、类名、私名三级。

说　"物",这是达名,凡有形存在皆赖此称呼,几乎无所不包。命名为"马",这是类名,此类形体之物,都用此名称呼。命名为"臧",这是私名,此一名称仅用于特定对象。声音自口而出,每一事物都有名称,就像一个人的姓与名相配一样。

第 80 条

[原文]

经　谓:称、举、加。[1]

说　谓狗、犬,命也。[2]狗,犬,举也。[3]叱狗,加也。[4]

[校注]

[1]谓:称呼。有三种情形。原作"移、举、加"。"移",义不可通,《说》作"命"。以意度之,"移"当为"称"之讹,以意改。称:称谓。举:举谓。加:加谓。张惠言《墨子经说解》:"'谓'有三义。"

[2]《经》曰"称、举、加",《说》曰"命、举、加","称谓"即"命名"也。谓狗、犬,命也:称呼一个对象为"狗"、为"犬",这是命名。孙诒让《墨子间诂》、谭戒甫《墨辩发微》、高亨《墨经校诠》、姜宝昌《墨子训释》有异说,不赘引。

[3]为了解释一物二名现象,于是说:狗就是犬。这是举例式称谓。

[4]加:强加式称谓。如呵斥此狗为"畜生",或呵斥那人是"蠢驴",这是强加式的称谓。

[译文]

经　谓:有称谓,有举谓,有加谓。

说　称为狗、称为犬,这是命名式称谓。告诉别人狗就是犬,这是举例式称谓。呵斥此狗为"畜生",这是强加式称谓。

第 81 条

[原文]

经　知:闻、说、亲。[1]

说　【知】传受之,闻也。方不㡺〔障〕,说也。身观焉,亲也。[2]

[校注]

[1]知:知晓。闻:闻知,耳闻而知。说:说知,人说而知。亲:亲知,亲历而知。孙诒让《墨子间诂》:"'知'有此三义。"

[2]毕沅《墨子注》:"言所为知者有三:得之传受,是耳所闻也;非方土所阻,是人所说也;身自观之,则亲见也。"张三传李四,李四传王五,对于王五来说,这是闻知。瞕:读为"障"。孙诒让《墨子间诂》:"《集韵》四十漾云'障,或作瞕'。"高亨《墨经校诠》:"瞕即障之异文。"张三告诉李四,对李四来说这是说知。张三亲自所见,这是亲知。亲知最可靠,闻知最不可靠,说知居中。墨家把信息的获取分为三种情形,进而区分可靠度,足见墨家注重直接经验。

[译文]

经 知:有闻知、说知、亲知三种情形。

说 由数人传说而知,这是闻知。由亲历者告知,这是说知。自己亲自经历,这是亲知。

第 82 条

[原文]

经 名,实,合,为。[1]

说 所以谓,名也。所谓,实也。名实耦,合也。志行,为也。[2]

[校注]

[1]名:名称。实:名所指称的对象物。合:名实相符。为:志行合一。孙诒让《墨子间诂》:"四者言异而义相因。"案:第 82 条与第 81 条,毕沅《墨子注》、张惠言《墨子经说解》、高亨《墨经校诠》、孙中原《墨子今注今译》、姜宝昌《墨子训释》合为一条,孙诒让《墨子间诂》、吴毓江《墨子校注》析为二条。孙诒让《墨子间诂·经说下》篇末分栏旁行经目此条注:"毕、张、杨并合前为一经,误。"是。此条亦可读为"名实合,为",即名副其实则做。

[2]所以谓,名也:称呼对象的,这是名称。所谓,实也:所说的对象物,这是实。名实耦,合也:名实相符,这是合。志行,为也:有想法就做,这是为。这里区分了名实相符与志行相符:名实相符叫"名实合",意行一致叫"志行为"。

[译文]

经 有名,有实,有合,有为。

[说]　用来称呼实物的,这是"名"。称呼的对象,这是"实"。名实相符,这是"合"。意行一致,这是"为"。

第 83 条

[原文]

[经]　闻:传、亲。[1]

[说]　【闻】或告之,传也。身观焉,亲也。[2]

[校注]

[1]闻有传闻、亲闻两种情况。张惠言《墨子经说解》:"闻有二。"

[2]别人告诉的,这是传闻。自己见证的,这是亲闻。与第 81 条稍异。

[译文]

[经]　闻:有传闻、亲闻两种情形。

[说]　别人告诉的,这是传闻。自己见证的,这是亲闻。

第 84 条

[原文]

[经]　见:体、尽。[1]

[说]　【见】特者,体也。二者,尽也。[2]

[校注]

[1]见有两种情形:一为体见,一为尽见。

[2]原作"時者,体也。二者,尽也"。時:"特"之讹。孙诒让《墨子间诂》:"'時',疑当为'特'。特者,奇也。二者,耦也。特者止见其一体,二者尽见其众体。特、二,文正相对。"《方言》卷六:"物无耦曰特。"与孙说合,故校改。引申之,仅见到局部,这是体见;见到了全部,这是尽见。

[译文]

[经]　见:有体见、尽见两种情形。

[说]　仅仅见到局部是"体见",见到全部是"尽见"。

第 85 条

[原文]

经　合:壬、宜、必。[1]

说　【合】[2]兵立、[3]反中、[4]志工〔功〕,[5]正也。[6]臧之为,宜也。[7] 非彼必不有,必也。[8]圣者,用而勿必;必也者,可勿疑。[9]

[校注]

[1]合:据《说》,指合作。合作有三:正合,宜合,必合。张纯一《墨子集解》引曹云:"合者,相耦而不离也。"又引张之锐云:"合谓人众相合。"是。案:"正合"为上策,"宜合"为中策,"必合"为下策。

[2]"合",原作"古",当为"合"之讹。孙诒让《墨子间诂》引杨曰:"疑'合'之讹。"是,故校改。

[3]兵立:正义之师立于天下者也。《墨子·非攻下》载"好攻伐之君"饰其说曰:"我非以金玉、子女、壤地为不足也,我欲以义名立于天下,以德求诸侯也。"墨子批评道:"今若有能以义名立于天下,以德求诸侯者,天下之服可立而待也。"由此可知,"以义名立于天下,以德求诸侯","兵立"之本也。张纯一《墨子集解》、姜宝昌《墨子训释》释"兵"为兵器,谭戒甫《墨辩发微》校"兵"为"并",高亨《墨经校诠》校"兵"为"矢",不赘引。

[4]反中:殆谓反击侵略。墨家"非攻",反对不义之战。据《墨子·公输》,墨子由齐至楚,止楚攻宋,殆反中之例。诸家训释异,不赘。

[5]工:读为"功"。孙诒让《墨子间诂》:"'工',疑'功'之省。"谭戒甫《墨辩发微》、姜宝昌《墨子训释》从之,是。功:利民之事。《经》第35条:"功:利民也。"志功:有利民必胜之决心。张纯一《墨子集解》、谭戒甫《墨辩发微》、高亨《墨经校诠》有异说。

[6]正:正合,正义的合作。正义之师、符合道德民意之举、利于国家之事业,皆为正当合作。

[7]臧:这里指男性奴仆。臧之为,宜也:奴仆做事必遵主人之旨,故适宜合作。张纯一《墨子集解》:"臧,奴也,所为必利于主,无不合乎事之宜。"姜宝

昌《墨子训释》从之,是。

[8]必合者,不得不与之合作,别无选择。故曰:"非彼必不有,必也。"高亨《墨经校诠》:"非彼人、非彼物,必不有此事。"是。张纯一《墨子集解》:"非有彼之见存,则分界之事,可以不有。"谭戒甫《墨辩发微》:"'彼'有否可,'必'有是非。"姜宝昌《墨子训释》:"彼,指争辩之论题。"非。

[9]圣者:圣人,圣贤。用而勿必:如果需要合作,尽量不做别无选择的合作。必也者,可勿疑:如果不得不作这样的选择,就横下一条心,毫不犹豫地合作。此总论上述三种情形。

[译文]

经　合:有正合、宜合、必合三种情形。

说　正义之师、反击侵略、志于为民,此乃正当的合作。让奴仆做事,此乃适宜的合作。别无选择,此乃不得不与之合作。圣贤之人,尽量避免"必合"的情形;若别无选择,就不要犹豫不决。

第 86 条

[原文]

经　欲㞢权利,且恶㞢权害。[1]

说　仗者,两而勿偏。[2]

[校注]

[1]此条乃接上条而言。正权:权衡也。《大取》:"于所体之中而权轻重,之谓权……权,正也。""正"是"权"的目的,"权"是"正"的手段。"正权"与"权衡",形异而神同。且:表转折,非递进关系。欲正权利,且恶正权害:人们乐于权衡有利的方面,而不愿权衡有害的方面。张纯一《墨子集解》、谭戒甫《墨辩发微》、高亨《墨经校诠》有异说,不赘。

[2]仗:打仗、交战。两而勿偏:应该权衡有利与不利两方面因素,切勿只看有利一面。张纯一《墨子集解》、谭戒甫《墨辩发微》、高亨《墨经校诠》有异说。

[译文]

经 人们愿意权衡对自己有利的因素,不愿权衡对自己有害的因素。

说 作战时,应该权衡利弊两个方面因素,切勿只顾有利的一面。

第 87 条

[原文]

经 为:存、亡、易、荡、治、化。[1]

说 【为】早〔皁〕、台:存也。[2]病:亡也。[3]买鬻:易也。[4]霄〔消〕尽:荡也。[5]顺长:治也。[6]蛙买:化也。[7]

[校注]

[1]"为"分为六种情形:一、存,存在;二、亡,消失;三、易,交易;四、荡,逐渐消失;五、治,事情已做好;六、化,一物变为另一物。通约之,这里的"为"相当于运动状态。第76条《经》"为:穷知而悬于欲也",乃就人的本能行为而言。由此可知,在《墨经》中,"为"有二义:一是人之为,二是天之为。《尔雅·释言》:"作、造,为也。"统言之也。第43条《说》把存在分为静止与运动两种状态,乃狭义的运动概念。在《墨经》中,运、动、为三个概念相近而有别。

[2]早:读为"皁"。张惠言《墨子经说解》:"'皁',古只作'早'。"皁、台:周代社会的两种等级身份。《左传》昭公七年:"天有十日,人有十等,下所以事上,上所以共神也。故王臣公,公臣大夫,大夫臣士,士臣皁,皁臣舆,舆臣隶,隶臣僚,僚臣仆,仆臣台。"故知皁属第五等级,台属第十等级。因为皁、台是社会存在,故曰"存也"。孙诒让《墨子间诂》、张纯一《墨子集解》、谭戒甫《墨辩发微》、高亨《墨经校诠》有异说,亦可通。

[3]病,亡也:这里指病愈,病没有了,故曰"亡也"。第77条《说》:"治病,亡也。"

[4]买鬻:买卖。买卖是一种交易,属于"易"的一种,故曰"易也"。

[5]霄:读为"消"。毕沅《墨子注》:"与'消'同"。消尽:荡涤消失,故曰"荡也"。荡:张惠言《墨子经说解》:"莫之为而为。"所释甚妙。

[6]顺长:顺从之,使之长,若植稼。此为"治"的一种,故曰"治也"。治:张惠言《墨子经说解》:"有为而为。"是。

[7]蛙买:张惠言《墨子经说解》:"未详,或即'蛙鹑'。""'化',亦为也。"高亨《墨经校诠》从之。蛙鹑之化,见第45条。

[译文]

经　为:有存、亡、易、荡、治、化六种运动状态。

说　阜、台,这是社会存在。病好了,这是病亡了。买卖,这是交易。逐渐消失,这是荡。顺其成长,这是治。蛙买,这是演化。

第 88 条

[原文]

经　同:重、体、合、类。[1]

说　【同】二名一实,重同也。[2]不外于兼,体同也。[3]俱处于室,合同也。[4]有以同,类同也。[5]

[校注]

[1]同有四种:重同、体同、合同、类同。

[2]二名一实,若"狗"与"犬",这是重同。

[3]兼:两物共构之整体。同属一体,若白石之白、白石之坚,此为体同。

[4]处所相同,若二人同室,此为合同。

[5]两物部分特征相同,若牛、羊有角,此为类同。此条浅显,学者共知。

[译文]

经　同:有重同、体同、合同、类同四种情形。

说　一物二名,此为重同。两物一体,此为体同。两物一处,此为合同。两物局部相同,此为类同。

第 89 条

[原文]

经　异:二、不体、不合、不类。[1]

说 【异】二必异,二也。[2]不连属,不体也。[3]不同所,不合也。[4]不有同,不类也。[5]

[校注]

[1]异有四种:二之异、不体之异、不合之异、不类之异。

[2]二物必异,此为"二之异"。高亨《墨经校诠》:"其物为二,其实必异,此二之异也。"是。孙诒让《墨子间诂》:"'必'读为'毕',古通用。"若作"二毕异",则与后"不有同"无异,故孙说非。与上条"重同"相反。

[3]二物不相连接,此为"不体之异"。与上条"体同"相反。

[4]二物不在一处,此为"不合之异"。与上条"合同"相反。

[5]二物毫不相同,此为"不类之异"。与上条"类同"相反。此条义甚简,不赘引前说。

[译文]

经 异:有二之异、不体之异、不合之异、不类之异四种。

说 二物必异,此为"二之异"。二物不连,此为"不体之异"。二物异处,此为"不合之异"。二物毫不相同,此为"不类之异"。

第 90 条

[原文]

经 同异交得:放〔仿〕有无。[1]

说 【同异交得】族福家良:恕〔知〕有无也。[2]比度:多少也。[3]兔虮还园:去就也。[4]鸟折用桐:坚柔也。[5]剑尤〔优〕甲:死生也。[6]处室子:子母、长少也。[7]两绝胜:白黑也。[8]中央:旁也。[9]论行:行行。[10]学实:是非也。[11]难宿:成未也。[12]兄弟:俱适〔嫡〕也。[13]身处志往:存亡也。[14]霍为〔蔿〕:姓故也。[15]贾〔价〕宜:贵贱也。[16]

[校注]

[1]交:相互,彼此。交得:互有所得。放:读为"仿",仿照。张惠言《墨子

经说解》:"'放'字,疑'於'字之误。"亦可通。孙诒让《墨子间诂》:"'放'疑当为'知'。"高亨《墨经校诠》训"放"为"方"。似非。"同异交得"者,《道德经》所谓"有无相生""长短相形"是也。言"有",必先知"无";言"长",必先知"短"。此条《经》《说》体例:先为条目,后为诠释。《说》共十五个条目,皆为当时习语,故译文保持词语原貌,在校注中阐发其义。

[2]"族福家良",原作"於福家良"。"於"当为"族"之讹,"族"与"家"比类,故校改。族福家良:宗族有福祉,家庭兴旺。孙诒让《墨子间诂》:"疑当作'於富家食'。"高亨《墨经校诠》校为"於福家皂"。张纯一《墨子集解》、谭戒甫《墨辩发微》等有异说,不赘引。"恕",当为"恕"之讹。孙诒让《墨子间诂》:"'恕'当作'恕',与'知'通。"是,故校改。恕:知道,参第6条。恕有无也:知道有与无。说某人"族福家良",就知道此家族生活殷实富裕。《说》共十五条,后十四条体例相同,皆省略"恕"字。

[3]比度:对比度量。多少也:有省略,当作"恕多少也"。用尺丈量,则知长短多少。

[4]"兔蚏还园",原作"兔蚏还园"。"兔"当为"兔"之讹,以意改。"蚏",字书未见,虫类动物。盖兔与蚏二者相克,不能共处一园,此来则彼走,彼来则此走,故曰"兔蚏还园:恕去就也"。去:离开。就:前来。孙诒让《墨子间诂》、高亨《墨经校诠》各有异说,其他学者或袭孙说,或踵高说,可参考。

[5]鸟折用桐:孙诒让《墨子间诂》:"此义难通。"张纯一《墨子集解》、谭戒甫《墨辩发微》、高亨《墨经校诠》皆有异说。高亨曰:鸟为茑之借字,蔓生植物,"茑折则断,桐则见用,乃知其坚与柔矣"。案:"鸟折",殆木制器,制作此器当用桐木。《康熙字典》引《陈翥桐谱》,桐有六种:紫桐、白桐、膏桐、刺桐、赪桐、梧桐。《康熙字典》又引《尚书·禹贡》"峄阳孤桐",《传》曰:"峄山特生之桐,中琴瑟。"制作鸟折,自然知道所用之桐是坚还是柔了。

[6]"剑尤甲",原作"剑尤早"。剑者,兵器。尤,读为"优"。"早",孙诒让《墨子间诂》谓"甲"之讹,甚有理,故据校。"剑优甲"者,剑克甲也。刘昶《续墨子间诂》释"剑尤早,死生也"曰:"先发制人,后则受制,此兵家生死关头,同是利刃,皆争先着。惟有早者,有出死入生以自异,故云'剑尤早,死生也'。"可参考。

[7]处室子:即"处子",今谓"处女",见《孟子·告子》《庄子·逍遥游》。这里指刚刚出生的幼子。子母:幼子与母亲。长少:年长与年幼。此句意为:言"处子",可推知幼儿有母,又可推知母子年纪。参孙诒让《墨子间诂》。张纯一《墨子集解》、谭戒甫《墨辩发微》、高亨《墨经校诠》有异说,恐非。

[8]绝胜:墨家认为白黑两色绝对排斥,谓之"绝胜"。言"两绝胜",可知这是说黑白不容。高亨《墨经校诠》:"此乃矛盾对立之现象也。"姜宝昌《墨子训释》有异说。皆不切。

[9]旁:四周。"中央:旁也":曰"中央",可知必有周围。如由"中央电视台"一语,知必有地方电视台。孙诒让《墨子间诂》:"谓有四旁乃有中央。"是。高亨《墨经校诠》校为"行行,中央旁也",非。姜宝昌《墨子训释》所释繁复,不切。

[10]论行:与下条"学实"同例。论:理论。行:实践。"论行:行行":理论符合实践,知其可行也。孙诒让《墨子间诂》校为"论行学实,是非也",高亨《墨经校诠》、姜宝昌《墨子训释》从之,似非。

[11]实:繁体字作"實"。《说文》卷七宀部:"富也。从宀,从贯。贯,货贝也。"学实:学问充实,博学之谓。学而明理,故"知是非也"。孙诒让《墨子间诂》、高亨《墨经校诠》、姜宝昌《墨子训释》断句不同。

[12]难宿:夜不成寐。成未也:事情成败未知。犹言夜不成寐,可知事情成败未定,故曰"难宿:〔知〕成未也"。孙诒让《墨子间诂》:"未详。"高亨《墨经校诠》以"鸟"释"难",姜宝昌《墨子训释》从之。

[13]适:读为"嫡"。妻之子为嫡,妾之子为庶。俱嫡:都是嫡子,表示同出一母。说此二人为"兄弟",已知其中一人为嫡子,则可推知此二人皆为嫡子。孙诒让《墨子间诂》:"言相合俱相偶敌。"刘昶《续墨子间诂》:"嫡、敌皆是商声,故相通假。盖兄弟为匹敌,引申之谊则为工力相敌,不相上下。"亦通。高亨《墨经校诠》校作"兄弟俱,处适也",似非。

[14]身处:肉身存在。志往:灵魂离去。身处志往:躯体存在灵魂已去,知此人已死。言某人"身处志往",可知其人已经死亡。孙诒让《墨子间诂》:"此与《经上》'生,形与知处也'义略同。"是。高亨《墨经校诠》:"身处志往者,身居于此地,而心往于彼地也。"姜宝昌《墨子训释》从之,非。

[15]霍:姓氏。《史记·三代世表》篇末记褚先生曰:"霍者,国名也。武王封弟叔处于霍,后世晋献公灭霍公,后世为庶民。"第110条《说》:"'狗假霍也。'犹氏霍也。"第154条《说》:"尧、霍,或以名视人,或以实视人。"可证。为:读为"蔿",姓。春秋时期楚人有"蔿敖"。霍蔿:霍姓与蔿姓。言"霍蔿",可知与宗族姓氏有关。孙诒让《墨子间诂》断句为"霍为姓,故也",曰:"'霍'疑当为'虎'。"误。高亨《墨经校诠》曰:"《墨子》常以霍为鹤","此文为字即母猴之义","鹤一物也,猿一物也,而各有性与故,性与故乃相异者也,此乃矛盾对立之成分也"。姜宝昌《墨子训释》从之。皆不然。

[16]贾:繁体字作"賈",读为"價",简化字作"价"。宜:适合。价宜:价格适宜。言"价宜",可知说的是贵贱。孙诒让《墨子间诂》引杨云:"《经下》有'贾宜则雠'语。"见第132条。张纯一《墨子集解》:"贾宜则雠,知贵贱本无定也。"高亨《墨经校诠》:"一种物价与他种物价相比,有其适当之价,是谓宜。过乎其宜为贵,不及其宜为贱。"姜宝昌《墨子训释》与高说近。可参考。

[译文]

经　同异相得益彰:仿照"有"与"无"。

说　族福家良:可知这是说家境状况。比度:可知与长短多少有关。兔蚼还园:可知这是说此来彼往。鸟折用桐:可知这是说木料是坚还是柔。剑优于甲:可知这是说此人之生死。处室子:可知这是说有子有母,年龄长少。两绝胜:可知这是说白色与黑色。中央:可知必有周围。论行:可知行得通。学实:可知说的是明了是非。难宿:可知这是说事情成败未定。兄弟:可知这是说同母所生。身处志往:可知这是说已经死亡。霍蔿:可知与宗族姓氏有关。价宜:可知说的是贵贱。

第91条

[原文]

经　闻:耳之聪也。[1]

说

[校注]

[1]闻:耳闻。聪:听力好。义甚简,故无《说》。

[译文]

经 闻:耳朵听觉好。

说

第 92 条

[原文]

经 循所闻而得其意,心之察也。[1]

说

[校注]

[1]循:顺着,根据。察:分析、察觉。此句之意:根据听到的内容进而揣摩出对方的想法,这是心灵的分析功能。义甚简,故无《说》。

[译文]

经 根据所听的话进而揣摩出对方的想法,这是心灵的分析功能。

说

第 93 条

[原文]

经 言:口之利也。[1]

说

[校注]

[1]利:功能,能力。语言是口所具有的能力。义甚简,故无《说》。

[译文]

经 言:口之功能。

说

第 94 条

[原文]

经　执所言而意得见,心之辩〔辨〕也。[1]

说

[校注]

　　[1]执:根据。意:想法,念头。辩:读为"辨",逻辑分析能力。高亨《墨经校诠》:"辩读为辨,古字通用也。"是。此条与第 92 条略同。

[译文]

经　根据对方所言,进而知道对方想法,这是心灵的逻辑分析功能。

说

第 95 条

[原文]

经　诺:不一,利用。[1]

说　【诺】超、城、员〔圆〕、止也。[2]相从、相去、先知。[3]是、可。[4]五色、长短、前后、轻重。[5]援。[6]

　　　　　　　　　　　　　　　　　　[7]

　　正五诺:[8]若"人有知","有"说。[9]过五诺:若"员〔圆〕无直","无"说。[10]用五诺,若自然矣。[11]

[校注]

　　[1]诺:本义为应对、答问。《说文》卷三言部:"应也。"《康熙字典》引《玉篇》:"答也。"又引《正韵》:"应声。"据此,前贤几乎皆谓"诺"与答问有关。孙诒让《墨子间诂》谓"应诺",其解《经》曰:"谓辞气不同,于用各有所宜,若《说》所云五诺也。"高亨《墨经校诠》从之。沈有鼎认为诺是"墨家教授科学时所用的问答法"。① 孙中原《墨子今注今译》也说:"讨论科学知识时应用的问

_____

　　①沈有鼎:《墨经的逻辑学》,第 68 页。

答法。"有学者说"诺"与辩论有关。何洋认为:"'诺'在本质上是辩论的对策。"①吴新民说:"反驳与辩护,在《墨辩》中被称为'止'与'诺'。"②与前说大同而小异。案:"诺"乃墨辩术语,既关应答策略,亦涉逻辑判断类型,参《说》。不一,利用:形式不一,酌情运用。

[2]此为性质判断(直言判断)例句。超、城、员、止:孙诒让《墨子间诂》:"'超城'二字误。'员止',疑当为'负正'。"高亨《墨经校诠》:"'超、城、员、止也'当作'诒诚负正,四也'。"随后进一步解释:"以诺之本体而言,则有四种:一曰诒诺,二曰诚诺,三曰负诺,四曰正诺。"案:超、城、员、止,乃四个直言判断例句之首字,作为代称,目前仅知其一。《说》:"过五诺,若'员〔圆〕无直'。"其他三条,未觅其迹。

[3]此为关系判断类型。孙诒让《墨子间诂》以"彼谓而我从之"释"相从",以"口诺而意不从"释"相去",以"先已知之"释"先知"。高亨《墨经校诠》的思路,与孙氏大同小异。案:这里所论乃关系判断,涉及"相从""相去""先知"三种类型。对这三种关系判断的推测,有两种不同思路。

第一种思路,从本土语境出发,理解为中国古典特色的关系判断。相从之诺:从,繁体字为"從"。《说文》卷八从部:"随行也。"此字表示一人跟随另一人;相从之诺,表示递进关系判断。比如:墨家主张兼爱,必定爱无等差。参见《大取·语经》第14条"志、功不可以相从"。相去之诺:去,表示背离。相去之诺,表示反递进关系判断。比如:墨家虽然主张兼爱,但不主张法治。先知之诺:先知,预先知道结果;先知之诺,表示因果关系判断。比如:因为墨家主张兼爱,所以反对战争。

第二种思路,参照目前学界通行的关系判断类型,对号入座。相从关系,可能相当于对称关系。比如:甲和乙是同乡,推理可知,乙和甲也是同乡。相去关系,可能相当于反对称关系。比如:甲比乙年龄大,推理可知,乙比甲年龄小。先知关系,可能相当于传递关系。比如:篮球比排球大,排球比网球大,推理可知,篮球比网球大。

[4]此为肯定、否定句式所用关系词。是:用于肯定判断。比如:太阳是热

①何洋:《论〈墨辩〉之"诺"》,《江汉论坛》2002年第2期。
②吴新民:《初探〈墨辩〉之"诺"》,《云南师范大学学报》2003年第4期。

的。不是:用于否定判断。比如:月亮不是热的。可:介于"是"与"不是"之间,用于不完全肯定或不完全否定的判断。比如:火星上可能有生命。

[5]此为常用关系词。五色:青黄赤白黑,乃颜色关系。孙诒让《墨子间诂》:"五色","疑当作'五也'"。乃计相从、相去、先知、是、可之和而言,乃《说》"五诺"之推测,备一说。长短:乃形状关系。前后:乃位置关系,"左右"亦此类。轻重:乃分量关系。此数种关系,乃作判断时常用,故标举之。

[6]援:以人之判断,证我之判断。此为双方辩论时运用判断之策略。《小取》:"援也者,曰:子然,我奚独不可以然也。"《小取》援、推并举,此仅言援,不及推也。高亨《墨经校诠》将"长短、前后、轻重、援"移至第90条,姜宝昌《墨子训释》从之,备一说。

[7]自"正五诺"以下三句,原在《经说上》篇末,附于第101条后。孙诒让《墨子间诂》:"自此至篇末,似皆释五诺正负之义,以《经》校之,当属上文'五也〔色〕'之下,而传写贸乱,误错著于末也。"又谓:"五诺,即上《经》所谓'诺,不一'也。"孙氏之意,此段文字乃释第95条《经》。高亨《墨经校诠》:"此条与第九十四条(案:本书第95条)文义正相成也。"孙、高之说可取,故自篇末移此,前加线为界。

[8]孙诒让《墨子间诂》:"此数句义难尽通。"高亨《墨经校诠》于第101条"校说"云云,于义无取,不赘。案:此部分内容当为两个排比句,阐明"五诺"正反二情:正五诺:五种肯定判断;过五诺:五种否定判断。

[9]原作"皆人於知有说"。"皆",当为"若"之讹,参下句可知。孙诒让《墨子间诂》:"'皆',疑当为'若'。"是。若:就像,比如。"人於知",参后文可知,"於"乃"有"之讹,或墨师口语所致,兹校改。"人有知"者,有人便有知也。第22条《经》曰:"生:形与知处也。"与此相互契证。"人有知"者,以"有"为关系词,故谓"有"说。高亨《墨经校诠》:"正五诺,皆人所知,有说,过。"断句、诠释不同。孙中原《墨子今注今译》断句为:"正。五诺,皆人于知。有说。"诠释又不同。

[10]过五诺:与"正五诺"相反,否定性的五种判断句式。原作"负无直"。"负"字,《正统道藏》本、芝城铜活字蓝印本、唐尧臣刻本、江藩刻本、童思泉刊本等,皆作"员"。孙诒让《墨子间诂》:"旧本讹'员',今据吴钞本正。"这一

"正",恰恰致误。员:读为"圆",第 71 条《说》可证。沈有鼎《墨经的逻辑学》、孙中原《墨子今注今译》已正,甚是。圆无直:圆周线没有直的。"无"说:以"无"为关系词。

[11]用五诺,若自然矣:掌握了肯定性、否定性各自五种判断句式,然后应答论辩,也就随心自如了。五诺句型不得其全。

[译文]

经　诺:形式不一,酌情采用。

说　超□□、城□□、圆无直、止□□——四个直言判断例句。相从关系、相去关系、先知关系——三种关系判断类型。是、可——二个常用关系词。五色、长短、前后、轻重——四组常用判断语词。援——辩论时引人证我之策略。

肯定性的五种判断:如"人有知","有"为关系词。否定性的五种判断:如"圆无直","无"为关系词。运用好这五种判断,应答论断的时候就轻松自如了。

第 96 条

[原文]

经　执服、說言,利。[1]

说　执服难成,言务成之,九则求执之。[2]

[校注]

[1]原作"服执說",后有小字"音利"。此条《经》,诸本颇异。就清刻本、清抄本而言,分为三种情形。第一种,有"音利"二字,与孙诒让本同,有《正统道藏》本、唐尧臣刻本、江藩本。毕沅《墨子注》:"'音利'二字,旧注,未详其义。"孙诒让本以毕本为底本,故承其文。但是,毕沅"旧注"之论恐难成立,因为前述几种本子都无注,只是"音利"用了小字而已。第二种,无"音利"二字,有芝城铜活字蓝印本、童思泉刊本、冯梦祯辑本。第三种,无"音利"二字,作"服执说",有堂策槛刻本、《四库全书》本。"说"殆"說"之讹,此说可置而不论。前两种情形,孰是孰非,当结合《说》的内容予以确定。服执:《说》作"执

服"，顺序相反。学者或据《经》改《说》，或据《说》改《经》，因《经》文意不清，据《说》改《经》为宜，故据校。执：做。服：承担工作。执服：担当职责，接受任务。"說"字下"音利"二小字，毕沅《墨子注》、孙诒让《墨子间诂》谓当属正文，是。《说》释"言"字，"音"当为"言"之讹。孙诒让曰："以相推校，疑'音利'当作'言利'，二字本是正文，误作小注。"是，故校改。說：《说文》卷三言部："言相說司也。从言，兑声。"从字形分析，"說"表示幼儿之声，真诚之言也。利：有利，可信。此句之意：承担任务，言辞恳切，可成。高亨《墨经校诠》："此述以言服人之道也。"张纯一《墨子集解》、谭戒甫《墨辩发微》有异说，不赘引。

[2]难成：难以完成的任务。执服难成：承担艰巨任务。此释《经》"执服"。言务成之：态度坚决，一定完成。此释《经》"說言"。九：表示多次。九则求执之：屡次要求承担任务。孙诒让《墨子间诂》、高亨《墨经校诠》句读、诠释各不相同，不赘引。

[译文]

经　承担任务，言辞恳切，可成。

说　承担艰巨任务，表示坚决完成，而且屡次请求去做。

第 97 条

[原文]

经　巧转〔传〕，[1]则求其故。[2]

说

[校注]

[1]转：读为"传"。孙诒让《墨子间诂》："'转'当为'传'，声同字通。"第98条《说》为"巧传"。传：这里指传授知识。

[2]故：缘故，道理。向学生传授知识，不但要讲述"然"，更要讲明"所以然"；所谓非"授之以鱼"，而应"授之以渔"也。义甚简，故无《说》。

[译文]

经　巧妙的教学，应该讲明事情的道理。

说

第 98 条

[原文]

经　法同,则观其同。[1]

说　【法】法取同。观"巧传"法。[2]

[校注]

　[1]法:方法。同:相同。法同:方法一样。观其同:分析其共性。

　[2]法取同:学习别人的方法,要吸取别人方法背后的共性。观"巧传"法:参见上条"巧传"之法。孙诒让《墨子间诂》、高亨《墨经校诠》、孙中原《墨子今注今译》、姜宝昌《墨子训释》断句不同,说亦殊途。

[译文]

经　方法相同,则应找出共性。

说　学习别人做事的办法,应该找出其共性。参见"巧传"条。

第 99 条

[原文]

经　法异,则观其宜。[1]

说　取此择彼,问故观宜。[2]

[校注]

　[1]法异:方法不同。观其宜:观察哪一种方法适合。

　[2]取此择彼:是选择这种方法,还是选择那种方法。问故:向别人求教其中的道理。观宜:观察哪一种适合。谭戒甫《墨辩发微》、高亨《墨经校诠》、孙中原《墨子今注今译》、姜宝昌《墨子训释》皆将下条"以人之有黑者,有不黑者也,止黑人;与以有爱人,有不爱人,止爱人,是孰宜止"归入此条,误。

[译文]

经　两种方法不同,要看哪一种方法适合。

说　是选择这种方法,还是选择那种方法,应向别人请教其中的道理,观察哪一种方法适合。

第 100 条

[原文]

经　止：因以别。[1]**道**[2]

说　以人之有黑者，有不黑者也，止黑人；[3]与以有爱人，有不爱人，[4]止爱人。[5]是孰宜止？[6]彼举然者，以为此其然也，则举不然者而问之。[7]

[校注]

[1]止："止类"之省称，参第 102 条。此乃墨家辩学术语，表示归类，今谓归纳。因以：借此得以，因此得以。别：区别，分开。《论语·子张》："譬诸草木，区以别矣。"不同事物得以区分，墨家辩学谓之"止"。孙诒让《墨子间诂》断句为"止，因以别道"，曰："谓道有宜止者，有不宜止者，因事以别也。"沈有鼎曰："'止'是用反面的例证来推翻一个全称判断。"①高亨《墨经校诠》断句为"止因以别"，校"因当作同"，曰："同者即逻辑之全称命题也。别者即逻辑之特称命题也。"孙中原《墨子今注今译》："止：《墨经》中一种特殊的、重要的反驳方式。"杨武金说："'止'是专门用于反驳的论式。"②备存。

案：原作"止：因以别道。读此书旁行"。高亨《墨经校诠》："'读此书旁行'此五字乃后人所记。该《墨经》原本，上下两栏并列，上栏旁行连读，下栏亦旁行连读，文意始相承。但两栏之间，原未画栏以限之，有人恐他人误读，故题此五字于上栏之末。今本则直行录写，此五字遂亦混入经文矣。"（第 65—66 页）前贤有说，是。

[2]道：应为下条首字。"读此书旁行"注于"道"字之后，遂使人误以为"道"字属此条。今校移。

[3]此归类之例。一群人，有皮肤黑者，有皮肤白者，根据皮肤的颜色就可进行归类。

[4]与：还有，连接词。以：根据。原作"有爱于人，有不爱于人"，参后文，当作"有爱人，有不爱人"，故校改。

---

①沈有鼎：《墨经的逻辑学》，第 47 页。
②杨武金：《墨经逻辑研究》，第 40 页。

[5]原作"心爱人","心"乃"止"之讹,当作"止爱人"。张惠言《墨子经说解》:"'心',疑当作'止'。"孙诒让《墨子间诂》:"张说是也。"故校正。止爱人:归纳出爱人的人。

[6]原作"是孰宜心",当作"是孰宜止",见前校。这是一个疑问句,讨论归类的方法。上面两个归类之例,分别归纳出皮肤黑的人、爱人的人,这里提示说:应该如何归类?是归纳皮肤不黑的人,还是归纳不爱人的人?

[7]此句谈质疑对方的归类,以使归类严谨。对方归纳出皮肤黑的人,就用皮肤不黑的人提出质疑。

此条,孙诒让《墨子间诂》曰:"此言因人有不黑者,而禁其庶人之黑;因人有不爱者,而禁其爱人,二者皆不宜禁者也。"张纯一《墨子集解》曰:"言人之黑不黑,本性成也……是不能止者也。若人无不当爱人者,亦性所不能已也。"高亨《墨经校诠》把"以人之有黑者,有不黑者也,止黑人;与以有爱于人,有不爱于人,止爱人,是孰宜止"一段文字归入第98条《说》,训"黑"为"墨",谓为两个选言命题。诸说纷纭,不赘引。

[译文]

经 止〔归纳〕:事物借此方法得以区分。

说 依据有人皮肤黑,有人皮肤不黑,于是归纳出黑人;有人爱别人,有人不爱别人,于是归纳出爱人者。到底归纳哪一部分合适?对方举出他的证据,证明他的归纳正确,那么就指出其归纳中的不妥之处予以质疑。

第 101 条

[原文]

经 道:舌,无非。[1]

说 若圣人,有非而不非。[2]

[校注]

[1]起首"道"字,移自第100条末,见前释。道:道理,真理。道家有其"道",儒家有其"道",墨家亦有其"道",含义有别。舌:"正",正确,参第54条。无非:没有错误。"道"这一概念,表示完全正确、没有错误。反言之,若有

错误,则不为"道"、不为真理。孙诒让《墨子间诂》:"此经云'正无非',《说》则云'圣人''不非',义虽可通,而'正''圣'二文究不甚合。窃疑此'正'亦当作'圣'。""谓圣人以正道,有所非,与无所非同。"高亨《墨经校诠》:"然则墨家非无诽也,仅对于道之正者无诽耳。"均不切。

[2]若:比如。若圣人,有非而不非:此举例。墨家定义的"圣人"乃完人,没有错误之人,这是预设的前提。说圣人也有错误,这在逻辑上是悖论。然而,如果圣人是真实的人,比如尧舜禹,就有可能存在错误,那如何是好?于是制定一项原则:不讨论圣人的错误。故曰"有非而不非"。孙诒让《墨子间诂》:"而不非,'而'与'如'通。言圣人于人虽有所非,而非其所当非,则与无所非同。"高亨《墨经校诠》:"'若圣人有非而不非',疑当作'圣人有诺而不非'。"皆非。

[译文]

经　道:表示正确,没有错误。

说　比如说某人是圣人,他有错误也不要讨论,否则自相矛盾。

经下/经说下

第 102 条

[原文]

经　止类以行人,说在同。[1]

说　【止】彼以此其然也,说是其然也;[2]我以此其不然也,疑是其然也。[3]

[校注]

[1]止类:今谓归纳。参第 100 条《经》:"止:因以别。"此条言止类(归纳),下条言推类(演绎),相辅相成。行人:使人接受,使之传播。同:共性。此句之意:采用归纳方法得出结论、使人接受,关键在于共性。

[2]《说》释"同"。此:指共性。然:是这样,表示肯定。此句之意:对方根据其所说的共性,认为他的归纳是对的。

[3]不然:不是这样,这里指对方所说共性不对。疑是:与"说是"相反,怀疑、否定对方的结论。此句之意:我根据对方归纳的错误之处,质疑对方归纳的结论。比如,对方说"四足为兽",我说"龟兔四足,非兽也"。

此条前贤诠释种种。孙诒让《墨子间诂》:"《左传》哀十二年,杜注云'止,执也'。谓彼此然不,各执一辞,即《经》所谓'行'也。"高亨《墨经校诠》:"物有相同之象,而归纳之为一组,此立类也。""彼立一类,而我止之,止之之道,在因其类而举出类外者也。"孙中原《墨子今注今译》校读为"止,类以行之"。高、孙之说近之。亦有谓"止"为推理者,[①]非。

[译文]

经 归纳得出的结论,若要别人接受,关键在于共性。

说 对方认为共性是这样,所以其结论正确;我认为共性不是这样,质疑对方的结论。

第 103 条

[原文]

经 推类之难,说在之大小。[1]

说 谓:四足,兽与?[2]生〔升〕,鸟与?[3]物,尽与?[4]大小也。此然是必然,则俱。[5]

[校注]

[1]推类:根据已知,推出未知同类事物。止类是划分事物,找出共性,形成结论,属归纳;推类是根据已有结论或公理,推断或判定未知事物,属广义的演绎。之:代词,指大前提。大小:大前提边界大小。此句之意:推类的困难之处,在于大前提边界难以确定。

[2]谓:说。四足:四只脚的。与:疑问词,同"欤"或"耶"。王引之《经传释词》:"《玉篇》:'欤,语末辞。'古通作'与'。"此句之意:四只脚的,就是兽吗?

[3]生:读为"升"。生,《康熙字典》引《集韵》《韵会》《正韵》作"师庚切";升,《集韵》《韵会》作"书蒸切"。生与升,声韵相近。升:会飞的。此句之意:会飞的,就是鸟吗?

[4]物:有形者之通称。此句之意:"物"这一概念,就无所不包吗?

[5]此然:此说之然。必然:必然性的,无例外的。则俱:就应包括全部对象。

此条讨论三段论推类,重点是类的边界问题。比如:一切有形的东西都是

物(大前提),山有形(小前提),所以山是物(结论)。在这里,"物"并不包括无形的存在,故划定"有形的东西"这一边界,这一命题便有了必然性。此一条,孙诒让《墨子间诂》、高亨《墨经校诠》、孙中原《墨子今注今译》、姜宝昌《墨子训释》断句、诠释有同异,不赘引。又:学界或谓中国古代逻辑没有三段论推理。确实,未见墨家分析三段论推类的形式,但却有隐性的、实践的三段论推类,此条便是例证之一。

[译文]

经　推类的困难之处,在于类边界的划定。

说　比如说:四足的,就是兽吗? 会飞的,就是鸟吗? 物,就无所不包吗? 这涉及类边界划定。一个命题若要成为公理,就应包括划定的全部对象。

第 104 条

[原文]

经　物尽同名；[1] "二"与"斗"；[2] 爱；[3] "食"与"招"；[4] "白"与"视"；[5] "丽"与"暴"；[6] "夫"与"屦"。[7]

说　为、麋同名。[8] 俱,斗；不俱,二——二与斗也。[9] 包〔胞〕、肝、肺、子——爱也。[10] 桔、茅——食与招也。[11] 白马,多白；视马,不多视——白与视也。[12] 为丽,不必丽；为暴,不必暴——丽与暴也。[13] 为,非以人,是不为非。若为夫勇,不为夫；为屦以买衣,为屦——夫与屦也。[14]

[校注]

[1]物:万物。尽:全称词,都。名:名称。在墨家辩学中,"名"蕴含概念,这是理解此条的关键。墨家对概念的阐述,参见第 139 条。但在名家名学中,"名"仅指名称,"指"仅指概念,与墨家辩学异。同名:这里指名称、词语的内涵彼此交织。物尽同名:所有概念的内涵彼此交织。此乃命题,后文为举例。《公孙龙子·指物论》之批评,《庄子·天下》对辩者"指不至,至不绝"之抨击,正与此相关。这表明,墨家已然注意到这个问题。

[2]斗:繁体字作"鬥""鬪"。《说文》卷三鬥部:"鬥:两士相对,兵杖在

后,象鬥之形。"段玉裁《说文解字注》:"文从两手,非两士也。"罗振玉《增订殷墟书契考释》:"卜辞诸字,皆象二人相搏,无兵杖也。许君殆误。"王襄《簠室殷契类纂》:"古'鬥'字,象二人相对徒搏,有争鬥之谊。"①由此可证,"鬥"字本义为二人徒手搏击,故"鬥"含"二"之义。

[3]爱:其解可有两个思路。第一个思路,参照《说》"包、肝、肺、子,爱也",则包、肝、肺、子都是爱的对象或内容。第二个思路,参照上下文体例,当作"爱与□",或"□与爱",仅有"爱"字,或有脱误。译文取第一个思路。

[4]食:馈食。招:招待。给人饭吃与招待别人,义有交织。

[5]白:光亮。视:察看。光亮与看物,二义有交织。

[6]原作"丽与",无"暴"字。孙诒让《墨子间诂》引顾曰:"据《说》,似当有'暴'字。"故校补。丽:光艳。暴:日晒。光艳与日晒,皆与光有关,概念内涵有交织。

[7]夫:丈夫,成年男子。《说文》卷十夫部:"夫,丈夫也。"履:鞋之一种,殆唯丈夫有履。"夫"和"履"这两个概念,内涵有交织。

[8]此释"物尽同名"。为通爲。爲,母猴也,见《说文》卷三爪部。麋,鹿属,见《说文》卷十鹿部。猴与鹿,皆动物也,概念内涵交织,故谓同名。

[9]俱:并存,并处。《孟子·尽心上》:"父母俱存,兄弟无故,一乐也。"《庄子·天运》:"道可载而与之俱也。"俱斗:二人方可"斗"。不俱,二:二人不到一起,二人而已。二与斗:二与斗这两个概念内涵交织。此释《经》"二与斗"。

[10]包:"胞"之古字。《说文》卷九包部:"包:象人裹妊,已在中,象子未成形也。"故知"胞"与"子"内涵相涉。肝与肺,同理,皆为人体器官。胞、子、肝、肺,不但概念内涵相涉,且己之胞、子、肝、肺皆己之所爱也,故曰"包、肝、肺、子,爱也"。此释"爱"。

[11]茅:草类植物,可酿酒。《说文》卷一艸部:"菅也。"段注:"按:统言则茅、菅是一,析言则菅与茅殊。许菅、茅互训,此从统言也。陆玑曰:'菅似茅而滑泽,无毛。根上五寸中有白粉者,柔韧宜为索。沤乃尤善矣。'此析言也。"《左传》僖公四年:"尔贡包茅不入,王祭不共,无以缩酒。"可知桔、茅都与食物

---

①罗、王之说,转引自李孝定《甲骨文字集释》第二册,台北:"中央研究院"历史语言研究所,1970年,第889页。

有关。此句之意："桔"与"茅"，就像"食"与"招"这两个概念一样，内涵相互交涉。

[12]白马，多白：当人们说"白马"的时候，是说马多么白。视马，不多视：人们观察马的时候，并没有多看马几眼。白与视也："白"与"视"两个概念内涵交织。需注意者，墨家此释与名家思路不同。

[13]原作"为丽，不必丽，不必丽与暴也"，句不可通，且与前后文体例不一。循上下文体例，当作"为丽，不必丽；为暴，不必暴——丽与暴也"。故校补三字。为丽：人为的亮丽。为暴：人为的照晒。《经》说"丽"与"暴"两个概念内涵交涉，其义不言自明，故《说》在"人为"方面着墨，强调"丽""暴"与人有关。孙诒让、高亨皆谓"不必"二字衍，亦可通。

[14]为，非以人：非人为的"为"，指自然之为。是不为非：自然力量导致的恶果，算不得错误，而是灾害。若为夫勇，不为夫：为匹夫之勇，此虽为勇，却不为大丈夫。为屦以买衣，为屦：屦，今谓鞋。《说文》卷八履部："履也。"段注："晋蔡谟曰：今时所谓履者，自汉以前皆名屦。"做鞋，是为了把鞋卖掉再买衣服，这算做鞋。此《说》诠《经》，略显泛漫。

此条《经》与《说》，前贤断句、训释多端，不赘引。须申明，此条主旨在于申明一切名称(概念)之间内涵彼此交涉，《经》用"物尽同名"申明其意。不过，从《说》的阐述看，墨家对这一问题的认识并不深刻，比如对"爱"的剖析，变成了对爱的对象之间关系的分析，略显偏题。公孙龙作《指物论》，对此作了进一步剖析，只不过用"指"代替了墨学的"名"，更为深切。辩者命题"指不至，至不绝"，是这一主旨的升华。名家之徒正是在对这一问题的反思中，离开墨家，另立一派。故余谓："不知名学真谛，难执墨家辩学根柢。"

[译文]

经 万物的名称(概念内涵)彼此交织："二"与"斗"这两个词语之间；"爱"这一词语所涉对象之间；"食"与"招"这两个词语之间；"白"与"视"这两个词语之间；"丽"与"暴"这两个词语之间；"夫"与"履"这两个词语之间。

说 猴与麇两个词语(概念内涵)有交集。二人在一处，才有争斗；不在一处，二人而已——"二"与"斗"交集。胞、肝、肺、子，都与"爱"有关。桔和茅，都有"食"或"招"的内涵。白马，多么白；瞧这马，并没多瞧——"白"与

"视"的内涵交集。人为的美丽,不算丽;人为的照晒,不一定照耀——"丽"与"暴"的内涵有关。发生的事情,不是人为的,就不算错误。这就像为匹夫之勇,算不得大丈夫;做鞋卖钱再用钱买衣服,这算做鞋——"夫"与"屦"的内涵有关。

第 105 条

[原文]

经　　一,偏弃之谓,而固是也。说在因。[1]

说　　二与一,亡不与一,在偏去未。[2]有文实也,而后谓之;无文实也,则无谓也。[3]不若"敷"与"美",谓是,则是固"美"也,谓也〔他〕,则是非"美";无谓,则报也。[4]

[校注]

[1]若要理解此条,先要明白"一""二"为何物。"一"者,单名。"二"者,兼名。比如"国家"为二,"国"或"家"为一。参见《公孙龙子·通变论》第一部分(但与墨家立场相斥)。一,偏弃之谓:兼名去掉其中一个单名,就是"一"。比如"国家"去掉"国",剩下的"家"就是一字词。而固是也:原本只有一字词。因:相互依存。此句之意:"一"是兼名去掉了其中一个单名,词的本来面目如此,关键在于二者相互依存。

[2]二与一:兼名与单名的关系。亡不与一:兼名无不与构成该兼名的两个单名有关。如"国家"这个兼名与"国""家"两个单名相关;又如"白马"这个兼名,与"白""马"两个单名相关。在偏去未:差别在于是否去掉了一个单名。兼名去掉一个单名剩下的就是单名。

[3]文实:文字所指的实体,即概念所指的对象,这里特指兼名所指的对象。张惠言《墨子经说解》:"文实犹名实。"未尽其义。谓:称谓,这里指兼名的内涵。有文实也,而后谓之:一个兼名指向明确,才会有明确内涵。无文实也,则无谓也:一个兼名对象不明确,就会缺乏内涵。孙诒让《墨子间诂》:"谓有名实始有所谓,无名实则无所谓。"近之。

[4]不若"敷"与"美":不像"敷"与"美"两个彼此无关的单名。谓是,则是固美也:是,代词,指"美"这个单名,意思是:说"美",则"美"就是"美"这个

单名。谓也,则是非美:也,读为"他"。孙诒让《墨子间诂》:"疑当读为
'他'。"他:另一个,这里指"敷"这个单名。谓他,则是非美:说"敷",则与
"美"无关。无谓,则报也:"谓"指词语、概念内涵,"无谓"就是没有内容,概念
缺乏内涵。"报",本义是回报、酬谢,这里指返回其本来的词语。这里指"敷"
"美"两个单名不相"因",彼此不搭界,无法共同构成"敷美"这个兼名。

此条之意,阐述兼名构成。一方面,单名与兼名形式不同。单名由一个
词构成,如"山"或"水";兼名由两个词构成,如"山水"。另一方面,兼名依
赖于单名,兼名概念是两个单名概念之和,如"山水",既包含"山",也包含
"水"。《经》所谓"说在因",正是此义。名家学说则不然。在名家语言中,
不存在兼名,《公孙龙子·通变论》谓之"二无一",与墨家之说完全对立,详
参该篇阐述。孙诒让《墨子间诂》、张纯一《墨子集解》、谭戒甫《墨辩发微》、
高亨《墨经校诠》、孙中原《墨子今注今译》、姜宝昌《墨子训释》对此条的分
条、断句、诠释,纷纭多端。高亨谓:"此条乃言对立矛盾之两种现象不存于
一物体之本身。"此讲逻辑语言,而非论"对立矛盾"。若要理解此条,必先
明白《公孙龙子·通变论》,此余谓"不知名学真谛,难执墨家辩学根柢"又
一例证。

[译文]

经 单名,说的是兼名去掉一个单名,词的本来面目如此。关键在于构
成兼名的两个单名彼此依存。

说 兼名与单名的关系是,兼名无不与单名有关,差异在于是否去掉了
一个单名。确定了兼名所指的对象,然后才有兼名概念;没有明确对象,兼名
就没内涵。不像"敷"和"美"两个单名,说"美",则"美"就是"美",说"敷",则
与"美"无关。兼名概念不明,就返回原来的单名。

第 106 条

[原文]

经 不可偏去而二。[1]说在"见与俱""一与二""广与修"。[2]

说 "见、不见离。""一、二不相盈。""广、修。""坚、白。"[3]

[校注]

[1]此条之"一""二",与上条有同异。一:局部。二:整体。偏去:去掉部分属性。比如"坚白石",不可割裂为"坚石""白石"。

[2]见:看见的部分。俱:整体。见与俱:看见的局部与未见的整体。一与二:部分属性与全部属性。广与修:宽度与长度。孙诒让《墨子间诂》:"凡物有二斯有偏,有偏必可去其一,而体性相合者,则虽二而不可偏去,若下所云是也。"高亨《墨经校诠》:"此言相异之象并存于一物者也。"近之。

[3]《说》举四例,前三例略见于《经》,第四例新增,皆拟托名家论断,故加引号。第一例:"见、不见离。"名家宣称,人们所见与未见相互分离,参《公孙龙子·坚白论》。第二例:"一、二不相盈。"名家宣称,对象物的不同属性不相融合,见《坚白论》。第三例:"广、修"。有省略,依前例,并参《公孙龙子·坚白论》"广、修不相盈〔撄〕",知此当作"广、修不相盈〔撄〕"。"广、修不相撄"者,谓一物之长度与宽度不接触。第四例:"坚、白"。有省略,依前例,当作"坚白不相盈"。意蕴同第二例。《说》所斥名家四个命题,表达不一,诉求不异,可以"离坚白"概括之。关于名家"离坚白"之说,参见《坚白论》之诠释。

此条大意,孙诒让《墨子间诂》、张纯一《墨子集解》、谭戒甫《墨辩发微》、高亨《墨经校诠》、孙中原《墨子今注今译》等略有所述,但断句、训释有不同,不赘引。

[译文]

经 不可去掉某对象的一部分,然后谈论该对象的整体。比如"见与俱""一与二""广与修"。

说 "所见与未见相分离。""一个对象的两种属性,彼此互不相融。""一个物体的宽与长,彼此互不相关。""一块石头的坚与白,彼此互不相融。"——此皆不可成立之论断。

第 107 条

[原文]

经 不能而不害。[1]说在害。

说 举不重不与箴〔针〕,非力之任也。[2]为握者不觭〔奇〕

倍,非智之任也。[3]若耳目。[4]

[校注]

[1]害:指缺点。不能而不害:一个人有所能,有所不能,其所不能不一定是缺点。此条之意:人各有所长,不应求全责备。

[2]举不重:无重不举也。孙诒让《墨子间诂》:"言无重不举。"箴:读为"鍼",今作"针"。孙诒让曰:"'箴'即'鍼'之假字。"不与针,非力之任也:不会做针线活,因为针线活不是用力气的工作。

[3]为握:运筹帷幄,喻足智多谋。张纯一《墨子集解》谓之"握物"。谭戒甫《墨辩发微》:"为握者,计数之事也。"高亨《墨经校诠》释"握"作"幄","为幄"者,制作之技巧也。参后文关键词"智",谭说稍可,其余非。"不觭倍",原作"之顠倍"。"之"当为"不"之讹,比较"举不重不与箴,非力之任也"句式可知,故校改。顠倍:《庄子·天下》谓别墨之徒"俱诵《墨经》……以觭偶不忤之辞相应","偶"与"倍"相契,"觭"与"顠"相似,知"顠"为"觭"之讹。孙诒让《墨子间诂》曰:"当为'觭',形近而误,其读当为'奇'。"是,故校改。觭:奇也,谓奇数。倍:二也。第61条《经》曰:"倍:为二也。"这里指偶数。奇倍:单数与偶数——这里或为猜数游戏,或类似于掷硬币(一面为奇,一面为偶)游戏。不奇倍:猜不中是单数还是偶数。此条之意:运筹帷幄者却猜不中是单数还是偶数,因为这不是运用智慧的场合。此句,学者众说纷纭,不赘引。

[4]若耳目:耳能听,目能视,功能各异。耳不能视不为害,目不能听亦不为害。

[译文]

经 一个人有所不能,这不一定是缺点。关键在于什么是缺点。

说 能举起重物,却不会拿针做活,因为针线活不是用力气的工作。能运筹帷幄,却猜不中是单数还是偶数,因为这不是运用智慧的场合。这就像耳朵、眼睛功能各异一样。

第 108 条

[原文]

经 异类不吡〔比〕。说在量。[1]

说　【异】木与夜，孰长？智与粟，孰多？[2] 爵、亲、行、贾，四者孰贵？[3] 麋与霍，孰高？麋与霍，孰霍？[4] 蚓与瑟，孰瑟？[5]

[校注]

[1]异类：不同种类的事物。吡：读为"比"。高亨《墨经校诠》："吡读为比，较也。"不比：不作比较。量：度量，计量标准。不同种类之物，计量标准不同，故不可比较。

[2]《说》设六问。前两问是说：一棵树与一夜，哪一个长？一个人的智慧与一斗粟米，哪一个多？无可比性。

[3]爵：爵位。亲：双亲。行：行走，似指行商。贾：读音 gǔ，坐商。爵位、亲长、行商、坐贾，哪一个贵重？无可比性。

[4]霍：姓氏。第90条《说》："霍爲〔蔦〕：姓故也。""霍"又有敏捷之义。孙诒让《墨子间诂》："此字篇中四见，此与麋同举，下文又与狗同举，则必为兽名。以字形校之，疑当作'虎'。"高亨《墨经校诠》："霍，即鹤字。"案：若"霍"为虎、鹤，则为动物，与麋就有了可比性，故孙、高之说非。麋与霍，孰高：麋鹿与霍姓，哪一个高？麋与霍，孰霍：孙诒让曰："此句疑涉上文衍。"高亨从之。案：似不衍。上句基于麋而问高，此句基于霍而问霍。此句之意：麋鹿与霍姓相比，哪一个霍？无可比性。

[5]蚓与瑟：第90条《说》："兔蚓还园：去就也。"知蚓为一种动物，似爬行类动物，爬行时发出瑟瑟之声。瑟：古代弦乐器。《说文》卷十二琴部："庖牺所作弦乐也。"瑟音颤抖悲凉。此句之意：蚓与瑟相比，哪一个颤抖悲凉？不是一类，无可比性。

[译文]

经　异类不可比较。原因是计量标准不同。

说　树木与黑夜，哪一个长？智慧与粟米，哪一个多？爵位、亲长、行商、坐贾，哪一类尊贵？麋鹿与霍姓，哪一个高？麋鹿与霍姓，哪一个霍？蚓与瑟，哪一个发出的声音萧瑟？

第 109 条

[原文]

经　偏去莫加少。说在故。[1]

说　【偏】俱一,无变。[2]

[校注]

[1]偏去:整体去掉一部分。莫加少:没有减少。故:前提,依据。《小取》:"以说出故。"此句之意:整体去掉了一部分并没有变少,关键在于立足点在哪里,基于什么说。孙诒让《墨子间诂》:"言如故,即《说》云'无变'也。"不切。

[2]俱一:墨学术语,构成一个集合的全部元素。第114条《说》:"俱一,若牛、马四足。"正是此义。无变:没有变化。俱一,无变:从构成集合的全部元素的立场说,没有变少。孙诒让《墨子间诂》:"分合虽不同,而一全体,二半体,无增减,故云无变。"近乎是。

[译文]

经　某个整体去掉一部分却没有变少。关键在于根据什么说。

说　基于构成集合的全部元素的立场,没有变少。

第 110 条

[原文]

经　假必悖。说在不然。[1]

说　【假】假必非也,而后假。[2]"狗假霍也。"犹氏霍也。[3]

[校注]

[1]假必悖:《小取》:"'假'者,今不然也。"悖:谬误。据《说》,这里讨论假设命题。说在不然:关键在于实际情形不是这样。此句之意:假设之事必不成立,因它违背事实。孙诒让《墨子间诂》:"《说》云'假必非也','悖'与'非'义同。正者为是,则假者为非,非即不然也。"高亨《墨经校诠》:"假设其然,本不然也。"均是。

[2]此句之意:假设之事必不存在,这样的命题才是假设命题。

[3]狗假霍也:此乃假设命题"假如狗姓霍"。当然,狗不可能有人姓。犹:就好像。氏:古代有姓有氏,今统言之。犹氏霍也:就好像狗姓霍。孙诒让《墨子间诂》:"'霍'亦并当为'虎'。"高亨《墨经校诠》:"霍即鹤字。"姜宝昌《墨子训释》从之。皆非。

[译文]

经　假设命题必不能成立。关键在于事实不是这样。

说　假设命题必不真实,然后才是假设命题。"假如狗姓霍。"犹如说狗姓霍一样。

第 111 条

[原文]

经　物之所以然,与所以知之,与所以使人知之,不必同。说在病。[1]

说　【物】或伤之,所以然也。[2]见之,所以智〔知〕也。[3]告之,所以使智〔知〕也。[4]

[校注]

[1]物之所以然:造成此状况之原因。所以知之:知道此状况的手段。所以使人知之:让人了解情况的手段。不必同:方法、手段不一定相同。说在病:例如病情。

[2]《说》以病为例。或伤之:什么东西伤害了他。"所以然也",原作"然也",参《经》,当作"所以然也"。孙中原《墨子今注今译》:"《经说》'然也'、'知也'、'使知也'前均省略了'所以'二字。"孙诒让《墨子间诂》已明,是,故校增"所以"二字,后二句同,不再出校。此释《经》"所以然"。

[3]见之:亲眼所见。智:读为"知",后同。此释《经》"所以知"。

[4]告之:告诉别人。此释《经》"所以使人知之"。孙诒让《墨子间诂》:"物或伤之,即《经》所谓病也。见之,则知其病,告之,则使人知其病。"此条论伤病的原因、了解伤病的途径、让别人知道伤病方式,各不相同。

［译文］

经 事情的原因，了解原因的手段，使别人知道的手段，不一定相同。例如病情。

说 什么东西伤了他，这是原因。看见了伤情，这是知道的手段。告诉别人伤情，这是使人知道的手段。

第 112 条

［原文］

经 疑。说在逢、循、遇〔愚〕、过。[1]

说 【疑逢】[2]为务则士；为牛庐者夏、寒——逢也。[3]举之则轻，废之则重，非有力也；柿从削，非巧也，若石羽——循也。[4]斗者之敝也以饮酒，若以日中，是不可智〔知〕也，愚也。[5]智与？以已为然也与？过也。[6]

［校注］

［1］疑：疑虑，拿不定主意。孙诒让《墨子间诂》："谓不可必。"高亨《墨经校诠》："疑之于未然之前。"对犹豫未决之事，有四种态度：逢、循、遇〔愚〕、过。案："遇"，《说》作"愚"，故知"遇"读为"愚"。

［2］疑逢：提示语。《说》之提示语有几种形式，此乃其中之一。孙诒让《墨子间诂》："此述经，与下为目。"是。高亨《墨经校诠》："'疑'下'逢'字殆涉下文而衍。"不衍，此提示语之特色。

［3］务：繁体字作"務"。《说文》卷十三力部："趣也。从力，敄声。"敄，《说文》卷三攴部："强也，从攴，矛声。"可知，"务"字本义是用矛奋力扑杀。为务则士：训练杀敌本领是为了成为战斗之士。孙诒让《墨子间诂》、张纯一《墨子集解》、高亨《墨经校诠》有异说，不赘引。牛庐：牛舍也，或谓牛棚。为牛庐者夏、寒：建造牛棚是为了防备牛夏天热、冬天寒。此亦事先准备之例。孙诒让《墨子间诂》："此牛庐盖以养牛，若马之庑。"释"逢"二例，事先准备也。

［4］举之则轻，废之则重：举、废并言，轻、重对言，表示徘徊于取舍之间，犹豫不决。非有力也：无从着力，不知如何下手。孙诒让《墨子间诂》："此与前

举箴之喻同。"非。"柿从削",原作"沛从削"。沛,据孙诒让《墨子间诂》,乃
"柿"之讹,故校改。张纯一《墨子集解》、谭戒甫《墨辩发微》有异说。要之,为
木制品。柿从削:孙诒让《墨子间诂》:"言木柿从所削,不足为巧也。"石羽:石
雕之羽,喻无用。孙诒让《墨子间诂》:"此未详其说。"高亨《墨经校诠》有说,
亦揣度之辞。循:因循。《说文》卷二彳部:"循,行顺也。"此句为两个例子:一
事,做了不值得,放弃了又可惜;一物,不甚精巧,就像石雕的羽毛,留之无用,
弃之可惜。怎么办?因循旧章。

[5]斗:决斗。战国士风,可杀不可辱,故有决斗。斗者之敝也以饮酒:饮
酒使人情绪激动,引发冲突。日中:日中之朝,君主理政,犹早朝。孙诒让《墨
子间诂》:"或谓之日中之朝。《晏子春秋·外篇》云:'刑死之罪,日中之朝,君
过之则赦。'"君主理政,或赦死罪。不可智:难以预测。这是一种碰运气、对赌
行为,故谓之愚蠢。此释"愚"。

[6]智与:自以为聪明吗?"以己为然也与",原作"以已为然也与"。《正
统道藏》本、芝城铜活字蓝印本、唐尧臣刻本、江藩刻本等"已"均作"巳"。根
据句意,当为"己"之讹,以意改。以己为然也与:自以为是吗?"过也",原作
"愚也"。孙诒让《墨子间诂》:"依《经》当作'过也'。"是,故校改。此条,学者
训释纷繁,不赘引。

[译文]

经　犹豫未决之事。有四种态度:逢,循,愚,过。

说　积极训练是准备成为士;盖牛棚是为了防备酷暑严寒——这是
"逢",即事先准备。做吧,不值得,放弃吧,可惜,不知如何是好;木雕的柿,不
精巧,就像石头的羽毛一样——这是"循",即因循过去。酗酒会诱发与人决
斗,若预期中朝君主大赦而与人决斗,能否被赦不得而知,这是"愚",即缺乏智
慧。自以为聪明吗?自以为是吗?这是"过",即错误的态度。

第 113 条

[原文]

经　合与一,或复否。说在拒。[1]

说

[校注]

　　[1]合:融合。一:各自独立,不融合。合与一:两物是融合为一体,还是保持各自原来形态。张惠言《墨子经说解》:"或可合而一,或不可合而一。"高亨《墨经校诠》:"合谓两物混合也。"是。复:恢复原来之状,类似于还原反应。否:不能恢复原来之状,不可还原。拒:相互排斥。高亨《墨经校诠》:"拒者两物之本体不相纳也。"此条讨论融合与还原,具有化学实验意蕴。义甚简,故无《说》。

[译文]

　　经　不同之物有的相互融合,有的不相融合;有的能还原,有的不能还原。原因在于二者之间是否相互拒斥。

　　说

第 114 条

[原文]

　　经　欧〔区〕物,一体也。说在俱一、惟是。[1]

　　说　【俱】[2]俱一,若"牛、马四足"。[3]惟是,当牛、马。[4]数牛、数马,则牛、马二;数"牛马",则"牛马"一。[5]若数指,指五而五一。[6]

[校注]

　　[1]欧:读为"区",音 ōu。"区"有二音,ōu 和 qū。《康熙字典》引《集韵》《韵会》《正韵》"从乌侯切,音瓯"。欧、瓯、殴、呕、鸥、沤、讴、怄、鏂等形声字,皆读 ōu 音,由此推断,ōu 为区之本音。区物:特定区域、特定范畴的元素。一体:一个集合。区物,一体也:一定范畴的全部元素,可视为一个集合。俱一:全部元素。惟是:一个集合。此条讨论的是元素与集合之间的关系。张惠言《墨子经说解》:"俱一,分也。惟是,合也。"高亨《墨经校诠》:"欧当读为区……区物一体者,谓将异物合为一区,则此异物自成一体也。"孙中原《墨子今注今译》:"俱一……指集合中的元素……惟是……仅是集合整体具有的性质。"均是。

［2］俱：提示语。此不用《经》首字"欧"或"欧物"，而用"说在"的关键词，乃提示语又一类型。

［3］此释"俱一"，即构成集合的元素，例如牛四足、马四足。参第 109 条。

［4］此释"惟是"，即集合。牛是一个集合，马是一个集合。

［5］此以"牛马"为例。牛和马是两个元素，而"牛马"是一个集合。

［6］此以"指头"为例。若基于元素，是五个；若基于集合，是一个。"指头"既是一个非集合概念，也是一个集合概念。

［译文］

经　特定范畴的全部元素，可视为一个集合。解说见俱一、惟是。

说　所谓"俱一"是指特定范畴的全部元素，比如牛四足、马四足。所谓"惟是"是指一个集合，比如牛是一个集合，马是一个集合。再如，从元素方面说，牛是一种元素，马是一种元素；从集合方面说，"牛马"是一个集合。又如"手指头"，元素是五个，集合是一个。

第 115 条

［原文］

经　宇或徙。说在长宇久。[1]

临鉴而立，景到，多而若少。说在寡区。[2]

鉴位，景一小而易，一大而正。说在中之外、内。[3]

鉴团，景一。[4]

说　【长】[5] 宇徙而有〔又〕处。[6] 宇宇南北，在旦有〔又〕在莫〔暮〕。宇徙久。[7]

［校注］

［1］宇：本义指屋檐，这里指空间，参第 41 条。或：有二解。其一，特称词，表示不尽然。《小取》："'或'也者，不尽也。"参见第 50 条。其二，或许，此乃常义。这里取第一义。孙诒让《墨子间诂》："《说文·戈部》云'或，邦也'，或从土作'域'。此即邦域正字，亦此书古字之一也。"备一说。徙：整体移动。

久:时间,见第 40 条。长宇久:宏观空间与时间。

[2]据第 124 条《说》,此条当移至彼。谭戒甫《墨辩发微》、高亨《墨经校诠》有说。孙诒让《墨子间诂》:"《经说下》此条之说在下文'住景二,说在重'之后,与此叙次不合,疑传写移易,非其旧也。"不若谭、高之说善。

[3]据《说》第 125 条,此条当移至彼。谭戒甫《墨辩发微》、高亨《墨经校诠》有说。孙诒让《墨子间诂》:"《经说下》此条之说在下文'景之小大,说在地正远近'之后,与此叙次亦不合,盖传写移易,非其旧。"不若谭、高之说善。

[4]据第 126 条《说》,此条当移至彼。谭戒甫《墨辩发微》、高亨《墨经校诠》有说。孙诒让《墨子间诂》:"此与下文'不坚白'文义不相属,当自为一经,亦似尚有阙文。"不若谭、高之说善。

[5]长:提示语,以"说在"后关键词首字为提示语,与第 114 条同例。

[6]宇徙:空间移动。有:王念孙《读书杂志·墨子第四》王引之曰:"'有'读为'又'。"后同。处:停留,居止。《康熙字典》:"《玉篇》:'居也。'《诗·召南·殷其雷》:'莫或遑处。'又'止'也。"宇徙而又处:空间既是移动的,又是固定的。孙诒让《墨子间诂》:"宇者,弥亘诸方,其位不定,各视身所处而为名。若处中者,本以南为南,假令徙而处北,则复以中为南,更益向北,则乡所为北者亦转而成南矣。"此基于论说主体所处位置而言,亦通。

[7]宇宇南北:一个位置、又一个位置的南与北。两个"宇"字重迭使用,表示不同位置。高亨曰:"当作宇南宇北。"亦通。莫:"暮"之古字。在旦又在暮:喻因时而异。宇徙久:空间的移动与时间相关。值得注意的是,墨家这里说的是"宇徙"——空间的运动,而非"人徙"——认识主体的运动。墨家未举例。

[译文]

经　空间既运动又静止。解释在于宏观空间与时间。

说　空间既运动,又静止。一个地方是在南方还是在北方,因时而异。空间位移与宏观时间有关。

第 116 条

[原文]

经　"不坚白。"[1]说在无久与宇。[2]

说

[校注]

[1]此条与下条相辅相成。此条曰"不坚白",下条曰"坚白",可知此条引述的是名家主张。前贤已论及,是。不坚白,谓坚白不相融合。名家主张,你可以说这是一块坚石,也可以说这是一块白石,但不可以说这是一块"坚白石"。参《公孙龙子·坚白论》。

[2]"无久与宇"四字,原在下条《经》之前,误。高亨《墨经校诠》断句属此条,甚是,故校移。无久与宇:忽略了时间与空间。在墨家看来,坚、白这两种元素最初虽然各自单独存在,但随着时间的流逝,坚与白这两种元素发生融合,于是有了石头的属性。此条浅显,故无《说》。高亨《墨经校诠》、孙中原《墨子今注今译》、姜宝昌《墨子训释》所释有所不同。

[译文]

经　"坚白不融合。"这一命题的错误,在于忽略了时间与空间。

说

第 117 条

[原文]

经　"坚白。"说在因。[1]

说　无〔抚〕坚得白,必相盈也。[2]

[校注]

[1]坚白:石头又坚又白。此墨家观点,故加引号。因:依存。高亨《墨经校诠》:"因者谓坚白相因也。"是。

[2]高亨《墨经校诠》谓"无"借为"抚",是。抚坚得白,必相盈也:手触摸到坚硬,眼睛看到白色,所以坚白二者共存于石。

[译文]

经　"石头又坚又白。"解释在于二者相互依存。

说　抚摸到坚硬,看见白色,坚与白当然相融于石头。

第 118 条

[原文]

经 在诸其所然,未者然。说在于是推之。[1]

说 【在】"尧善治。"自今在诸古也。[2]自古在之今,则"尧不能治"也。[3]

[校注]

[1]在:肯定,这里表示二值逻辑肯定的一方。辩学术语。张惠言《墨子经说解》:"在,察也。"于此则非。在诸其所然:肯定了被肯定的一方。未者然:未知的一方也就知道了。于是推之:据此而推。故,此条论二值定性推理。高亨《墨经校诠》、孙中原《墨子今注今译》训释、句读有所不同,不赘。

[2]《说》乃二值定性推理之例。尧善治:命题之一,故加引号。自:立足于。辩学术语。自今在诸古:立足今日肯定古人。

[3]自古在之今:立足古代肯定今人。尧不能治:这是推导出的命题,故加引号。

此条属定性推理。《说》分别讨论了正反两方面的定性推理,兹示之如下:

$$尧善治 = 今人不善治$$

$$尧不善治 = 今人善治$$

分析上述句式,可知原命题的主项、谓项与新命题的主项、谓项相反。如果已知三个因素,作为结论的第四个因素便可推知,可用符号表示。设:原命题主项为 A,谓项为 B;新命题主项为 a,谓项为 b,且原命题与新命题词性相反,则有公式:

$$AB = ab$$

假设原命题是"尧善治",推今人是否善治,即:

$$尧+善治 = 今人+?$$

于是可知"?"等于"不善治"。同理,假设原命题是"今人善治",推古人是否善治,即:

$$今人+善治 = 古人+?$$

于是可知"?"等于"不善治"。其实,这种定性推理在人们的日常生活中应用很普遍。一人说:"李刚以前身体很好。"由此可推:"李刚现在身体不好。"假如李刚现在身体很好,这样的表述在逻辑上不成立。在墨家这里,我们看到了一个值得注意的现象:在政治观方面,墨家赞扬尧舜之道;在逻辑推理中,墨家发现这是结论先定的结果。此条,未见前贤关于定性推理的讨论。

[译文]

经　根据已知,可推未知。关键在于由此推理。

说　"尧善于治理国家。"这是立足于今而肯定古人。立足于古而肯定今人,就会推出"尧不善于治理国家"的结论。

第 119 条

[原文]

经　景〔影〕不徙。说在改为。[1]

说　【景】[2]光至,景〔影〕亡。若在,尽古息。[3]

[校注]

[1]景:读为"影"。不徙:不移动。固定的光源与固定的被照射物,形成的影子不移动。改为:改变,这里指光源的改变。孙诒让《墨子间诂》:"大意盖谓景必亡而更生,始有更改。若其不亡,则景常在,后景即前景,无所改易。"邢兆良引《经》文为"景不绽,说在改为",不知何据。其释曰:"表杆不动,从日出到日入,标影的位置自西向东移动。这种移动是由于光源移动而得到的不同位置的标影,而不是标影本身的移动。"①其说与墨家有异。

[2]俞樾《诸子平议》卷十一《墨子三》:"盖句首'景'字,举《经》文而说之。"俞不谓之"标牒字",而谓之"说",甚是,故余谓之"提示语"也。

[3]光至,景亡:太阳一出来,油灯所照影子便消亡。尽古:终古,永久。俞樾《诸子平议》卷十一《墨子三》:"尽古,犹终古也。"息:灭也,消失也。若在,尽古息:阳光若在,油灯所照影子永远消失。此条,古今学者众说纷纭,不赘引。

[译文]

经　影子不移动。关键在于光源的改变。

①邢兆良:《墨子评传》,南京:南京大学出版社,1993 年,第 166—167 页。

[说]　阳光出现,灯烛照物所成影子消失。阳光若在,灯烛照物所形成的影子就会永久消失。

第 120 条

[原文]

[经]　住景〔影〕二。说在重。[1]

[说]　【景】二光,夹。一光,一。光者,景〔影〕也。[2]

[校注]

[1]原作"住景二",孙诒让《墨子间诂》断句误。此条在上栏,"住"字当属下栏上条末,即孙诒让《墨子间诂》第 363 页第 11 行下栏末,作"说在建住",故"住"字移至第 160 条末。高亨《墨经校诠》有说。景:读为"影"。重:重影。

[2]二光,夹:两个光源,中间夹一物,于是有两个影子——重影。此释《经》"景二。说在重"。见图 6。一光,一:一个光源,只能产生一个影子。光者,景也:有光便有影,无光便无影。① 高亨《墨经校诠》断句为:"二光夹一光,一光者景也。"高氏以本影、副影为释,邢兆良《墨子评传》(第 181 页)、孙中原《墨子今注今译》(第 297 页)从之。本影、副影之说与《说》之文字甚不吻合。

图 6　重影示意图

[译文]

[经]　影子是两个。解说在重影。

[说]　两个光源,中间夹一物,于是有重影。一个光源,产生一个影子。有多少光源,就有多少影子。

第 121 条

[原文]

[经]　景〔影〕到〔倒〕,在午有端,与景〔影〕长。说在端。[1]

---

①参见舒恒杞:《中国物理学史》,长沙:湖南大学出版社,2013 年,第 48 页。

　　说　【景】光之〔至〕人,煦若射。[2]下者之〔至〕人也高,高者之〔至〕人也下。[3]足敝〔蔽〕下光,故成景〔影〕于上;首敝〔蔽〕上光,故成景〔影〕于下。[4]在远近有端,与于光,故景〔影〕庫〔障〕内〔纳〕也。[5]

[校注]

　　[1]此述小孔成像原理,见图7。《经》自暗室内说。景:读为"影"。到:读为"倒"。影倒:影子颠倒。午:相交,相交处。《康熙字典》引《广韵》:"交

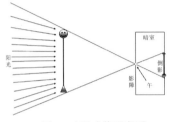

图7　小孔成像示意图

也。"又引《韵会》:"一纵一横曰旁午,犹言交横也。"端:尽头,此指光线尽头,相当于今日光学所谓焦点,亦指影障小孔所在位置。在午有端:上下光线相交处是光线尽头。学者多以《墨经》中"端"为"点",误。与景长:倒像与暗室内两条光线同长。说在端:关键是光线长度,即焦点。相机调焦距,否则像虚,正是此理。

　　[2]《说》自暗室外说。之:读为"至"。孙诒让《墨子间诂》:"之,犹与也。言景光与人参相射。"张纯一《墨子集解》:"之,至也。言光至人身,煦然四射。"张说是,参李笠《定本墨子间诂校补》。

　　[3]下边的光线照射到人,形成的影子在高处;上边的光线照射到人,形成的影子在低处。

　　[4]敝:读为"蔽",遮掩,阻挡。孙诒让《墨子间诂》:"张云:'敝',读曰'蔽'。"李笠《定本墨子间诂校补》曰:"杨校:'张说是也,茅本正作蔽。下敝字亦作蔽。'笠案:嘉靖本、王本同。"脚遮蔽了下边的光线,所以脚的影子在上边;头遮蔽了上边的光线,所以头的影子在下边。

　　[5]远近:适当的距离。在远近有端:经过头和脚的两条光线,在适当的距离有一个尽头、焦点。与于光:两条光线相与、相遇、相交。景庫:即影障。内:读为"纳",纳入。此句之意:在适当的距离,两条光线相遇于焦点,所以在影障上的小孔穿了过去。

　　案:学者构拟示意图数种,皆与《经》《说》文字不甚契合。

[译文]

经 暗室内的影子是颠倒的,照射进来的光线在相交处是尽头——即焦点,从焦点到倒影两端的光线长度与倒影长度相等。关键在于焦点的位置。

说 暗室外光线照射到人身上,温煦如同直射。下部的光线投射到人,形成的影子在高处,上部的光线投射到人,形成的影子在低处。这是由于脚挡住了下部的光线,所以脚的影子在上;头遮住了上部的光线,所以头的影子在下。两条光线在适当长度有一个焦点,两条光线相交,所以穿过了影障上的小孔。

第 122 条

[原文]

经 景〔影〕迎日。说在抟〔转〕。[1]

说 【景】日之光反烛人,则景〔影〕在日与人之间。

[校注]

[1]景迎日:人的影子迎着太阳,即人影在太阳与人之间。抟:芝城铜活字蓝印本作"博",皆读为"转",反射。孙诒让《墨子间诂》:"以形声校之,疑当作'转',谓鉴受日之光,转以射人成景,亦即反烛之义也。"是。

[译文]

经 影子迎着太阳。其说在阳光的反射。

说 阳光照在镜子上反射回来照人,人影就会出现在太阳与人之间。

第 123 条

[原文]

经 景〔影〕之小大,说在柂氏、远近。[1]

说 【景】木柂,景〔影〕短大。木正,景〔影〕长小。[2]光小于木,则景〔影〕大于木。[3]非独小也,远近。[4]

临:正鉴景寡,貌能、白黑,远近、柂正,异于光鉴[5]

［校注］

　　[1]景之小大：影子的小大。高亨《墨经校诠》、孙中原《墨子今注今译》作"景之大小"，与诸本不同。原作"说在地正远近"，"地"，《说》作"柂"，故据《说》校正。柂：木斜为柂，参《说》可知。柂正、远近：立木是斜还是正，光源是远还是近。此句之意：影子的大小，与立木的斜正、立木与光源的远近有关。

　　[2]木：立木。孙诒让《墨子间诂》引殷曰："木，即谓立柱也。"木柂：立木倾斜。毕沅《墨子注》："犹言木斜。"景短大：影子短而粗。木正，景长小：立木正直，影子长而细。

　　[3]"光小于木"，原作"大小于木"，"大"当为"光"之讹，根据文义可知，孙诒让《墨子间诂》、高亨《墨经校诠》已经指出，故校正。光小于木，则景大于木：光源小于立木，则影子比立木大。

　　[4]非独小也，远近：不仅涉及光源大小，还涉及光源与立木的远近，都会决定影子大小。

　　[5]此十七字，根据内容，当属第 124 条。

［译文］

　　经　影子是小是大，关键在于立木是斜是正，光源距立木是远是近。

　　说　立木歪斜，影子短而粗。立木正直，影子长而细。光源比立木小，照出的影子比立木大。不仅有光源大小的问题，还有光源与立木远近的问题。

<h2 style="text-align:center">第 124 条</h2>

［原文］

　　经　临鉴而立，景〔影〕到〔倒〕，多而若少。说在寡区。[1]

　　说　【临】正鉴景〔影〕寡，貌能〔态〕、白黑、远近、柂正，异于光鉴。[2]景〔影〕当俱就，去亦当俱，俱用北〔背〕。[3]

　　鉴者之兒〔貌〕，于鉴无所不鉴。[4]景〔影〕之兒〔貌〕无数，而必过正。[5]故同处其体，俱然鉴分。[6]

［校注］

　　[1]此十四字，原为第 115 条《经》之一部分。前贤据《说》移此，是。

鉴:铜镜。临鉴而立:靠近铜镜站立。景到:影像颠倒。多而若少:镜中之影大,但看起来好像小。区:平面;寡区:凹面,今谓凹镜。张纯一《墨子集解》引刘岳云之说,已明其为凹镜。高亨《墨经校诠》训"寡区"为"寡匹"。孙中原《墨子今注今译》曰:"寡区:指镜子是一个较小的区域。"高、孙之说不若刘说善。

[2]"临,正鉴景寡,貌能、白黑、远近、柂正,异于光鉴"十七字,由第123条《说》移此。正鉴、光鉴:此二者并存,当为两种镜子。正鉴:平面镜。光鉴:聚光之鉴,凹面镜。《经》言"寡区",但未给出名称。凹镜有聚光作用,《说》所谓"光鉴",当指凹镜。与之对比的"正鉴",当为平面镜。景:镜中影像,今谓镜像。正鉴景〔影〕寡:平面镜照出的影子小。貌能:张惠言《墨子经说解》:能,"態"字,简化字作"态"。异于光鉴:与凹镜镜像不同。此句之意:平面镜照出来的镜像小,人的相貌、白黑、远近、斜正,都与凹镜不同。

[3]就:靠近。去:离开。原作"去尒当俱","尒"当为"亦"之讹。毕沅《墨子注》:"'尒'疑'亦'字。"故校改。北:读为"背"。背:相反。此句之意:靠近镜子,镜像也靠近;离开镜子,镜像也离开。

[4]"鉴者之兒",原作"鉴者之臭",根据文意,"臭"当为"兒"之讹,今作"貌",以意改,后"兒"字同。《说文》卷八兒部:兒,"颂仪也。从人、白,象人面形"。颂仪,容仪也。鉴者之兒,于鉴无所不鉴:照镜者的容貌,在镜子里一清二楚。高亨《墨经校诠》:"臭疑当作复。"似非。

[5]景之兒无数,而必过正:镜子照过的容貌无数,从无差错。这仍是说镜子的照物功能。

[6]不同的人照同一面镜子,镜像容貌各不相同。

此一段,《经》论凹面镜成像,《说》用平面镜成像与之对比。又:《说》当为两家之言,内容重复,且后者"貌"字又误为"臭"。此条之《说》,前贤训释殊异,若张纯一《墨子集解》、谭戒甫《墨辩发微》、高亨《墨经校诠》等,不赘引。

[译文]

经 站立于铜镜之前,镜中人影颠倒,镜中影像虽大,但看起来好像小。关键在于这是凹镜。

说　平面镜照人形成的镜像小,面貌样子、颜色黑白、距离远近、侧斜直立,均与凹镜不同。照镜者靠近,镜像也靠近;照镜者远离,镜像也远离——二者相反。

照镜者的容貌,在镜子里一清二楚。镜子形成的镜像很多,从无差错。所以,不同的人照同一面镜子,面貌各不相同。

第 125 条

[原文]

经　鉴位,景一小而易,一大而㣈。说在中之外、内。[1]

说[2]　【鉴】中之内:鉴者近中,则所鉴大,景〔影〕亦大;远中,则所鉴小,景〔影〕亦小,而必正。[3]起于中,缘正,而长其直〔值〕也。[4]中之外:鉴者近中,则所鉴大,景〔影〕亦大;远中,则所鉴小,景〔影〕亦小,而必易。[5]合于中,而长其直〔值〕也。[6]

[校注]

[1]此段文字,原在第 115 条。据《说》,当移此,前贤已明。位:据《说文》,朝臣立于朝堂特定位置为"位";从字形看,人立特定位置为"位"。鉴位:人站在镜子前。毕沅《墨子注》、俞樾《诸子平议》、孙诒让《墨子间诂》训"位"为"立",亦通。谭戒甫《墨辩发微》校"位"为"低"。高亨《墨经校诠》曰"位""本作弧……形近而误"。备参。易:颠倒,参《说》可知。俞樾《诸子平议》卷十一《墨子三》谓读为"施""䶪"。高亨《墨经校诠》:"易,改也,变也。此易字谓物之正形变为反影也。"不确。中:本指圆心,这里指球心。圆心与球心,《墨经》合二而一。但据《说》,"中"应为凹镜的焦点。①《经》未能区分球心与焦点。

[2]若要准确理解《说》的内容,须先知晓现代光学原理。依据现代光学实验,"凹镜成像可分如下三种情况:一、物体在球心以外,则形成倒立缩小的

---

① 参见关增建:《析〈墨经〉之凹面镜成像实验——"中"是焦点而不是球心》,《郑州大学学报》(自然科学版)1987 年第 2 期。还可参见寇培林:《〈墨经〉中关于测定凹球面镜曲率半径方法的记载》,《物理通报》2011 年第 7 期。

实像。二、物体在球心与焦点之间,则形成倒立放大的
实像。三、物体在凹镜焦点以内,则形成正立放大的虚
像"。① 见图8。

图8　凹镜成像示意图

[3]中之内:此"中"为焦点(未能区分球心与焦
点),此论焦点之内成像。鉴者近中:物体靠近焦点。
所鉴大,景亦大:能照之物大,镜像也大。远中:远离焦
点,靠近镜面。所鉴小,景亦小:能照之物小,镜像也
小。必正:镜像一定正立。《说》指出了物体在凹镜与
焦点之间移动,镜像正立、大小变化规律,虽未直接说镜像是虚像,但从后文可
反推而知。

[4]起于中:自焦点向外移动。缘正:边缘清晰,即实像,则此前为虚像也。
长其直:"直"读为"值",镜像放大。

[5]此句讨论焦点之外、球心内外物体成像的两种情形。必易:一定是倒
置的,与前焦点之内"必正"相反。谭戒甫《墨辩发微》:"易,倒置,和'正'相
反。"是。此句之意:靠近焦点,能照的物体大,形成的镜像也大;远离焦点,能
照的物体小,形成的镜像也小。这一区域形成的镜像倒立。《说》指出焦点之
外、球心两侧成像的不同,但由于未能明确球心,故表述不大清晰。

[6]此句讨论焦点与球心之间的成像情况。《说》两次讨论了"中"附近成
像的情形。在讨论"起于中"时说:"缘正,而长其直也。"意思是:物体从焦点
向外移动,镜像边缘清晰(缘正)、放大(长其直)。但没有指出此时的镜像是
倒立的。在讨论"合于中"时说:"长其直也。"意思是:物体从球心向焦点移
动,镜像放大(长其直)。且此时镜像倒置。可见,《说》已发现焦点与球心区
域物体镜像的特性,但由于实验条件限制,未能准确命名焦点与球心。

此一条,谭戒甫《墨辩发微》、高亨《墨经校诠》、孙中原《墨子今注今译》皆
得其大意。

[译文]

经　人站在凹镜前形成的镜像,一种情形是小并且倒立,另一种情形是

---

①刘昭民:《中华物理学史》,台北:台湾商务印书馆,1987年,第150页。

大并且正立。关键在于人所处位置是在凹镜的球心(焦点)之外,还是**球心**(焦点)之内。

　　说　在凹镜与球心(焦点)之间:照镜人靠近球心(焦点),能照的大,形成的镜像也大;远离球心靠近凹镜,能照的小,形成的镜像也小,但形成的镜像一定是正立的。人从球心(焦点)向外移动,镜像边缘清晰并且镜像大。**在球心**(焦点)之外:人靠近球心(焦点),能够照的大,形成的镜像也大;远离球心(焦点),能照的小,形成的镜像也小,镜像一定是倒立的。靠近球心(焦点),**镜像变大。**

第 126 条

[原文]

　　经　鉴团景〔影〕一,大而必舌。说在得。[1]

　　说　【鉴】鉴者近,则所鉴大,景〔影〕亦大。[2] 亓〔其〕远,所鉴小,景〔影〕亦小,而必正。[3]景〔影〕过正,故招。[4]

[校注]

　　[1]"鉴团景一"四字,原在第 115 条。据《说》移此。团:球体。《说文》卷六口部,团,"圜也";圜,"天体也"。高亨曰:"体圆曰团。"鉴团:球面镜,凸镜。景一:形成的镜像是一种。这与凹镜不同,凹镜能形成正立、倒立、实像、虚像等。"大而必正",原作"天而必正"。孙诒让《墨子间诂》:"'天',依《说》当作'大',即上文'一大而正'之义。"参《说》,是,故校正。大而必正:镜像大而且正立。得:谓凸镜面曲度得当,恰得人像。古人制凸镜以照人,凸镜曲度之数,依据一定原理,适合人们使用为"得"。沈括《梦溪笔谈》卷十九说得清楚:"古人铸鉴,鉴大则平,鉴小则凸。凡鉴窐则照人面大,凸则照人面小。小鉴不能全视人面,故令微凸,收人面令小,则鉴虽小而能全纳人面;仍复量鉴之大小,增损高下,常令人面与鉴大小相若。此工之巧智,后人不能造。"孙诒让曰:"《说》无'得'义,未详。"高亨《墨经校诠》:"得谓镜光摄得物形也。"王赞源《墨经正读》:"当物体从正立变为倒立时,像就动摇恍惚看不清楚。"沈括、高亨之说是。

　　[2]鉴者近,则所鉴大,景亦大:人离凸镜近,能照的脸面大,形成的**镜像**

也大。

[3] 亓远:王念孙《读书杂志·墨子第四》王引之曰:"'亓',古'其'字。"学者从之。其远,所鉴小,景亦小:人离凸镜远,能照的脸面小,形成的镜像也小。必正:镜像一定是正立的。

[4] 景过正,故招:此释"说在得"。"过正"者,不正也。"故招"二字,孙诒让断句在下条之首,误,当属此条。招:处理凸镜曲度的技术。景过正,故招:镜中影像扭曲,就采用"招"的方法,使其正也。此五字,孙诒让无释。高亨《墨经校诠》改为"景遇招故正"。刘昭民释"景过正"为"位于镜面的另一侧","故招"为"估计像比物体短小"。① 舒恒杞同说。②

案:第 124 条、第 125 条讨论"光鉴""寡区"之鉴,论及"正鉴",第 126 条讨论"鉴团"。虽全面讨论了凹镜、平镜、凸镜,但未明确专门术语。

[译文]

经　凸镜仅生成一种镜像,所成镜像大且必正立。关键在于凸镜曲度必须得当。

说　人离镜面近,能照得脸面大,镜像也大。人离镜面远,能照得脸面小,镜像也小。无论是近还是远,镜像一定正立。如果镜像扭曲的话,就用"招"的技术校正。

第 127 条

[原文]

经　负而不挠〔桡〕。说在胜。[1]

说　【负】衡木,[2]加重焉而不挠〔桡〕,极胜重也。[3]若校交绳,无加焉而挠〔桡〕,极不胜重也。[4]

衡,加重于其一旁,必捶〔垂〕。[5]权重相若也,相衡,则本短标长。[6]两加焉,重相若,则标必下,标得权也。[7]

①刘昭民:《中华物理学史》,第 153 页。
②舒恒杞:《中国物理学史》,第 47—48 页。

[校注]

[1]"负而不挠",原作"贞而不挠"。"贞",《说》作"负",是,前贤已明,故校改。负:承负。挠:读为"桡"。《说文》卷六木部:"桡,曲木。"胜:胜过,胜任。衡木弯曲与否,在于承负的重量是否超过其承受能力。

[2]衡木:水平之木,若房梁或门窗过木。《集韵·庚韵》:"衡,横一木为门也。"

[3]此句之意:在衡木中间加上重物,衡木并不弯曲,这是因为衡木能够承负很大重量。

[4]"若校交绳",原作"右校交绳"。以文意度之,"右"当为"若"之讹,以意改。校:形声字,相交之木,相连之木。《康熙字典》引徐曰:"校者,连木也。"刘昭民曰:"校为连木。"①是。交绳:用绳子捆绑。若校交绳:如果用绳子把两根木头接续在一起。此句之意:如果用绳索把两根木头接续为横木,不承负任何东西,它自己就会下垂弯曲,这是因为它十分不胜任重量。此一小段,论衡木桡否之理。孙诒让《墨子间诂》、张纯一《墨子集解》、谭戒甫《墨辩发微》、高亨《墨经校诠》有异说。

[5]衡:此指衡器,如秤杆。加重于其一旁:在一侧增加分量。捶:读为"垂"。此句之意:一杆平衡的秤,若一侧增加重量,这一侧必会下垂。

图9　秤

[6]权:今谓秤砣。重:重物。本:秤杆的提携点与提物点之间。标:秤杆的标度一侧。见图9。此句之意:一杆秤,若要保持秤杆平衡,就会本短标长。

[7]两加焉,重相若:两侧增加相同的重量。标必下:秤砣一侧必定下垂。标得权:标度的一侧得到的权重大。此一小段,论衡器称重原理,前贤有说。案:此条一《经》二《说》,或为墨家后学两派之说。

[译文]

经　承负重物而不弯曲。关键在于具备承重能力。

说　衡木,中间加上重物而不弯曲,是因为它很能够承负重量。若用绳索捆绑连接两根长木,中间没放重物自己就会弯曲,是因为它很不能承负

重量。

衡器，在一侧增加重量，这一侧必定下垂。权的重量与物体重量匹配，秤杆若要平衡，就应本一侧短而标一侧长。两侧增加相同的重量，秤砣这一侧必然垂落，这是因为此侧权重大的缘故。

第 128 条

[原文]

经　契〔挈〕与收，[1]反。[2]说在薄〔迫〕。[3]

说　挈，有力也；引，无力也。[4]不必所挈之止于施也，[5]绳制〔掣〕挈之也，若以锥刺之。[6]

挈：长、重者下，短、轻者上。[7]上者愈得，下者愈亡。[8]绳直：[9]权、重相若，则必矣。[10]收：上者愈丧，下者愈得，上者权重尽，则坠。[11]

【挈】两轮高，两轮为輲〔轻〕，车梯也。[12]重其前，弦其前。[13]载〔再〕弦其前，载〔再〕弦其轱，而县〔悬〕重于其前。[14]是梯挈，且挈则行。[15]凡重，上弗挈，下弗收，旁弗劫，则下直。[16]扡〔椸〕，或害之也。[17]沴〔流〕梯者，不得沴〔流〕直也。[18]今也废尺于平地，[19]重不下，无蹁也，[20]若夫绳之引轱也，是犹自舟中引横也。[21]

[校注]

[1]原作"契与枝"。契：古音 xiè。《史记·殷本纪》："殷契，母曰简狄，有娀氏之女，为帝喾次妃。"与"契"相关的形声字，如楔、偰、揳、禊，多读 xiè 音。在此条中，"契"读为"挈"，向上之力。或谓"契"为"挈"之讹，似可。据《说》，挈与引、收相反，无"枝"字。前贤据此校"枝"为"收"，可从。收：与"引"同，均为向下之力，参第 130 条。此句之意：向上之力与向下之力。

[2]"反"，原作"板"，当作"反"，又作"仮"，参见第 131 条、第 173 条，故校改。反：相反，这里指两种力相反。

[3]薄：读为"迫"，相当于现代物理学"力"的概念。谭戒甫《墨辩发微》：

"薄,犹言迫也。"此句之意:提升之力与向下之力,两种力相反。关键在于哪种力大。

[4]引:人牵拉之力,与此条"收"同,此指向下牵拉。挈与引之别:挈向上,与地心引力相反;引向下,与地心引力一致,参第130条。高亨《墨经校诠》:"挈者以绳系物,人自上提之也。"有力:费力。无力:省力。此句之意:向上提升费力,向下牵引省力。

[5]"不必所挈",原作"不正所挈"。毕沅《墨子注》谓"正"字"旧作'心',以意改"。误。孙诒让《墨子间诂》从之,亦误。应为"心"。心:当为"必"之讹,参《经》第133条,故校改。施:施设,这里指所挈之物。不必所挈之止于施也:人所用提携之力不必直接施加于被提升之物。

[6]制:读为"掣"。绳掣:有学者谓之定滑轮。① 绳掣挈之也:滑轮提升物体。若以锥刺之:喻省力。刘昭民曰:"就像锥子刺物,能以手压锥把的较小压力强度使锥尖以较大的压力强度刺入物体一样。"②第一段,以滑轮原理阐述"挈"。

[7]此段讨论衡器的挈、绳直、收三种力。衡器长、重一侧的力下垂,衡器短、轻的一侧上翘。

[8]"下者愈亡",原作"下下者愈亡"。张惠言《墨子经说解》谓第二个"下"字衍,当作"下者愈亡",故校删"下"。此句之意:一端上翘越多,另一端下垂越多。这是衡器称重的第一种情形。

[9]绳直:像准绳一样平直,这里指秤杆平直。

[10]权:秤砣。重:重物。权、重相若:秤砣与重物权重合适。必:原本作"正"。毕沅《墨子注》:"'正',旧作'心',以意改。"不当改,"心"为"必"之讹,与前说同。则必:一定是这样。此句之意:衡器像准绳一样平,一定是秤砣与物体权重合适。这是衡器称重的第二种情形。

[11]收:向下之力,前已释。上者愈丧,下者愈得:上翘一端失重越多,下坠一端得重越多。上者权重尽:上翘一端完全失重。"则坠",原作"则遂","遂"为"墜"之讹,今作"坠"。此句之意:向下之力,上翘一端失重越多,下沉

①戴念祖、刘树勇:《中国物理学史》,南宁:广西教育出版社,2006年,第16页。
②刘昭民:《中华物理学史》,第85页。

一端得重越多,上翘一端完全失重,下沉一端就会坠落。这是衡器称重的第三种情形,与第一种情形相反。第二段,以衡器原理阐述"挈"。

[12]辁:《礼记·杂记》"载以辁车",郑注:"辁读为辁,或作抟。"辁:《说文》卷十四车部:"蕃车下庳轮也。一曰无辐也。"据此可知,辁为无辐的小轮。车梯:孙诒让曰:"古乘载车皆两轮而平,此四轮而前高后低,是为车梯。依下文,盖假为斜面升重之用。据《史记集解》引服虔说,以轩车为云梯,则人升高或亦用之矣。"此句之意:两个高轮,两个低轮,此为车梯。

[13]重其前:重物在前。弦其前:"弦",《说文》卷十二弦部:"弓弦也。"似指吊索,提升重物。

[14]载:读为"再",然后之义。柳存仁《墨经笺疑》:"此节之'载'字,实即'再'字之假字,曹镜初主之。"①轱:此字至为关键,亦至为难解。孙诒让曰:"'轱',以字形校之,颇与'轴'相近;而以声类求之,则疑当为'前胡'之假字。"高亨《墨经校诠》取"前胡"说,曰:"轱者舆前下垂者也。古以胡为之。"柳存仁《墨经笺疑》则谓为滑轮:"其中间须有滑轮,在《备高临篇》名曰鹿庐,此处则名曰轱……'轱'字在墨书中不仅见本篇,亦见《杂守》'轮轱,广十尺'。"②轱:殆缠绕绳索之轴,今谓绞盘。此句大意:绳索一端系前重物,另一端缠绕于轮轴之绞盘。县重于其前:"县",繁体字作"縣",悬吊之义,今作"悬"。

[15]是梯挈:此车梯向上提升重物。挈则行:重物向上提升的时候,车向前运动。

[16]重:重物。收:向下施力。劫:用力止住。《说文》卷十三力部:"人欲去,以力胁止,曰劫。一曰:以力止去,曰劫。"此句之意:车前悬吊之物,上边失去悬吊之力,下边不施力,旁边没有干扰之力,就会垂直落下。

[17]扡:同"柂",斜也。张惠言《墨子经说解》:"扡,与柂同,不直也。"此句之意:如果降下的时候走斜了,是有什么力量影响的缘故。

[18]沆:同"流"。《荀子·荣辱》:"其沆长矣。"杨倞注:"沆,古'流'字。"孙诒让注引毕曰:"《公羊传》桓十年有云'沆血',陆德明音义云'古流字'。"

---

①柳存仁:《和风堂文集》第一册,上海:上海古籍出版社,1991年,第111—112页。
②柳存仁:《和风堂文集》第一册,第111页。

此处“洂”有滑溜之义。溜梯:一种使重物滑下的设施,似滑梯。如果使用溜梯的话,就不会径直溜下来。

[19]废尺于平地:在一片平地上,把直尺丢掉,不用画直线。张惠言《墨子经说解》:“废,置也。”柳存仁《墨经笺疑》:“废即抛舍之意。”①

[20]䠙:字书无。傍、螃、膀属同源词,皆以“旁”取义。以例循之,䠙当为偏行之义。无䠙也:不会走斜。

[21]若夫:语气词。绳之引轱也,是犹自舟中引横也:重物垂下牵动绳索带动绞盘和轮轱旋转,进而使梯车直线运动,这种运动就像人在小船上手拽渡绳过河一样。第三段,以车梯原理阐述“挈”。此段所述车梯,高亨《墨经校诠》、姜宝昌《墨子训释》有图示,可参考。

案:《经》曰:“挈与收,反。说在薄。”简明扼要地阐明两种相反之力作用的原理。《说》分别通过滑轮原理、衡器原理、车梯原理作出解说,此为“墨离为三”又一证也。

[译文]

经 提升之力与下拉之力,二者相反。关键在于哪一方施力大。

说 向上提升,费力;向下拽引,省力。向上提升物体不一定就向上用力,可以用绳掣(滑轮)向上提升,就像锥子刺物用力小而施力大一样。

向上之力:衡长、分量重的一端下垂,衡短、分量轻的一端上翘。向上一端越向上翘,向下一端越向下垂。平衡:秤砣与物重匹配,必定如此。向下之力:向上一端失重越多,向下一端得重越大。向上一端重量丧尽,向下一端就会坠地。

两个高轮,两个低轮,这是车梯。重物置于车的前面,系上吊索。吊索一端系上重物,另一端缠绕在轴的绞盘上,使前端重物提升起来。此车梯提升重物,一边提升一边前行。对于重物来说,没有提升力,没有下拽力,旁边没有干扰力,就会直着降下。偏斜着降下,是有力量干扰所致。从溜梯滑下,不会滑得直。在一块平地上,不用拿尺画直线,梯车前悬重物,自行而不会走偏,绳子牵引着绞盘转,就像人在小船上手拽渡绳过河一样。

---

①柳存仁:《和风堂文集》第一册,第113页。

第 129 条

[原文]

经　倚者,不可正。说在剃〔梯〕。[1]

说　【倚】倍〔背〕、拒、坚〔牵〕、軵,倚焉则不正。[2]

[校注]

[1]倚:倚靠。正:垂直。倚者不可正:凡是倚靠之物,就不可能是垂直的。剃:读为"梯"。梯子靠在墙上,就不可能是垂直的。如果垂直,就不会倚靠。孙诒让《墨子间诂》:"《说》云'邪倚则不正'。又疑此论转重法,则'正'或当为'止'。《说》又云'梯者不得流'。'流'与'止'文相对。"谭戒甫《墨辩发微》:"此似释机械学斜面之理。"高亨《墨经校诠》:"物有偏邪而不可正者,因其触发之机力固偏邪也。"王赞源《墨经正读》的译文是:"要升起重物,可以用偏斜不正的斜面,例如车梯。"皆非。孙中原《墨子今注今译》:"偏斜的东西不能够垂直,例如车梯。"近之。

[2]倍:读为"背",双声叠韵。《康熙字典》引《集韵》"补妹切,音背。"背:背靠背。《说文》卷四肉部"背"字,篆文作二人背靠背之状。拒:手相抵也。《康熙字典》引《玉篇》:"抵也。"坚:读为"牵",牵引。孙诒让曰:"与'牵'通,见《迎敌祠篇》。"軵:疾走貌。毕沅《墨子注》:"唐、宋字书无'軵'字,《正字通》云:'俗字。旧注音嗫,走貌。'"人的四种体态:二人背靠背、二人手抵手、用绳子牵引东西、疾步行走的时候,身体都不可能是垂直的。见图10。

背　　拒　　牵　　軵

图10　"倚焉则不正"示意图

《经》曰"说在梯",《说》没有进一步解释梯子倚墙,乃因生活常识,道理浅显,故又举四例以明之。孙诒让《墨子间诂》断句为:"倚、倍、拒、坚,軵倚焉则不正。"高亨《墨经校诠》:"倍疑借剖……古所谓剖犹今所谓劈也。以刀劈物,机力既发,一邪则不可正,此其一也。拒者支物使退也。支物使退,机力既发,一邪则不正,此其二也。……牵者引物使进也。引物使进,机力既发,一邪则不可正,此其三也。""䢔当作射","射,射箭也。射箭亦机力既发,一邪则不可正,此其四也"。柳存仁《墨经笺疑》:"谭云此条释斜面之理,'盖谓偏倚与倍、拒、挈、射,皆系移其重心以增长其施力者也',则甚为得当。"[1]徐希燕亦有说。[2] 皆非。

[译文]

经　倚靠于别物,本身不可能垂直。比如梯子。

说　二人背靠背,二人手抵手,用绳索牵引东西,疾步行走,均为倚靠则不正之例。

第 130 条

[原文]

经　堆之必柱。说在废材。[1]

说　【堆】[2]骈〔并〕石、絫〔累〕石耳,夹寏者法也。[3]方石去地尺,关石于其下,[4]县〔悬〕丝于其上,使适至,方石不下,柱也。[5]胶〔绞〕丝去石,挈也。[6]丝绝,引也。[7]未变而名易,收也。[8]

[校注]

[1]"堆之必柱",原作"推之必往"。无论是"废材",还是《说》对"废材"的解释,均与"推""往"之义无涉。《说》有"柱","往"殆"柱"之讹。《说》述及"骈石""絫石","推"殆"堆"之讹。此采谭戒甫《墨辩发微》、高亨《墨经校诠》之说,今校改。废材:废旧建材。

[2]"堆",原作"谁",当为"堆"之讹,兹校改。

[3]"骈"读为"并","絫"读为"累"。《汉书·吴王濞传》"胁肩絫足",颜师古注:"絫,古累字。"此字并见于第 139 条。夹寏者法:存放石料之法,名"夹寏者"也。

---

①柳存仁:《和风堂文集》第一册,第 115 页。
②徐希燕:《〈墨经〉力学六条阐微》,《中国哲学史》1999 年第 2 期。

[4]方石:方形之石。去地尺:离地一尺。关石:机关石,这里指起支撑作用的板凳石,目的是悬空方石,以便在使用的时候套索方便。

[5]县:读为"悬",见第128条校注[15]。悬丝:吊索。柱:关石像柱子一样起支撑作用。此句之意:用吊索将石料吊到关石之上,由关石支撑。

[6]胶:通"绞",缠系之义。曹耀湘《墨子笺》:"胶,结也,系丝于石也。"高亨《墨经校诠》:"胶读为缪……《广雅·释诂》:'缪,缠也。'"皆是。绞丝去石:用绳索栓好石材吊起。此句之意:用绳索把方石吊起,这是"挈"。

[7]丝绝:绳索断绝。此句之意:绳索断绝,这是"引"力作用的结果。

[8]未变:情形未变。名易:换一个名字。此句之意:情形未变而换一个说法,这叫"收"。此条言工程建筑石料存放之法。柳存仁《墨经笺疑》谓"此条主旨为记堆石之法",①是。孙诒让将《说》之内容前后分属第129条、第130条,遂使《说》之内容不甚清晰。高亨《墨经校诠》谓:"此条言物之压力也。"亦不切。徐希燕认为与造屋砌墙有关,②或可参考。

[译文]

经　　码放石料必须架好。比如旧的建材。

说　　并排码放石料、逐层累码石料,采用"夹帛者"的方法。方石的存放离地一尺,下有关石垫支。放置的时候,用吊索把方石吊到关石上,关石用来支撑,像是柱子一样。绳索系石吊起,这种力叫挈力。绳索断绝,这种力叫引力。换一个名称,这种力也叫收力。

第 131 条

[原文]

经　　买无贵。说在仮〔反〕其贾〔价〕。[1]

说　　【买】刀、籴相为贾〔价〕。[2]刀轻则籴不贵,刀重则籴不易。[3]王刀无变,籴有变。岁变籴,则岁变刀。[4]若鬻子。[5]

---

①柳存仁:《和风堂文集》第一册,第116页。
②徐希燕:《〈墨经〉力学六条阐微》,《中国哲学史》1999年第2期。

[校注]

[1]买无贵:购买东西不要多花冤枉钱。仮:读为"反",《墨经》数见。贾:繁体字"賈",读为"價",今作"价"。后同,不再注。购买一物,价格贵否,与币值有关。

[2]刀:刀币。籴:买米。刀、籴相为价:刀币与粟米相互为等价物。

[3]刀轻则籴不贵:刀币分量轻,买米就不贵。刀重则籴不易:"易",交易,交换。刀币分量重,就不应用于买相同数量的米。

[4]王刀无变:国家法定货币面值没有变化。籴有变:米价在不断变化。岁变籴:米价每年变化。岁变刀:刀币的面值也应每年变化。前句说币值固定,而米价变化;后句说既然每年米价变化,就应该每年调整币值。

[5]若鬻子:就像每年卖孩子的价格在变化一样。

[译文]

经　购物不要多花冤枉钱。应该根据刀币与所购之物的比价。

说　刀币与粟米,彼此互为价格。刀币分量轻买米就不贵,刀币分量重就不要买。国家法定刀币面值不变,米价却有变化。米价每年变化,就应该每年改变刀币面值。这就像每年卖孩子的价格不断变化一样。

第 132 条

[原文]

经　贾〔价〕宜则雠〔售〕。说在尽。[1]

说　【贾】"尽"也者,尽去其所以不雠〔售〕也。[2]其所以不雠〔售〕去,则雠〔售〕。[3]舌贾〔价〕也宜不宜,舌欲不欲。[4]若败邦鬻室、嫁子。[5]

[校注]

[1]雠:读为"售",《说》同。价宜则售:价格合适就卖。尽:全部,这里指全部卖掉。

[2]"尽去其所以不雠也",原作"尽去其以不雠也"。据下文,当为"尽去其所以不雠也"。孙诒让《墨子间诂》:"'其'下,据下文亦当有'所'字。"故校

增"所"字。

[3]其所以不讐去,则讐:原来卖不掉的东西没有了,也就是卖掉了。

[4]正价也宜不宜,正欲不欲:价格是否合适,没有绝对标准,关键看你想卖不想卖。

[5]败邦:国家败亡。鬻室:张纯一《墨子集解》引梁、张二氏并谓卖房。嫁子:嫁女。国家败亡,虽欲卖房而人鲜买,虽欲嫁女而人鲜娶也。

[译文]

经　价格合适就卖。关键在"尽"。

说　所谓"尽",就是把卖不出去的东西全部卖掉。卖不出去的东西没了,就是卖掉了。价格是否合适,看你想不想卖。比如国家丧亡的时候卖房、嫁女。

第 133 条

[原文]

经　无说而惧。说在"弗必"。[1]

说　【无】子在军,不必其死生;[2]闻战,亦不必其死生。[3]前也不惧,今也惧。[4]

[校注]

[1]说:有二义。一消息,二根据。《小取》:"以说出故。"这里的"说"是论证,论证就是给出根据。兹取第一义。无说而惧:没有消息而担惊害怕。"弗必",原作"弗心","心",据《说》,当为"必"之讹。孙诒让曰:"'心'当作'必'。"故校改。必:确定。《说》有"不必……"句式,与此呼应。

[2]子在军,不必其死生:儿子在军中服役,不能肯定他是死是生。

[3]"闻战,亦不必其死生",原作"闻战,亦不必其生",依前句,当作"闻战,亦不必其死生",孙诒让有说,故校增"死"字。闻听开战了,也不能肯定儿子是死是生。

[4]前也不惧,今也惧:没打仗的时候不担心害怕,如今打仗了就担心害怕。

[译文]

经　因为没有音讯而担心害怕。关键是不确定性。

说　儿子当兵服役,不能肯定他是死是生;听说开战了,也不知道他是死是生。没打仗的时候不担惊害怕,听说开战了就担惊害怕。

第 134 条

[原文]

经　或,过名也。说在实。[1]

说　【或】知是之非此也,[2]有〔又〕知是之不在此也,[3]然而谓此南、北,过而以已为然。[4]始也谓此"南方",故今也谓此"南方"。[5]

[校注]

[1]或:有二解。其一,地域。孙诒让曰:"'或','域'正字。"其二,国都。《说文》卷十二戈部释"或"为邦國之"國"。均可通。过名:曾经的名称。比如山东地区古有齐国,齐便是曾经的名称。说在实:关键在于要知道实际地方在哪里。

[2]是:代词,指特定的地名。知是之非此也:知道过去的那个地名不是这个地名。

[3]有:张惠言《墨子经说解》:"'有',读曰'又'。"又知道过去的那个地名不在这里。

[4]谓此南、北:称呼这个地方为南方、北方。过而以已为然:时过境迁,后人约定俗成地使用。

[5]"南方"这个地名,早先中原的人们用来称呼长江流域,后来沿用不歇。对于广东、广西的人们来说,长江流域当然不是"南方",而是"北方",但是长江流域的人们仍然说自己在南方。

[译文]

经　某个国名或地名,是曾经的名称。关键要知道其实际位置。

说　知道那个地名不是这个地名,又知道那个地名不在这个地方,然而称呼这个地方是"南方"、是"北方",乃长期沿用而造成。当初说这个地方是"南方",所以今天仍称呼这个地方为"南方"。

第 135 条

[原文]

经　知〔智〕知之,[1]否之,是用也,[2]誖〔悖〕。[3]说在无以也。[4]

说　【智】论之,非智,无以也。[5]

[校注]

[1]第一个"知"字,原在第 174 条末,见孙诒让《墨子间诂》第 364 页下栏倒数第 2 行。当属此条,故移此。知知之:第一个"知"读为"智",见《说》。此句之意:自己的智慧知道是这个道理。

[2]"是用也",原作"足用也",孙诒让《墨子间诂》、张纯一《墨子集解》、谭戒甫《墨辩发微》、高亨《墨经校诠》、柳存仁《墨经笺疑》等并以"足"为释。根据文意,"足"乃"是"之讹,故校改。是:代词,知之而否之。用:做法,行为。

[3]"誖",原作"谆",张惠言曰"谆""宜为誖",是,故校改。誖,今作"悖",不合逻辑,荒谬。

[4]无以:不要这样。《经》之意:知道这样是正确的,却要否定,这样做荒谬。关键是不要这样。

[5]论:分析。《康熙字典》引《玉篇》:"思理也。"非智:不理性。《说》之意:分析起来,这样做不理性,不要这样做。此反映了墨家朴实、求真的精神。此条,前贤所释有所异,不赘引。

[译文]

经　心智上知道是这个道理,却否定这个道理,此种做法悖谬。关键是不要这样做。

说　分析起来,这样的做法不理性,不要这样做。

第 136 条

[原文]

经　谓"辩无胜",必不当。说在"辩"。[1]

说 【谓】所谓,非同也,则异也。[2]同:则或谓之狗,其或谓之犬也。[3]异:则或谓之牛,牛或谓之马也。[4]俱无胜,是不辩也。[5]"辩"也者,或谓之是,或谓之非。当者,胜也。[6]

[校注]

[1]谓:说,宣称。辩无胜:一种主张,认为辩论没有胜者。必不当:肯定错误。此句之意:有人宣称辩论双方没有所谓胜负。这种看法肯定不对。关键要弄清什么是"辩"。张惠言《墨子经说解》:"辩必有胜。谓'辩无胜'者,必其辩不当,故当反求其辩也。"是。

[2]所谓:所说的话,所下判断。二人之间所下判断,非同则异。

[3]此句句意:相同的判断:一人说此为狗,一人说此为犬。名不同,实不异。张惠言《墨子经说解》:"狗、犬之谓同。"

[4]此句句意:相异的判断:一人谓此为牛,一人谓此牛为马。兹须注意者,"牛或谓之马",乃把牛当作马,强调辩论的对象是牛,以与前句相接。孙诒让曰:"下'牛'字,疑当为'亓',与上句文例同。""亓",今作"其"。高亨《墨经校诠》、孙中原《墨子今注今译》、姜宝昌《墨子训释》从之。依孙说,作"或谓之牛,其或谓之马",即一人曰牛,一人曰马,若所辩对象为狗,则不辩矣。故孙说非。

[5]此句论"不辩"。辩论的双方都不能取胜,或者都能取胜,此乃"不辩"。

[6]此句论"辩"。同一个对象,必一方判断为是,另一方判断为非,必一方取胜。由此可知,墨家之"辩"属于是非二值逻辑。

[译文]

经 有人宣称"辩无所谓胜负",这种说法肯定不对。关键在于什么是"辩"。

说 二人所下判断,不是相同,就是相异。相同的判断:一人曰此为狗,另一人曰此为犬。相异的判断:一人谓此为牛,另一个人谓此牛为马。争论双方没有胜负,此乃"不辩"。所谓"辩",(应针对同一对象)一方作肯定判断,另一方作否定判断。符合实际者,取胜。

第 137 条

[原文]

经　无不让也,不可。说在始。[1]

说　【无】让者酒,未让始也,不可让也。[2]若殆于城门、与于臧也。[3]

[校注]

[1]让:谦让、礼让。无不让:一切场合都谦让。说在始:关键在于开始的时候是否让了。此条之训,众说纷纭。张惠言《墨子经说解》:"辩不必让,当审其始。"近之。孙诒让《墨子间诂》:"始,疑当作殆。"高亨《墨经校诠》:"始当作姑,形近而误。"不必改字。

[2]让者酒:比如让的是酒。未让始也:开始之时未让。不可让也:后来就不要让了。为何？此乃行为逻辑。对方让你,然后你让对方;对方不让你,你也不让对方——这才是符合逻辑的行为。比如主人请客饮酒,主人未让酒,客人举杯让主人酒,断不合逻辑,故墨家非之。孙诒让《墨子间诂》:"谓凡宾主献酬之酒,于礼无让。"高亨《墨经校诠》:"此盖古人有无不让之说,而墨家驳之也。"柳存仁《墨经笺疑》:"《说》当作'无让者犹未让。殆也,不可让也。'"①学者或以墨家反对儒家礼乐学说,反对社会当中繁文缛节,故反对礼让。但从《经》文看,墨家并非从根本上反对礼让,而是讨论让的逻辑性,故《说》以让酒为例。此场合之一。

[3]"若殆于城门、与于臧也"一句,据孙诒让《墨子间诂》、高亨《墨经校诠》之说,从第 154 条末移此。殆:将要发生。王引之《经传释词》:"殆者,近也;几也。将然之词也。"。殆于城门:城门通衢,熙熙攘攘,非礼让之处。与于臧:孙诒让《墨子间诂》:"臧为贱人,不足与为礼,则不必让也。"此句之意:比如相遇于城门,或者与臧这样的人在一起。此场合之二。由此可知,《墨子·非儒下》批评儒家"繁饰礼乐以淫人",关键是"繁"字,而非从根本上否定礼节,也不是从根本上否定等级制度。

---

①柳存仁:《和风堂文集》第一册,第 125 页。

[译文]

经　礼让不分场合,不该如此。关键是开始的情形如何。

说　比如让酒,开始的时候没让,后来就不要让。再比如在城门这样的地方,或是与臧这样的人在一起,也不必礼让。

第 138 条

[原文]

经　于一,有知焉,有不知焉。说在存。[1]

说　【于】石,一也;坚、白,二也,而在石。[2]故有智〔知〕焉,有不智〔知〕焉,可。[3]

[校注]

[1]一:一个物体,一种属性。有知焉,有不知焉:有的东西,特定感官能够感知;有的东西,该感官不能感知。说在存:关键在于它是客观存在。

[2]石头,这是客观存在。坚和白,这是石头的两种属性,这两种属性共存于石头当中。

[3]智:读为“知”。眼睛能感知白色,不能感知坚硬;手能感知坚硬,不能感知白色。墨家认为这自然而然、天经地义,故谓之“可”。此条,学者周知。

[译文]

经　对于一个对象或一种属性,人的特定感官有所知,有所不知。关键在于它是客观实在。

说　石头,这是一物;坚、白,这是两种属性,共存于石头。人的特定感官有所知,有所不知,这不足为怪。

第 139 条

[原文]

经　有指于二,而不可逃。[1]说在以二絫〔累〕。[2]

说　【有指】子智〔知〕是,有〔又〕智〔知〕是。[3]吾所先举重,则子智〔知〕是,而不智〔知〕吾所先举也是一。[4]谓“有智

〔知〕焉,有不智〔知〕焉"也〔耶〕?[5]若智〔知〕之,则当指之。智〔知〕告我,则我智〔知〕之。兼指之,以二也。[6]衡〔恒〕指之,参直〔指〕之也。[7]若曰:"必独指吾所举,毋举吾所不举。"[8]则者,固不能独指,所欲相不传,意若未校〔交〕。[9]且其所智〔知〕是也,所不智〔知〕是也[10]——则是智〔知〕、是之不智〔知〕也,恶得为一?[11]谓而〔尔〕有智〔知〕焉、有不智〔知〕焉?[12]

[校注]

[1]指:所指对象,引申之则为概念的内涵。对墨家"指"概念淋漓尽致的揭示,则在名家《公孙龙子·指物论》及辩者命题。孙诒让《墨子间诂》:"谓有所指也。"高亨《墨经校诠》:"一人指其坚,一人指其白,同时俱指之,则同时俱知之。"孙中原《墨子今注今译》:"指,以手指指物。"二:两个。有指于二,而不可逃:一个对象有两重属性,不应回避。

[2]紊:"累"之古字,说见第130条校注[3]。此"紊"字,前贤众说纷纭,有谓"增"者,有谓"累继之累"者,有谓"参"者,见孙诒让《墨子间诂》所引。高亨《墨经校诠》、柳存仁《墨经笺疑》皆曰当作"参",因《说》作解,非。以二累:将两种因素合并起来考虑。

[3]子:尊称。智:读为"知",后同。是:代词,这个,那个。有:读为"又"。前"是"与后"是",二是也,这里指对象物的两种属性。此句之意:你知道了此一属性,又知道了彼一属性。

[4]此句之意抽象,以例言之:我指出石头具有坚的属性,又指出石头具有白的属性,然而你说仅知道石头白的属性,不知道白与坚这两种属性同属于石头这一件事物。

[5]"有不智焉也",原作"有不智焉可"。李笠《定本墨子间诂校补》曰:"聚珍本'可'作'也',与毕、王诸本合。此误,当据改。梁校本承误本作'可',疏甚。"案:《正统道藏》本、芝城铜活字蓝印本、唐尧臣刻本、江藩刻本、童思泉刊本等皆作"也",故校改。也:读为"耶",作疑问词,《墨经》中习见。此句之意:难道说"有的知道,有的不知道"吗?

[6]兼指之,以二也:两次指出对象物的属性。

[7]衡指之:衡,读为"恒"。衡,《康熙字典》引《唐韵》"户庚切",恒,《康熙字典》引《广韵》《集韵》"胡登切",衡与恒声部、韵部相通。恒:《说文》卷十三二部:"常也。"恒指之:不断指出对象物的属性。参直之:"参",读为"叁",多次。"直",据文意,当读为"指"。衡指之,参指之也:恒指之,就是多次指出。此段文字,前贤句读不一,训释纷纭,不赘引。

[8]此设为对方之辞。对方说:"我就是仅仅指出我愿意指出的,不指出我不愿意指出的。"若要理解此句,当先知道名家"离坚白",即仅对单一对象进行判断。墨家则不然,墨家可以说"这是一块又白又硬的石头",或"这是一块又白又软的石头",同时对石头的两重属性作出判断。对于名家来说,你可以说"这是一块白色的石头"/"这不是一块白色的石头",也可以说"这是一块坚硬的石头"/"这不是一块坚硬的石头",但绝不可以像墨家那样说。墨家辩学属实践逻辑,不理解名家语言符号逻辑,故设此语。

[9]则者:转折词,那么。校:以意度之,当读为"交"。此句大意:那么,你不可以仅仅指出一种属性,而不指出另一种属性,就像不知道另一属性存在一样。此一段文字,前贤句读、训释纷纭,不赘引。

[10]是:代词,这里指对象的属性。前"是"与后"是",为对象物的两重属性。此句之意:况且,你说知道此一属性,不知道另一属性。这是间接引述对方的观点。

[11]是智、是之不智:宾语前置,相当于知是、不知是。恶得为一:对象物怎能成为一个整体?此句质问对方割裂对象的不同属性。

[12]而:读为"尔",由句意可知。此句继续质问对方:难道能说你就知道这一属性,不知道那一属性吗?案:此条文字较为抽象,引述对方观点与自己的观点交织在一起,错综复杂,故学者断句、解释不一,译文相去甚远。值得注意的是,此段文字口语特征明显。

[译文]

经 一个对象物有两种属性,不可回避其中任何一种。关键是应将两种属性合并起来考虑。

说 你知道了这一属性,又知道了另一属性。我刚才指出了对象物的两重属性,你仅知道这一属性,却不知道我刚才所说两重属性属于同一对象。难道说"人的感官有的能够感知,有的不能感知"吗?你若知道某一属性,就应当指出来。你知道了然后告诉我,我就知道了。你应该"兼指",把对象物的两个属性都指给我。你还应该"恒指",把对象物更多的属性都指给我。如果你说:"我就指出一个属性,不指出另一属性。"那么,你不应该仅指出一种属性,故意隐瞒另一属性,就像不知道一样。况且,你说知道这一属性,不知另一属性——知一而不知二,对象物怎能成为一个整体?难道你说有的知道、有的不知道吗?

第 140 条

[原文]

经　所知而弗能指。说在春也、逃臣、狗犬、遗者。[1]

说　【所】春也,其执〔势〕固不可指也。[2]逃臣,不智〔知〕其处。[3]狗犬,不智〔知〕其名也。[4]遗者,巧弗能两也。[5]

[校注]

[1]所知而弗能指:自己知道的东西,却无法指给别人看。"遗者",原作"贵者",《说》作"遗",当为"遗"之讹,学者已及,故校改。

[2]执:繁体字作"執"。在《墨经》中,"執"有时借为"勢","勢"读为"势"。《说文》卷十三力部:"勢","从力執声"。简体字作"势"。"執"借为"勢",又见《大取》第三部分、《大取·语经》第26条和第29条。张惠言《墨子经说解》:"'執'疑当为'勢',与势同。"是。势:局势,状态。《墨经》之借字有两种情形。一种是借音,学界谓之"读为""读如",若"知"读为"智"、"萌"读为"氓";另一种是借形,二字形似而借,若"也"借为"他"、"執"借为"埶"。前者常见,后者罕见。

[3]智:读为"知"。此句之意:逃跑的奴仆,不知他在哪里,无法指给别人。

[4]孙诒让曰:"若韩卢、宋鹊。"即不知道是哪一个品种,无法指给别人看。

[5]遗者:遗失的东西。巧弗能两:能工巧匠也无法做出一模一样的两件东西,因而无法把遗失的那件东西指给别人看。

[译文]

经　自己知道的对象,却无法指给别人看。例如春天、逃亡的奴仆、狗犬、遗失之物。

说　春天,其情状无法指给别人看。逃走的奴仆,不知道他在哪里,无法指给别人看。狗犬,不知道其品种,无法指给别人看。遗失之物,能工巧匠也无法做出两件完全一样的,因而无法指给别人看。

第 141 条

[原文]

经　知狗而自谓不知犬,过也。说在重。[1]

说　【智】智〔知〕狗重智〔知〕犬,则过。不重,则不过。[2]

[校注]

[1]知狗而自谓不知犬:知道什么是狗,却说不知道什么是犬。过也:过错。重:重同。第 88 条《说》:“二名一实,重同也。”故孙诒让《墨子间诂》曰:“亦即‘重同’之义。”

[2]重:又也,再也。知狗重智犬:说知道什么是狗,又说知道什么是犬,这是把狗和犬当作两种动物。据《庄子·天下》,名家主张“狗非犬”,故墨家批评名家此说。当然,此为墨家对名家的误解,详参《〈庄子·天下〉辩者命题译注》第 27 条。

[译文]

经　知道什么是狗,却说不知道什么是犬,这不对。解释在“重同”。

说　说知道什么是狗,又说知道什么是犬,这错了。如果不把狗和犬当作两个对象,那就不错。

第 142 条

[原文]

经　通意后对。说在不知其谁谓也。[1]

说　【通】问者曰:“子知飘乎?”[2]应之曰:“飘,何谓也?”彼

曰：“飘，施。”[3]则智〔知〕之。若不问“飘，何谓”，径应以“弗智
〔知〕”，则过。[4]且应必应，[5]问之时若应长，应有深浅，[6]大常中
在兵人长。[7]

[校注]

[1]对：回答。通意后对：弄清对方问的是什么再回答。谁：何，什么。不
知其谁谓：不清楚对方问的是什么。

[2]飘：字书未见，不详。盖墨者故意用一孤僻之词，以便设问。“飘”字，
古今学者众说纷纭，曹耀湘《墨子笺》校为“羁”，备一说。

[3]施：一种旗帜，逶迤之貌。《说文》卷七㫃部：“施，旗皃。从㫃，也声。
齐栾施，字子旗。知施者旗也。”孙诒让《墨子间诂》：“‘施’，疑当作‘也’。”曹
耀湘《墨子笺》校为“旅”，各备一说。

[4]径：直接。径应以……：直接就回答……。则过：就不对。

[5]且应必应：答应必须答应的。孙诒让《墨子间诂》：“此义难通，疑当作
‘且问必应’，涉下而误耳。”高亨《墨经校诠》断句作“且应必应问之时若应
长”。柳存仁《墨经笺疑》断句作“且应必应问之时”。

[6]童思泉刊本、冯梦祯辑本作“问之时若应有深浅”，无“应长”二字。
《正统道藏》本、芝城铜活字蓝印本、唐尧臣刻本、江藩刻本、堂策槛刻本、《四
库全书》本皆与孙诒让本同。问之时若应长：问的时候，如果是回应长辈、长
官。应有深浅：问的语气应该有轻重缓急。前贤断句不同，训释各异，不赘。

[7]“大常中在兵人长”，《正统道藏》本、芝城铜活字蓝印本、唐尧臣刻本、
江藩刻本、童思泉刊本、冯梦祯辑本、堂策槛刻本、《四库全书》本，皆作“天常
中在兵人长”，孙诒让本“天”作“大”，并谓“疑当作‘人’”。此句颇难索解，臆
为之解如下。大常：通常。兵人长：军事将领。前云“若应长”，此云“兵人
长”，正相呼应。此句大意：就像下级士卒回答长官一样。学者训释不同，不
赘。此条，墨家教育弟子如何应答。

[译文]

经　弄明白对方问的事情之后再作回答。这里针对的是不知对方问的
是什么的情形。

[说] 问者曰:"你知道飘吗?"于是回答:"飘,是什么呢?"对方说:"飘,是一种旗帜。"于是知道了是什么。如果不问"飘,是什么呢",直接回答"不知道",就不对了。况且答应不得不答应的,如果是回应长辈,要注意语气语调,就像士卒回答长官那样。

第 143 条

[原文]

[经] 所存与存者,于存与孰存。驷〔四〕异说。[1]

[说] 【所】室堂,所存也。其子,存者也。[2]据在者而问室堂:"恶可存也?"[3]主室堂而问存者:"孰存也?"[4]是一主存者以问所存,一主所存以问存者。[5]

[校注]

[1]"所存与存者",原作"所存与者",参《说》当作"所存与存者"。孙诒让《墨子间诂》引张曰:"'与'下脱'存'字。"并曰:"张校是也。"故校补"存"字。驷:读为"四"。此句之意:所存、存者、于存、孰存,这是关于存在的四种不同表述。

[2]所存:存在物。存者:存在的人。此句之意:房子,这是存在物。房主的儿子,这是存在者。

[3]据在者:基于存在者的立场。恶:疑问词,怎么,如何。此句之意:基于存在者的立场而问房子的情况:这房子是怎么保存下来的呢?

[4]主室堂:基于房子的立场。此句之意:基于房子的立场而问关于房子主人的情况:谁在房子里住着?

[5]是:代词,上述两种情况。此句之意:一个以居住者为主而问房子的情况,一个以房子为主问居住者的情况。此一条,讨论间接提问的两种方法。此条文字简单,学者训释无大异。

[译文]

[经] 存在物与存在的人,基于存在物与基于存在的人。这是四种不同的表达方式。

说　房子,这是存在物。房主的儿子,这是存在的人。基于存在者的立场而问房子的事情,就说:"这房子是怎么保存下来的?"基于房子的立场问关于居住者的情况,就说:"谁住在这里?"一个是基于人问其居住的房子,一个是基于房子问房子里居住的人。

第 144 条

[原文]

经　五行毋常胜。说在宜。[1]

说　【五】合水、土、火,火离然〔燃〕。[2]火铄金,火多也。金靡炭,金多也。[3]合之府水,木离木。[4]若识麋与鱼之数,惟所利。[5]

[校注]

[1]五行:木、火、土、金、水,此乃五行学说。胜:克。常胜:固定不变的相克关系。战国时期流行邹衍五行说,五行相克谓:水克火、火克金、金克木、木克土、土克水;还有五行相生说。战国时期的人们用这样的思维模型解释万物之间的关系,进而解释社会现象。毋:通"无"。张惠言《墨子经说解》:"毋,无也。"五行无常胜:五行之间没有固定不变的相克关系。宜:适宜,这里指相克双方的具体情况。孙诒让《墨子间诂》:"言视其生克之宜。"是。

[2]合水、土、火:把水、土、火混合在一起。离:离开,停止。"然"与"燃",古今字。火离燃:火停止燃烧。五行家说"水克火",墨家之意,土也可以克火,用土覆盖火,火也会灭掉。孙诒让《墨子间诂》断句作"水土火",并曰"疑当作'木生火'"。张纯一《墨子集解》曰:"疑本作'金木水火土',脱'土'字。"谭戒甫《墨辩发微》作"金、水、土、木、火、离"。高亨《墨经校诠》断句作"合水土火火",并曰"当作'金水土火木'"。案:后文有"合之府水",此作"合水土火",可知"合"字不误。

[3]铄:熔化。《说文》卷十四金部:"销金也。"火能熔化金属,是因为火势强烈。靡:消弭,灭也。《说文》卷十一非部:"披靡也。从非,麻声。"可知"靡"是形声字,从"非"取义。金压灭了炭火,是因为金多炭少。墨家之意:火克金并非绝对,金也可以克火,关键在量。张惠言《墨子经说解》:"所谓'无常

胜'。"是。

[4]战国谓"府水",今谓"库水",其义一也。合之府水：以水库之水湮没草木。木离木：草木不再为草木矣。墨家之意：水生木，水亦克木。此例进一步论证"五行毋常胜"。孙诒让《墨子间诂》："此疑当作'合之成水'。言金得火则销铄而成水。"高亨《墨经校诠》断句作"合之府水，木离木若识"，并曰"府当读为附""离读为丽"云云，恐非。

[5]惟：思也。《说文》卷十心部："凡思也。"此句大意：只要会数麋和鱼有多少，就知道五行之间各种情形的利害关系。孙诒让《墨子间诂》："惟所利，谓惟所共，无偏嗜，即《经》所谓'宜'也。"高亨《墨经校诠》断句作"麋与鱼之数惟所利"，其解殊异。案：墨家重实践，理论以实践为检验标准，此为一证。阴阳五行学说，固有其哲学意义，此不为墨者所解矣。

[译文]

经　五行之间没有固定不变的相克关系。关键在于相互之间的量应该适宜。

说　把水、土、火合在一起，火停止燃烧。火融化金属，是由于火势强。金属压灭了炭火，是由于金多炭少。若以水库之水湮没草木，则草木不再为草木矣。只要会数麋或鱼有多少，就知道应该根据实际情况作判断。

第 145 条

[原文]

经　无"欲恶之为益损"也。说在宜。[1]

说　【无】"欲恶伤生损寿。"说以少连。[2]是谁爱也。尝多粟，或者欲不有能伤也；若酒之于人也。[3]且恕〔智〕人利人，爱也，则唯恕〔智〕弗治也。[4]

[校注]

[1]欲恶：想要与厌恶的，据《说》，指欲望。欲恶之为益损：有的欲望对人有益，有的欲望对人有害。此为少连的主张。墨家不同意这样的观点，故曰"无'欲恶之为益损'也"。宜：适当为宜，墨家逻辑重在实践检验，以符合实际

为宜。说在宜:关键在于适宜。

[2]欲恶伤生损寿:人的七情六欲伤害健康和寿命。此乃少连之说。少连:古之隐者。《论语·微子》:"逸民:伯夷、叔齐、虞仲、夷逸、朱张、柳下惠、少连。子曰:'不降其志,不辱其身,伯夷、叔齐与!'谓:'柳下惠、少连,降志辱身矣。言中伦,行中虑,其斯而已矣。'谓:'虞仲、夷逸,隐居放言。身中清,废中权。'我则异于是,无可无不可。"说以少连:人们以少连之说作为根据。高亨《墨经校诠》:"谓自少连发此说也。"亦通。

[3]是谁爱也:关键是爱的对象是什么。尝:吃也。《说文》卷五旨部:"口味之也。"尝多粟:吃粟米多,这里泛指吃粮多。欲不有能伤也:这样的欲望对人没有伤害。若酒之于人:比如酒对于人来说,也不伤人。孙诒让《墨子间诂》:"言酒无益于人,损之为宜。"张纯一《墨子集解》从之,非。高亨《墨经校诠》:"又以为欲未必于人有损,未必有伤于人,如饮酒之欲是也。"是。此从饮食方面说明欲望未必伤人。

[4]恕:张纯一《墨子集解》:"恕、智同。"谭戒甫《墨辩发微》:"恕,痴之本字。"姜宝昌《墨子训释》:"恕,同智,指智慧。"张、姜之说是。第6条《经》:"恕,明也。"《说》:"恕也者,以其知论物,而其知之也著,若明。"恕人:使人有智慧。利人:使人得利益。治:第28条《经》:"治:求得也。"唯恕弗治也:使人智慧的愿望唯恐不能实现。此句是说:使人智慧、使人得利,这也是一种欲望,这种欲望非但不伤生损寿,且唯恐不能实现。此条,驳禁欲主义之说。

[译文]

经 无所谓"人的欲望有的有益,有的有害"。关键在于适当。

说 "人的欲望伤生损寿。"有人宣称这是古代隐士少连所说。问题在于喜好的是什么。喜欢吃粮,这样的欲望恐怕不会伤寿吧;又比如适当饮酒对人也无伤害。况且,使人智慧,使人得利,这是对人之爱,这种希望人智慧的愿望唯恐不能实现呢。

第 146 条

[原文]

经 损而不害。说在余。[1]

说　【损】饱者去余,适足不害。[2]能害饱,若伤廪之无脾也。[3]且有损而后益者,[4]若痏〔瘊〕病之人于痏〔瘊〕也。[5]

[校注]

[1]损:减少。《说文》卷十二手部:“损:减也。”不害:没有伤害。余:多余,累赘的东西。孙诒让《墨子间诂》:“谓物饶多,则损之为宜。”高亨《墨经校诠》:“物既有余,余者无用,虽损何害!”均是。

[2]已经吃饱了,放弃多余的,这没有害处。

[3]伤廪之无脾:盖谓廪鹿吃得过多而伤害脾脏。孙诒让《墨子间诂》:“言廪以共祭而髀不登于祭俎,故伤廪虽无脾,无害于为腊,以共祭亦损而不害之意。”高亨《墨经校诠》:“人食廪过饱而伤,因而病脾。”高说可参考。

[4]“有损而后益者”,原作“有损而后益智者”。孙诒让《墨子间诂》:“‘智’字疑衍。”故校删。有损而后益者:减少了然后有益的情形。

[5]痏:读为“瘊”,赘疣之类,多余为病。毕沅《墨子注》:“‘痏’即‘疟’省文。”高亨《墨经校诠》从之,可参考。原作“之之”,孙诒让《墨子间诂》:“下‘之’字当作‘人’。”可从,故校改。人有瘊病,瘊子去掉了,此乃有益。

[译文]

经　减少了而没有害处。其说在于多余之物。

说　吃饱了放弃多余的食物,此不为害。吃得过饱有害,比如撑伤的廪鹿无脾。况且,有的时候减少是有益的,比如瘊子对病人来说就是如此。

第 147 条

[原文]

经　知而不以五路。说在久。[1]

说　智〔知〕以目见,而目以火见,而火不见。[2]惟以五路智〔知〕。[3]“久”,不当以目见,若以火见。[4]

[校注]

[1]知:感知,认知。五路:五条感官通路,即眼、耳、鼻、舌、身。知而不以

五路:认知世界不仅仅依赖于自己的感官。久:时间。第40条《经》:"久,弥异时也。"《说》曰:"古今,旦暮。"这里引申为长久积累的经验。在这里,墨家揭示了认知世界的两个因素:外部感知;内在知识。张纯一《墨子集解》以"藏识"作解。高亨《墨经校诠》:"然则有时不以五路,则由经验。经验则得自己往之时间。"皆是。

[2]知以目见:见到物体依赖于眼睛。目以火见:眼睛见物依赖于光亮。在这里,"火"泛指光亮,若火光、月光、日光等。火不见:光亮本身没有知觉。

[3]惟:思考。《说文》卷十心部:"凡思也。"段注引《方言》曰:"惟,思也。"智:读为"知"。五路知:感官认知。句意:想一想感官认知的情形。

[4]此解释"久"。不当以目见:不相当于认知过程中的感官因素。若以火见:相当于眼睛见物的光亮因素。在这里,"目"喻认知活动中的感官,"火"喻认知活动中内心已有之经验。已有之经验,存于心中,若"近墨者黑",此乃人类心中一盏灯——"火"。感官之经验,若某人接触一群无赖之徒,内心若无"近墨者黑"之知识,则不知接触无赖之徒的后果。故"久"引申为积累的经验知识。不过,《说》未说透。高亨《墨经校诠》断句为"惟以五路智,久不当以目见若以火见",并释曰:"其先之知之也,以五路。其后之知之也,不以五路。其直觉之知之也,以五路。其推断记忆之知之也,不以五路。"孙中原《墨子今注今译》校勘训释亦殊,不赘。

[译文]

经 人类认知世界不单纯依赖于感官。解说在"久"——历史经验。

说 看东西依赖于眼睛,眼睛见物依赖于光亮,但光亮本身并不会见物。想一想五大感官认知世界的情形。所谓的"久"——历史经验,不相当于见到物体时的眼睛,而是相当于见到物体时的光亮。

第 148 条

[原文]

经 火热。[1]说在睹。[2]

说 【火】谓火热也,非以火之热我有,[3]若视日。[4]

[校注]

[1]"火热",原作"必热"。《说》提示语为"火",故《经》第一字当为"火"。孙诒让曰:"火、必,形近而误。"故校正。火热:火是热的。

[2]原作"说在顿"。《说》以"视日"作解,"视日"乃"顿"之解,故"顿"当为"睹"之讹。孙诒让《墨子间诂》:"疑当作睹。"是,故校改。高亨《墨经校诠》:"顿疑借为纯。"孙中原《墨子今注今译》:"'视'旧误为'顿'。"似非。

[3]谓火热也,非以火之热我有:说火是热的,但火热是客观存在,它不属于我所有。

[4]"若视日",原作"若视曰",形近而误,前贤已察,故校改。墨家认为热是客观存在,不以人的主观认知为转移。任何人观察太阳,都能感受到太阳发出的热,这热与观察者无关。名家之说表面上与此对立。据《庄子·天下》,辩者命题之一是"火不热"。火是热的,此妇孺皆知。名家所谓"火不热",另有隐情,参见《〈庄子·天下〉辩者命题译注》第17条。

[译文]

经　火是热的。解释在目睹。

说　说火是热的,并非因为这热是我所有的(而是因为火热乃客观存在),就像人们看太阳感觉到热一样。

第 149 条

[原文]

经　知其所不知。[1]说在以名取。[2]

说　【智】杂所智〔知〕与所不智〔知〕而问之,则必曰"是所智〔知〕也""是所不智〔知〕也"。[3]取、去俱能之,是两智〔知〕之也。[4]

[校注]

[1]原作"知其所以不知",据《说》,当作"知其所不知","以"字衍,故删。谭戒甫《墨辩发微》有说。高亨《墨经校诠》谓"以"乃"知"之讹,备一说。其:代词,泛指人。知其所不知:知道自己所不知道的东西。

[2]以名取：以名取实，借助语言了解所指对象。此条讨论语言的指代功能。

[3]杂：混杂，混合。智：皆读为"知"。是：代词，代替所论具体的东西。此句之意：把对方知道的、不知道的混杂在一起，然后问对方知道哪一个，对方肯定会说"这个我知道""那个我不知道"。

[4]取：知者也。去：不知者也。此句之意：我既知道了对方了解这个，也知道了对方不了解那个，对方了解的与不了解的两个方面我都知道了。我之所以能知道对方了解什么、不了解什么，乃借助了名称的功能。

[译文]

经　知道了人所不知道的。这是借助了名称的功能。

说　把对方知道的与不知道的混在一起，然后问对方，对方必定回答说"这个我知道""那个我不知道"。对方知道的与不知道的我都了解了，这是两个方面都知道了。

第 150 条

[原文]

经　"无"不必待"有"。说在所谓。[1]

说　【无】若"无焉"，则有之而后无；[2]"无天陷"，则无之而无。[3]

[校注]

[1]"无"不必待"有"："无"不一定依赖于"有"，不存在的未必依赖于存在的。谓：《广雅·释诂》："说也。"说在所谓：关键要看说的是什么。张惠言《墨子经说解》："有有而无，有无而无，视其所谓。""有而无"者，人生而死也。"无而无"者，原本没有，现仍没有。墨家此论或针对道家。《道德经》第二章："有无相生，难易相成。"墨家反对这样的主张，认为实际情形不完全是这样。当然，墨家的理解狭隘。

[2]《说》举正反二例。若：比如。焉：凤鸟。孙诒让《墨子间诂》："'焉'

疑当作'马'。"谭戒甫曰:"'焉'是黄色鸟,亦名黄凤。"①高亨《墨经校诠》从
之。据后文,"焉"当是一种曾经存在、但春秋战国已经消失的东西。《论语·
子罕》记孔子曰:"凤鸟不至,河不出图,吾已矣夫!"故谭、高之说善。有之而
后无:"后"通"後"。孙诒让曰:"'后',吴钞本作'後'。"今并作"后"。此曾经
存在但后来不存在了。

[3]无天陷:天没有塌陷过。无之而无:天现在没有塌陷,此前也没有塌陷
过,现在没有塌陷不以曾经塌陷过为前提。孙中原《墨子今注今译》有说。

[译文]

经　"无"未必依赖于"有"。这要看说的是什么。

说　如说"没有凤鸟了",这是先有而后无;如说"天没有塌下来",这是原
本没有、现在也没有的事情。

第 151 条

[原文]

经　推虑不疑。说在有无。[1]

说　【推】疑,无谓也。[2] 臧也今死,而春也得之,[3] 之死
也可。[4]

[校注]

[1]"推虑不疑",原作"擢虑不疑"。"擢",孙诒让谓"推""榷"之讹,曰
"凡古书言大略计算者,重言之曰扬推、婷榷、无虑;单言之则曰榷、曰虑……此
又合两文言之曰推虑,其义一也"。高亨《墨经校诠》读"推"为"确",曰"人于
一事……能确定其如何,是为确虑"。兹据孙说校改。下句"推"字同。推虑:
推虑之事,即大概率事件。不疑:不忧虑。说在有无:关键是有无此事。有此
事,则忧虑也无益。

[2]无谓:没有意义。

[3]臧也今死:臧,人名。臧也今死:臧现在死了。"春也得之",原作"春

---

①谭戒甫:《墨经分类译注》,北京:中华书局,1981 年,第 27 页。

也得文"。春,人名;"文",当为"之"字之讹,《墨经》屡见,故校改。下句"文"字同。春也得之:春也得了这种病。

〔4〕之死:得这种病而死。也可:无可奈何。此参考了伍非百、谭戒甫、孙中原之说。张纯一、高亨有异说。

〔译文〕

经 大概率发生的事情就不要再疑虑。关键在于有无此事。

说 疑虑不安,没有意义。臧如今死了,而春也得了这种病,得了这种病死掉也是无可奈何。

第 152 条

〔原文〕

经 且然:[1]不可止而不害用工〔功〕。说在且。[2]

说 "且",犹"是"也。"且然",必然。"且已",必已。[3]"且用工〔功〕而后已"者,必用工〔功〕而后已。[4]

〔校注〕

〔1〕且然:必然,此语古今不同,参《说》。《经》阐明对"且然"之事的态度。

〔2〕"不可止而不害用工。说在且",原作"不可正而不害用工。说在宜",曹耀湘《墨子笺》校"正"为"止","宜"为"且",是,故校改。不可止:无法阻止。孙诒让、张纯一以"正"为释,非。工:读为"功",后同。孙诒让曰:"工与功,古字通用,工犹言从事也。"不害用工:不妨碍用功。事情虽已不可挽回,但做适当补救,亦非无益。高亨《墨经校诠》:"事之将然而不可止者,虽不从事,固亦将然,如仍从事,亦无害也。"

〔3〕此释"且"。第 33 条《说》:"自前曰且,自后曰已,方然亦且。"此条之"且",乃"自前曰且"之"且",表示必将发生之事。故这里把"且然"解释为必然,把"且已"解释为必已。是:肯定。

〔4〕此释"且用工〔功〕而后已",意思是一定要做。《经》着重于对"且然"之事的态度,《说》着重于"且"字的解释;《经》不反对适当的努力,其义甚明,故《说》不再议。

[译文]

经　且然:事情将要发生、无法阻止,但不妨碍人为的努力。解释在"且"。

说　"且",犹如表示肯定的"是"。"且然",表示必然。"且已",表示必已。"且用功而后已"这句话,表示"必用功而后已",即不放弃人为的努力。

第 153 条

[原文]

经　均之绝不〔否〕?说在所均。[1]

说　【均】发均县〔悬〕轻。[2]重而发绝,不均也。[3]均,其绝也〔耶〕?莫绝?[4]

[校注]

[1]均:均匀。绝:绳索断绝。《说文》卷十三系部:"绝:断丝也。"不:读为"否"。孙诒让《墨子间诂》:"吴钞本作'否',古通用。"均之绝否:均匀的绳索会否断绝。所均:所引之物。此涉绳子与重物之间的对比关系:绳子的牵引力超过物重,就不会断绝;否则,就会断绝。高亨《墨经校诠》改句首"均"字为"发",但《说》提示语作"均",故不当改。

[2]发:头发。县:读为"悬",先秦文献习见。头发均匀,且所牵引之物轻。后文省略了"不绝",参照后文可知。

[3]重而发绝:物体重量超过头发的牵引能力,头发就会断绝。不均也:头发不再均匀。牵引物重量是决定头发会否断绝的根本因素。

[4]也:疑问词,读为"耶""邪"。王引之《经传释词》:"也,犹'邪'也、'欤'也、'乎'也。"(第98页)"均,其绝也?莫绝?"此省略了头发的"发",应作"发均,其绝也?莫绝?"《说》已有结论:"重而发绝。"因此,这里应该是质问持相反意见者。

此条文字,孙诒让《墨子间诂》断句为:"发均县,轻重而发绝,不均也。均,其绝也莫绝。"高亨《墨经校诠》校改并断句为:"发县轻重而发绝,不均也。均,其绝也莫绝。"并曰:"以发县轻重,而发绝者,因发之粗细坚柔不均,其绝处即特细特柔之处也……设发之粗细坚柔果均,则无可绝之处,县轻县重,皆莫能绝焉。"其依据,则在《列子》书《汤问》《仲尼》,并且认为"此乃名家旧说","墨家此条,正申名家之说"。案:高氏之说误,此正与名家之说相斥。墨家强调牵引物的重量是决定性因素,乃基于实践。名家则不然。《列子·仲尼》载乐正子舆引公孙龙曰:"有意不心,有指不至,有物不尽,有影不移,发引千钧,白马非马,孤犊未尝有母。"公孙龙所谓"发引千钧",与墨家此条互斥。

[译文]

经　均匀的头发会否断绝?关键看头发牵引物体的轻重。

说　头发丝均匀且牵引之物轻,不会断绝。牵引之物重,头发便会断绝,头发丝不可能均匀。头发丝均匀,是会断绝?还是不断绝?

第 154 条

[原文]

经　尧之义也,生[声]于今而处于古,而异时。[1]说在所义二。[2]

说　尧、霍,或以名视人,或以实视人。[3]举友富商也,是以名视人也;指是臛[霍]也,是以实视人也。[4]尧之义也,是声也于今,所义之实处于古。[5]

若殆于城门与于臧也[6]

[校注]

[1]尧之义也:尧的道德仁义。生:读为"声",《说》作"尧之义也,是声也于今"。孙诒让《墨子间诂》:"'生'疑当作'任'。"高亨《墨经校诠》:"生疑当作声。"高说是。异时:不在同一个时代,指古与今。

[2]所义:所义之实,参《说》。二:两个,谓不同。《说》第 89 条:"二必异。"

[3]谓视角不同。

[4]霍:此条后文作"臛"。尧、霍均为人名。或以名视人,或以实视人:尧,不存于当下,故为以名视人;霍,存于当前,故为以实视人。举:举例,此不

在眼前。指:指认,处于眼前。故《说》曰:"举友富商也,是以名视人也;指是臞〔霍〕也,是以实视人也。"李笠《定本墨子间诂校补》曰:"张《笺》:'毕、张、孙均未得解。霍并下文臞,均当为臞之讹……盖尧所以臞瘦,为劳天下而致,正以其义之实也。'笠案:《笺》说近是。"备一说。

[5]此释《经》"所义二"。尧的名存于今,尧的实存于古,二者不同。《说》第118条:"'尧善治。'自今在诸古也。自古在之今,则'尧不能治'也。"

[6]孙诒让《墨子间诂》:"此九字上下文无所属。张并上尧霍为一条……其说殊迂曲。审校文义,疑当在上文'无让者酒,未让始也,不可让也'之下。"高亨《墨经校诠》从之。故移至第137条末。

[译文]

经　尧的仁义,名声流传于今,而实情存在于古,不在同一时代。关键在于仁义的内容不同。

说　尧、霍这二人,一个从名上说,一个从实上说。举例说某个朋友是富商,这是从名上说;指着此人说他是霍,这是从实上说。尧的道德仁义,名声流行于今,实情存在于古,二者不同。

第 155 条

[原文]

经　狗,犬也,而杀狗谓杀犬也,[1]可。说在重。

说　【狗】狗,犬也。谓之杀犬,可。若两脆。[2]

[校注]

[1]"杀狗谓杀犬",原作"杀狗非杀犬"。狗、犬,异名同实,为重同,此墨家定说,亦墨名两家分野之一。若作"杀狗非杀犬",既与后文"可"矛盾,亦与《说》牴牾。参《说》,"非"当为"谓"之舛误,应作"杀狗谓杀犬",故校改。高亨《墨经校诠》在"可"前加"不"字,作"杀狗非杀犬也,不可",作否定句,亦通。孙诒让《墨子间诂》引《说文》《尔雅》,谓狗、犬乃"同物而大小异名",恐非。

[2]谓之杀犬,可:句有省略,当作"杀狗,谓之杀犬,可。"高亨《墨经校

诠》:"谓上当有'杀狗'二字,转写误脱。"胦:肿块。《康熙字典》引《广韵》:"腷胦,亦作胆,肿大也。"若两胦:如同两个一样的肿块。孙诒让《墨子间诂》曰:"未详。"谭戒甫《墨辩发微》谓"胦"当作"脾"。高亨《墨经校诠》:"两当作甬","甬胦者,甬借为蛹,胦借为蜲。"存其说。案:名家曰"狗非犬",表面看来耸人听闻,实别有深意,参《〈庄子·天下〉辩者命题译注》第 27 条。

[译文]

经　狗,就是犬,说杀狗就是杀犬,可以。其说在重名。

说　狗,就是犬。杀狗,说是杀犬,可以。犹如两个肿块,彼此无别。

第 156 条

[原文]

经　使殿,美。说在使。[1]

说　使,令使也。[2]我使我,我不使亦使我;[3]殿美使殿,不美亦使殿。[4]

[校注]

[1]使:命令,派遣。《说文》卷八人部:"使:伶也。"(大徐本)"使:令也。"(小徐本)段注:"大徐'令'作'伶',误。令者,发号也。《释诂》:'使从也。'其引申之义也。"《说》作"令使也",正得其义。"使殿",原作"使殷","殷",《说》作"殿",当为"殿"之讹。张惠言《墨子经说解》:"殷当为殿……军后曰殿。"孙诒让《墨子间诂》:"'殷',说作'殿'。"故校改。使殿:命令为军殿后。美:《说文》卷四羊部:"甘也。"段注:"甘部曰:'美也'。甘者,五味之一,而五味之美皆曰甘。引申之,凡好皆谓之美。"命令为军殿后,这是光荣使命。说在使:关键这是"使"。

[2]使,就是命令某人去做。

[3]我使我,我不使亦使我:有省略,当作"我使,使我;我不使,亦使我",意为:我要求做,让我做;我不要求做,也让我做。此正是令的内涵。

[4]"殿美使殿,不美亦使殿",原作"殿戈亦使殿,不美亦使殿",参照前句的句式,似当作"殿美使殿,不美亦使殿","戈亦"殆为"美"字舛讹,以意改。

此句大意：为军殿后对自己是好事要去做，对自己不是好事也要去做。这是前句的具体化。孙诒让《墨子间诂》："审校文义，此'我'字或当《经》之'美'字，疑并当为'义'。""此似当云'义使使，义不使亦使，义'。""疑'殿'并当为'假'，'戈'与'美'并当为'义'。"高亨《墨经校诠》校《说》为："使，令使也。戈使戈，不殿，亦使。殿使殿，不美，亦使殿。"可参考。此条可能反映了墨家服从命令、勇于担当的精神。

[译文]

经　使你殿后，这是光荣任务。关键在于这是"使"。

说　使，就是命令去做。我主动会派我去，我不主动也会派我去；为军殿后对自己有好处去做，对自己没好处也要去做。

第 157 条

[原文]

经　荆之大，其沈浅也。说在具〔俱〕。[1]

说　【荆】沈，荆之具〔俱〕也，则沈浅非荆浅也。[2]若易，五之一。[3]

[校注]

[1]荆：楚也。《说文》卷六林部释"楚"曰："丛木，一名荆也。"此由木而名国也。荆之大：楚国面积很大。沈：本为水名，又为地名，属于楚国。《左传》多见楚国"沈尹某"。浅：不深。《说文》卷十一水部："浅，不深也。"段注："按：不深曰浅，不广亦曰浅。"引申为狭小。其沈浅也：沈这个地方小。具：有二解。其一，设置，管辖。《说文》卷三収部："具：共置也。从廾，从贝省。"其二，"具"读为"俱"，"俱一"之省，表示整体的一部分。第114条《经》："欧物，一体也。说在俱一、惟是。"二者均通，兹取第二说。孙诒让《墨子间诂》："'沈'当为'沆'，'具'，《说》作'貝'，并当为'有'，皆形之误。"高亨《墨经校诠》："'具'当作'有'。""楚国大，沈县小，沈县为楚国所有。"存其说。

[2]"荆之具"，原作"荆之貝"。貝：参《经》，当为"具"之讹。李笠《定本墨子间诂校补》曰："王本'貝'作'具'。"故校改。"具"为"俱"之借字。沈，荆

之俱也:沈是楚国的一部分。沈浅非荆浅也:沈这个地方小,不等于楚国小。

[3]易:原为运动变化,引申为二者交易、二者比较。若易,五之一:如果沈与荆作比较的话,是一比五的关系。孙诒让《墨子间诂》:"沈在荆,则沈即为荆之所有也。然沈包于荆疆域之中,则沈虽浅狭,无害于荆之广大,故曰沈浅非荆浅。"高亨《墨经校诠》:"所谓'有'者,谓沈县为楚国所有也。""楚为大国,沈为大县……沈之幅员不可考,盖相当楚国五分之一,以沈易楚,仅五分之一。"诸家之说,殊途同归。与此相反,名家曰"郢有天下",详《〈庄子·天下〉辩者命题译注》之命题13。

[译文]

经 楚国大,沈地小。解说在"俱",即整体与局部的关系。

说 沈是楚国的一部分,因而沈这个地方小不等于楚国小。若比较的话,沈不过是楚国的五分之一。

第 158 条

[原文]

经 以楹为搏〔圜〕,于以为无知也。说在意。[1]

说 以楹之搏〔圜〕也,见之。其于意也,不易。[2]先智〔知〕,意相也。[3]若楹轻于秋〔楸〕,其于意也,洋〔样〕然。[4]

[校注]

[1]"以楹为搏",原作"以槛为搏","槛",《说》作"楹",当为"楹"之讹。孙诒让、张纯一有说,故校改。楹:楹柱,厅堂前两侧的柱子。搏:读为"圜"。《说文》卷十二手部:"搏,圜也。从手専声。"圜,这里指圆柱。以楹为圜:认为楹柱必定是圆柱形的。于以为无知也:这是无知的表现。意:感性认识,与"智"不同。《大取·语经》第20条"智与意,异",即理性认识与感性认识不同。说在意:解释在"意"。墨家成员多为工匠,包括木匠,当时楹柱未必都是圆柱形的,故有此语。孙诒让《墨子间诂》:"楹,一大木所成;拼则合众小木为之。今以楹之大为拼之小,其类不相当,故云无知。"高亨《墨经校诠》从吴钞本,"拼"作"博",训为"壁柱"。备存。

[2]楹之博也:楹柱是圆木。其于意也,不易:形成了感性认识,于是不再改变。以楹为例讨论人类之"意",又见《大取》之《语经》第13条。

[3]先智:先前留下的知识。意相也:表象,皮相之见。

[4]若:就像,犹如。此又举一例。秋:读为"楸"。楸:落叶乔木,树干端直。楹轻于楸:认为楹柱比楸木分量轻,因为楸木高大。其于意也:此类的想法。洋:读为"样"。样然:同样如此。此条之《说》,各家断句、训释不同,不赘引。

[译文]

经　认为楹柱必定圆柱形,这是无知的表现。解释在"意",即感性认识。

说　楹柱是圆柱形的,看见了。于是留下了印象,不再改变。先前的知识,乃皮相之见。犹如认为楹柱轻于楸木,这样的感性认识,同样如此。

第 159 条

[原文]

经　意,未可知。说在可用、过仵〔误〕。[1]

说　"段〔碫〕、椎、锥,俱事于履。"可用也。[2]"'成、绘、屦、过、椎'与'成、椎、过、绘、屦'同。"过仵〔误〕也。[3]

[校注]

[1]此条,继续讨论感性认识。意:感性认识。未可知:正确与否,不能确定。可用:符合实践,方可用也。过:错也。仵:读为"误"。《经典释文》训《庄子·天下》"不仵":"音误。徐音:五、仵同也。"过仵:错误。孙诒让、张纯一、谭戒甫、高亨所释异,不赘。

[2]《说》举二例,分述感性认识正确、错误两种情形。段:读为"碫"。《诗·大雅·公刘》:"取厉取碫。"毛传:"碫,段石也。"椎:木制锐器。锥:铁制锐器。履:屦也,今谓鞋。碫、椎、锥均为制鞋工具,故曰"碫、椎、锥,俱事于履"。这一感性认识正确,故"可用"。

[3]"成、绘、屦、过、椎"与"成、椎、过、绘、屦":制鞋的两种不同工序。"过仵",原作"过仵","仵"乃"仵"的异体字。张惠言《墨子经说解》:"依《经》当

作'作'。"过佧:错误。此句之意:说"成、绘、屦、过、椎"与"成、椎、过、绘、屦"两种工序相同,这不对。由此可知,墨家之徒包括制鞋工匠。孙诒让、张纯一、谭戒甫、高亨断句、训释有异,不赘引。

[译文]

经　感性认识,正确与否难以确定。解说在可用、错误。

说　"䃺、椎、锥都是制鞋工具。"这样的感性认识符合实际。"'成、绘、屦、过、椎'与'成、椎、过、绘、屦',这两种工序相同。"这样的感性认识错误。

第 160 条

[原文]

经　一少于二,而多于五。说在建位。[1]

说　【一】五有一焉,一有五焉。[2]十,二焉。[3]

[校注]

[1]一少于二:一比二少。多于五:一多于五。"说在建位",原作"说在建住",后"住"字当属此条,说见第120条。又"住"当为"位"之讹。曹耀湘《墨子笺》、高亨《墨经校诠》有说,故校改。建位:数字"一"是落在个位,还是落在十位、百位,名建位。俞樾《诸子平议》卷十一《墨子三》:"数至于十则复为一,故多于五……五有一者,一二三四之一也;一有五者,一十、一百之一也。"张惠言《墨子经说解》:"建一为端,则一为十是多于五。"是。

[2]五有一焉:一二三四五,五包括一。一有五焉:十位上的一,相当于数量十,包括五。

[3]十,二焉:十,是两个五。此为十进制。孙诒让《墨子间诂》:"'十二焉',疑当作'十,二五焉',谓一十有二五也。"正是此义。高亨《墨经校诠》:"此殆就一人之手以立言也。"意思是,五个指头包括一,一只手包括五个指头,十个指头是两只手。亦通。

[译文]

经　一少于二,又多于五。关键是在个位,还是在十位。

说　五包含个位上的一,十位上的一包含个位上的五。十位上的一,相当于个位上两个五。

第 161 条

[原文]

经　非半弗斱,则不动。说在端。[1]

说　【非】斱半,进前取也。[2]前,则中无为半,犹端也。[3]前后取,则端中也。[4]斱必半,毋与非半,不可斱也。[5]

[校注]

[1]斱:孙诒让《墨子间诂》:"斱、斫同诂。"今作"砍"。非半弗斱:不是一半不砍,即一定要从中间砍断。动:繁体字"動"。《说文》卷十三力部:"作也。从力,重声。""力,筋也,象人筋之形。治功曰力,能圉大灾。"故"动"有用力砍之义。不动,意为斤斧无所施其力。端:端头,这里指剩余木块极其微小,无法找到两端。孙诒让《墨子间诂》:"若尽其端,则无半可言,是终古不能斱也,故云不动。"张纯一《墨子集解》:"端为质之点。"高亨《墨经校诠》:"端当作竭,形似而误。"孙说可参。

[2]斱半:从中间砍断。进前取:进前取中。此句之意:斫半,就是不断从中间截断。

[3]前:进前取也,不断向前取中。中无为半:没有办法取中斫半。犹端也:剩下的如同端头。此句之意:不断向前取中,后来就没办法做了,因为剩下的仅仅是一个微小端头了。孙诒让《墨子间诂》:"言半者必前后之中,进前取,尽其端,则中无所谓半。"

[4]只有确定了前端与后端,才可取中。孙诒让《墨子间诂》:"前后端之中,即所谓半。"是。

[5]一定从中间砍断,不是中间不砍,没有办法做到。

此条之学术背景,当与辩者命题"一尺之捶,日取其半,万世不竭"有关。此乃定量推理命题,见《〈庄子·天下〉辩者命题译注》第 31 条。对墨家辩学来说,实践是检验真理的唯一标准。名家这一命题无法用实践检验,故不被认可。

[译文]

经　不是中间不砍,小到一定程度便无法再砍。关键在于剩下的极其微小找不到两端。

说　从中间砍断,需要不断向前取中。越砍越小,就无法再取中,剩下的只有一个端头了。有前后两端,才有中间。一定要从中间砍断,不是中间不砍,没有办法砍。

第 162 条

[原文]

经　可无也,有之而不可去。说在尝然。[1]

说　【可无也】[2]已给,则尝给,不可无也。[3]

久有穷无穷[4]

[校注]

[1]可无也:现在可以没有。有之而不可去:过去曾经有过,这抹煞不掉。尝然:曾经如此。

[2]可无也:提示语,有一字、二字、三字、四字者,非“标牒字”。梁启超说:“凡《经说》每条之首一字,必牒举所说《经》文词条之首一字以为标题。”①未必然也。这是墨家经师讲经的活化石,《经》《说》多假借字,也是口语讲经的活化石。

[3]已给:已经给予。孙诒让《墨子间诂》:“此以经校之,疑当作‘已然,则尝然不可无也’。‘然’与‘给’,草书形近而误。”高亨《墨经校诠》:“二给字皆当作然。”似未必。原作“则当给”,对照《经》文可知,“当”乃“尝”之讹。高亨《墨经校诠》:“当宜作尝。”故校正,简体字作“尝”。此句之意:已经给过,就是曾经给过,不可以说没给。

此条之学术背景,当与名家学说有关。《庄子·天下》引辩者之言:“孤驹未尝有母。”关于此条主旨,参《〈庄子·天下〉辩者命题译注》第 30 条。墨家从实际生活出发,认为孤驹虽然现在无母,但过去一定有母,否则便无此驹,故

---

① 梁启超:《墨经校释·读墨经余记》,《饮冰室合集》第八卷,北京:中华书局,1988 年,第 4 页。

不接受名家此说。

[4]"久有穷无穷"五字,内容与此条不契,而与第 165 条相合。孙诒让《墨子间诂》:"疑当在后'民行修必以久也'之下。"学者从之,故校移。

[译文]

经　现在不存在,但过去存在,不能说不存在。关键是曾经存在。

说　已经给予,这是曾经给予,不能说没有给过。

第 163 条

[原文]

经　玉而不可摇。[1]说在搏〔团〕。[2]

说　【正】丸,[3]无所处而不中县〔悬〕,搏〔团〕也。[4]

[校注]

[1]"玉而不可摇",原作"玉而不可擔"。"玉"为"正"之异体,见前注。"擔"当为"摇"之讹。孙诒让《墨子间诂》引《周礼》《经典释文》《汉书》《史记》等,证"擔"当作"摇",甚是,故校改。正而不可摇:垂直的物体不会摇晃。

[2]搏:读为"團"。《康熙字典》"團":"《集韵》《韵会》《正韵》:'徒官切,从音搏。'"今作"团",球体。

[3]"丸",原作"九"。《正统道藏》本、唐尧臣刻本、江藩刻本、江户松本氏重刻经训堂本皆为"九",童思泉刊本、冯梦祯辑本皆为"几",堂策槛刻本、《四库全书》本皆为"凡"。案:"九""几""凡"皆为"丸"之讹。孙诒让《墨子间诂》:"今以文义校之,当是'丸'之形误,谓正圜之丸。"是,故校改。丸:圆球。

[4]县:读为"悬"。《墨子·法仪》:"百工为方以矩,为圆以规,直以绳,正以县〔悬〕。""悬"者,匠人测垂之具,今俗谓铅坠。无所处而不中悬:球体总是垂直的。

[译文]

经　垂直就不会摇晃。解释在球体。

说　圆丸,总是垂直的,因为它是球体。

第 164 条

[原文]

经　宇,进无近。说在敷〔步〕。[1]

说　伛〔区〕宇不可偏〔遍〕举,宇也。[2]进行者,先敷〔步〕近,后敷〔步〕远。[3]行者,必先近而后远。[4]

[校注]

[1]宇:空间。进无近:向前行进,永无尽头。此论空间无限。敷:读为"步"。孙诒让《墨子间诂》:"盖分布履步之谓。《书·禹贡》云'禹敷土',义亦同。言宇宙虽大,而人行履步由近可以及远。"高亨《墨经校诠》:"敷,疑借为步,古字通用。"

[2]此释"宇"。孙诒让《墨子间诂》:"伛、区,偏、徧,并声同字通。""偏",今作"遍"。区宇不可遍举:一个地方又一个地方,数不过来。"宇也",原作"字也","字"当为"宇"之讹。孙诒让《墨子间诂》:"'字'当作'宇'。"今校改。

[3]此释"敷"。此句之意:行路,先走到近处,后走到远处。

[4]"行者",原作"行者行者"。孙诒让《墨子间诂》引张曰:"误重。"故删"行者"。行者,必先近而后远:出门远行,必先到近处后到远处。此重复前句。

[译文]

经　宇,走不到尽头。解释在步行。

说　地域广袤无际,数不过来,这便是宇。向前行进,先走到近处,后走到远处。行路,必定先到近处后到远处。

第 165 条

[原文]

经　行修以久。说在先后。[1]

说　远近,修也;先后,久也。民行修,必以久也。[2]久,有穷? 无穷?[3]

［校注］

［1］"行修以久"，原作"行循以久"。"循"，《说》作"修"，当为"修"之讹。张惠言《墨子经说解》："循，当为修。"故校改。修：长，远。《战国策·齐策一》："邹忌修八尺有余。"行修以久：走远路需要很久时间。说在先后：解释在于时间上的先与后。此条涉时空关系。

［2］远近，修也：路途远近，这是"修"。先后，久也：时间先后，这是"久"。民行修，必以久：人们走远路，必定需要很长时间。

［3］"久有穷无穷"五字，自第162条移此。久，有穷、无穷：走得时间久，空间到底有穷，还是无穷？亦可作肯定句，谓空间无穷。《庄子·天下》引辩者之言曰："南方，无穷而有穷。"名家重思辨，墨家重实践，作疑问句为妥。

［译文］

经　走远路需要很久时间。解释在先后。

说　远近，这是空间上的"修"；先后，这是时间上的"久"。人们空间上走得远，必定时间上用的久。走得时间久，空间到底有穷，还是无穷？

第 166 条
［原文］

经　一法者之相与也，尽类，[1]若方之相合也。说在方。[2]

说　【一】方，尽类，俱有法而异。[3]或木或石，不害其方之相合也。[4]尽类，犹方也。物俱然。[5]

［校注］

［1］法：法仪，方法。《墨子·法仪》："天下从事者不可以无法仪，无法仪而其事能成者无有也。虽至士之为将相者，皆有法；虽至百工从事者，亦皆有法。百工为方以矩，为圆以规，直以绳，正以县。无巧工不巧工，皆以此五（案：当作'四'）者为法。"一法：照着做的一种办法、手段。相与：二人靠近为相与，工匠采用某种办法为相与。"尽类"，原作"尽"，参《说》，当作"尽类"。孙诒让《墨子间诂》："《说》云'一方尽类'，则此'尽'下，当脱'类'字。"故补。一法者之相与也，尽类：采用一种办法，应该贯彻始终。王念孙《读书杂志·墨子第

四》王引之曰:"言同法者之彼此相如也,皆若物之方者之彼此相合也。"王说是。

[2]方:正方形。此句之意:就像各种正方形彼此吻合一样。

[3]方,尽类:所有的正方形都类似,大小虽殊,形状不异。俱有法而异:制作之法不同。

[4]有木制的,有石制的,尽管材质不同,但方的形状彼此契合。

[5]尽类,犹方也:就像正方形一样,形状类似。物俱然:无论制作什么都应该这样。

案:此条讨论"方"与"法"。"方"乃结果,法乃手段,"方法"一词,盖滥觞于此。此条与墨者职业直接相关。

[译文]

经 采用一种办法,应该贯彻始终,就像所有的正方形彼此吻合一样。解释在"方"。

说 正方形,全都类似,具体制作手段不同。有木质的,有石质的,但这并不影响形状彼此契合。所有的正方形都类似。制作任何东西都是这样。

第 167 条

[原文]

经 狂举,不可以知异。说在有不可。[1]

说 【狂】牛与马虽异,[2]以牛有齿、马有尾,说"牛之非马也",不可。[3]是俱有,不偏有偏无有。[4]曰:"牛与马不类,[5]用牛有角,马无角,是类不同也。"[6]若举牛有角、马无角,以是为类之不同也,是狂举也,犹牛有齿,马有尾。[7]

[校注]

[1]狂:妄也。张惠言、高亨有说。举:举例,类比。《史记·屈原列传》:"举类迩而见义远。"狂举:随意的比较或类比。孙诒让《墨子间诂》:"狂举犹言妄说。亦见《公孙龙子》。"近之。有不可:有所不可。此条讨论比较或类比,有二不可。

[2]"【狂】牛与马虽异",原作"牛狂与马惟异"。张惠言《墨子经说解》:"'牛狂',当作'狂牛'。"高亨《墨经校诠》:"'牛狂'当作'狂牛',转写误倒。"是,故校作"狂牛与马惟异"。"狂",提示语。惟当作"雖",墨书习见,简体字作"虽"。孙诒让《墨子间诂》:"'雖',公孙龙书作'唯',并与'惟'通。"孙说是,故校改。牛与马虽异:牛与马虽有差异。

[3]以:根据。牛与马虽然不同,但根据牛有齿、马有尾,然后说"牛与马不同",这不可以。谭戒甫《墨辩发微》:"不可举二物之所同具以为异。"是。

[4]是:代词,指齿、尾。是俱有:牛马都有齿和尾。不偏有偏无有:不是一个有另一个没有。此为一不可,即不可忽略对象之间的差异性。胡适谓"'偏有偏无有'的'偏'字,当作'遍'字",①非。

[5]"牛与马不类",原作"之与马不类"。孙诒让《墨子间诂》引卢曰:"之"前"当有'牛'字"。高亨《墨经校诠》:"之字当作牛。"二说均通,高说善,今据改。牛与马不类:牛与马不属同一类。

[6]用:因为。王念孙《读书杂志·墨子第四》王引之曰:"'用'者,'以'也。"此句之意:因为牛有角,马无角,所以不是一类。

[7]此句之意:如果指出牛有角、马没有角,认为它们不是一类,这仍然是不合逻辑的类比,与前述根据牛有齿、马有尾而说"牛与马不同",别无二致。此为二不可。

案:这里存在一个问题,即随意根据二者的不同部分作类比,不可以;根据差异性说二者不同类,也不可以。在通常看来,后一种说法是正确的。但是,墨家却说不正确。为什么?这里表明的似乎是:分类的时候不但应该注意微观差异,即一个有另一个没有;还应注意宏观共性,即牛马皆属牲畜。仅从一个方面着眼不足以分类。有学者认为,《说》文字有误。孙诒让曰:"此疑当作'以是为类之同也,是狂举也'。今本涉上文而衍一'不'字,则不得为狂举矣。"但细读《说》文,逻辑很清晰,不似文字有误。也有学者认为,牛马为同类,非异类。高亨《墨经校诠》:"狂举不可以知异类。如牛马皆兽,本为同类,而非异类。"这有启发意义。故《说》之二不可,即不可忽略对象之间的宏观共性。

---

① 胡适:《中国哲学史大纲》,北京:中华书局,2015年,第191页。

[译文]

经　　随意的比较,无法判定事物之间的差异。关键在于有所不可。

说　　牛与马虽然不同,但根据牛有齿、马有尾,便说"牛与马不同",这不可以。牛和马都有齿和尾,不是一个有而另一个没有。又有人说:"牛与马不是一类,因为牛有角,马没有角,所以不同类。"如果指出牛有角、马没有角,据此说它们不同类,这也是随意比较(因为牛、马同属牲畜或动物),就像说牛有齿、马有尾一样。

第 168 条

[原文]

经　　"牛马"之非"牛",与可之同。说在兼。[1]

说　　或:"不非牛"而"非牛"也;[2]

则:或"非牛"、或"牛马牛也",可。[3]

故:曰"牛马非牛也",未可,"牛马牛也",未可;[4]

则:或可、或不可;[5]

而曰:"'牛马牛也',未可",亦不可。[6]

且:"牛"不二,"马"不二,而"牛马"二;[7]

则:牛不非牛,马不非马,而"牛马"非"牛"、非"马"。无难。[8]

[校注]

[1]牛马:"牛"和"马"两个单名构成的兼名。此条讨论名而非实,故相应之处酌加引号。"牛马"这一兼名的内涵,既包括"牛",也包括"马",是二者之和。因此,"牛马"这一概念,既不等于"牛",也不等于"马";既非与"牛"无关,也非与"马"无关。犹如"国家"这个兼名,既包括国,也包括家;与此同时,既不等于国,也不等于家。用定义性的语言表达:兼名概念乃构成该兼名的两个单名概念之和。这是墨家对兼名属性缺省的定义,也是理解此条的学术基础。"牛马"之非"牛":"牛马"不等于"牛",即后文"牛马非牛"。这是第一个命题。可之:"牛马"等于"牛",即后文"牛马牛也"。这是第二个命题。孙中原《墨子今注今译》曰:"可之:指'牛马牛也'的命题。"是。《经》之意:说"牛

马非牛",与说"牛马牛也"相同,二者均错。因为"牛马"包含"牛","牛马"的概念比"牛"的概念大。说在兼:解释在"兼名"。

此条涉及两个问题。第一,墨家辩学立足于实践。然而,一旦涉及兼名,墨家却改变其一贯立场,转而立足于"名"展开讨论,并由此引发争议。《荀子·正名》批评说:"有'牛马非马也',此惑于用名以乱实者也。"这与名家遭遇类似。第二,兼名逻辑与单名逻辑不同。单名逻辑,由一是、一非两个相斥判断组成,如:那是一头牛/那不是一头牛。二者必一对一错。兼名逻辑则不同,如说:"牛马非牛"/"牛马牛也"。这两个命题都错。"牛马"与"牛"、"牛马"与"马",二者都是包含关系,包含关系无法用简单二值逻辑处理。

[2]此释"'牛马之非牛',与'可之'同"。或:逻辑词,用来引导条件句,相当于"如果"。不非牛:指代《经》"牛马牛也"这一命题。非牛:指代《经》"牛马非牛"这一命题。此句之意:如果《经》所说这两个命题成立。

[3]则:逻辑词,用来引导结论句,相当于"那么"。或……或……:表示两个并列的选项。非牛:指代"牛马非牛"。牛马牛也:原作"牛而牛也",参前后句,当作"牛马牛也","而"乃"馬"(简体字作"马")之讹。此句之意:那么,"牛马非牛"/"牛马牛也",这两个命题也能成立。

[4]故:缘由,根据。《小取》:"以说出故。"此句之意:说"牛马非牛"不能成立,"牛马牛也"也不能成立。

[5]则:那么。或可:牛马牛也。或不可:牛马非牛。即:一组相非的命题皆不能成立。

[6]而曰:因而说。此句之意:因而说"'牛马牛也',不能成立",也不能成立。为什么呢?因为兼名不可用二值判断规则进行推理。

[7]此释"说在兼"。二:兼名。《公孙龙子·通变论》:"曰:'右,可谓二乎?'曰:'不可。'曰:'左,可谓二乎?'曰:'不可。'曰:'左与右,可谓二乎?'曰:'可。'""左右"为"二",这个"二"就是指"左"和"右"共同构成兼名"左右"。"牛"不二:"牛"不是兼名。"马"不二:"马"也不是兼名。"牛马"二:"牛马"是兼名。

[8]牛不非牛:牛是牛。马不非马:马是马。"牛马"非"牛"、非"马":有省略,补全句子成分当作"牛马非牛""牛马非马",即兼名不等于构成该兼名

的单名。无难:不难证明。

案:孙诒让之说,改字为训,引《公孙龙子》为参证,固不可通。高亨继之,《经》《说》文字均有改动,训亦难通。如其释《经》曰:"牛马者两物之兼名也。牛者一物之单名也。谓牛马之非牛,就逻辑形式上推断,有时而可,有时而不可。但其是与非,宜从牛为单名、牛马为兼名论断之。故曰:'牛马之非牛与可未可,说在兼。'"逻辑学家孙中原对《说》的文字作了一定程度的改动,并认为这是两种不同观点之间的辩论,兹将《墨子今注今译》该段译文录之如下:"如果根据牛马中一部分是牛,一部分不是牛,而说'牛马非牛'是成立的话,那么也可以根据牛马中一部分不是牛,一部分是牛,而说'牛马牛也'是成立的。所以说'牛马非牛'是不成立的,'牛马牛也'也是不成立的。(以上难者语)'牛马非牛'与'牛马牛也'这两个命题,必然是一个成立,一个不成立。即'牛马非牛'成立,'牛马牛也'不成立。所以对方说'牛马非牛不成立,牛马牛也也不成立',是不成立的。况且,'牛'不包含两个元素,'马'不包含两个元素,而'牛马'包含两个元素,则论证'牛是牛'、'马是马'、'牛马非牛'、'牛马非马'的命题,就没有什么困难了。"孙说有所是而不通。

[译文]

经　　说"牛马"这个兼名与"牛"这个单名无关("'牛马'非'牛'"),与说"牛马"这个兼名与"牛"这个单名相同("'牛马'是'牛'")一样,二者均不成立。解释在兼名。

说　　如果:"'牛马'是'牛'"/"'牛马'非'牛'"成立;

那么:"'牛马'非'牛'"/"'牛马'是'牛'"也能成立。

根据:说"'牛马'非'牛'"不能成立,"'牛马'是'牛'"也不能成立;

那么:"'牛马'是'牛'"/"'牛马'非'牛'"均不能成立;

进一步:说"'牛马是牛'不能成立",这种相反立场的推理也不能成立。

况且:"牛"不是兼名,"马"不是兼名,而"牛马"是兼名;

那么:"牛"是"牛","马"是"马",而"'牛马'非'牛'","'牛马'非'马'"。此结论不难证明。

第 169 条

[原文]

经 "彼此、彼此",与"彼此"同。说在异。[1]

说 【彼】正名者,彼此、彼此可。[2]彼、彼止于彼;此、此止于此——彼此不可。[3]彼且此也,彼此亦可。[4]"彼此"止于彼此,若是而彼此也,则彼亦且此、此也。[5]

[校注]

[1]原作"循此、循此"。《说》之提示语作"彼","循"与"彼"形似,"循"当为"彼"之讹,故校正。张惠言《墨子经说解》:"两'循'字皆衍。""此此,此之此也;彼此,彼之此也。"孙诒让曰:"张说未知是否。"高亨《墨经校诠》:"'循此循此'当作'彼彼此此'。"孙中原《墨子今注今译》从之。备一说。

若要明白《墨经》此条之意,须先明白名家《名实论》之理。《公孙龙子·名实论》:"彼、彼止于彼;此、此止于此,可。彼此而彼且此,此彼而此且彼,不可。"彼:实。此:名。《名实论》这段话的主旨是:一个名只能对应一个实,一个实也只能对应一个名。在现实生活中,二名一实者有之,如"狗"和"犬";一名多实者亦有之,当今中国名"李刚"者不啻百千。在名家逻辑中,这一现象不被允许。

墨家辩学从现实出发,凡是存在的,就是合理的。狗、犬,二名一实,这是现实存在;"李刚"百千,这也是现实存在。墨家辩学的任务仅仅在于解释现实,而非否定现实。回到此《经》。彼此、彼此:假如"彼"指狗之实,则第一个"此"可以是"狗"这个名,第二个"此"可以是"犬"这个名;假如"此"为"李刚"之名,则第一个"彼"可以指北京的李刚,第二个"彼"可以指南京的李刚。与"彼此"同:与一名对一实的"彼此"相同。异:逻辑与实践二者不同。此条之意:一实二名的彼此,一名二实的彼此,与一名对一实的彼此相同,关键在于现实与逻辑不完全相同。

[2]正名:讨论名实关系,名实相应。可:可以,有合理性。此句之意:一实二名的彼此,一名二实的彼此,都有合理性。

[3]彼、彼止于彼:两个李刚,仅允许一个李刚存在。此、此止于此:"狗"

与"犬"两个名称,仅允许一个名称存在。彼此不可:上述两种做法都不可以,都脱离实际。

[4]彼且此:狗之实,不但对应"狗"之名,而且对应"犬"之名。此句之意:一实对应二名,这样的"彼此"也可以。

[5]"彼此":所谓的彼此。彼此:墨家的彼此。则彼亦且此、此也:狗之实,既可以对应"狗"之名,也可以对应"犬"之名。孙诒让《墨子间诂》:"'此'字,吴钞本不重。""疑当作'则彼亦且此,此亦且彼也'。今本脱三字。"非。此句之意:所谓的"彼此"落于实际的彼此,这样的彼此,就是一个实既可以对应这个名,也可以对应那个名。此条之《说》,逻辑学家孙中原《墨子今注今译》断句不同,解说亦异,不赘引。余谓"不知名学真谛,难执墨家辩学根柢",此又一例也。

[译文]

经 二名一实的"彼此",一名二实的"彼此",这两种彼此与一名对一实的"彼此"相同。关键在于现实与理论不完全相同。

说 所谓"正名",二名一实的彼此,一名二实的彼此,都应该被允许。一个名对应的实,被限定为一个;一个实对应的名,被限定为一个——这都脱离实际。一个实对应一个名的同时,又对应另一个名,这样的名实关系也是可以的。所谓的"彼此"落于实际,这样的名实关系,容许一个实对应两个名。

第 170 条

[原文]

经 唱和同患,说在功。[1]

说 唱无过,无所周,若粺〔稗〕;[2]和无过,使也不得已。[3]唱而不和,是不学也。智少而不学,必寡。[4]和而不唱,是不教也。智而不教,功适息。[5]使人夺人衣,罪或轻或重;使人予人酒,或厚或薄。[6]

[校注]

[1]唱:领唱者,引申为领导者。和:和声者,引申为被领导者。患:成败,

得失。功:完成任务。《说文》卷十三力部:"功:以劳定国也。"此句之意:领导
者与被领导者忧患相同,比如完成事业。

　　[2]过:失误。孙诒让《墨子间诂》:"'过',疑当作'遇',遇与偶通。"张纯
一《墨子集解》从之,似非。无所周:和者无所周,和者不齐。稗:孙诒让《墨子
间诂》:"当为'稗'。"喻杂草也。此句之意:领唱者没有失误,但和者不齐,犹
田禾中有杂草一般。

　　[3]和无过:和者没有问题。使也不得已:领唱者不行。以上从领唱者与
和者两个方面讨论了唱不好的原因。

　　[4]唱而不和,是不学也:主唱很好,但和者不行,是和者不肯学习。智少
而不学,必寡:知识少又不肯学习,所知肯定会少。此问题之一——和者。

　　[5]和而不唱,是不教也:和者努力,但领唱不努力,这是主唱不教。智而
不教,功适息:主唱有知识能力,但不肯去教,结果无法成功。此问题之二——
主唱者。

　　[6]使人夺人衣,罪或轻或重;使人予人酒,或厚或薄:喻领唱与和者之间
的关系。无论是功是过,二者均有份,程度不同而已。此喻教与学、领导者与
被领导者利害攸关,倡导集体主义。谭戒甫《墨辩发微》:"此条言教学相需之
理。"得之。

[译文]

　　经　　领唱者与随唱者得失攸关,解释在完成事业。

　　说　　领唱没有失误,但和者唱不好,如禾稼中有杂草一般;和者没有失
误,领唱指挥不当,也难以唱好。领唱好而和者乱,这是和者不肯学习。知识
少又不肯学习,所知必寡。和者努力而领唱不努力,这是领唱没教好。有知识
而不肯教,无法成功。唆使人抢劫别人衣服,唆使者与受唆者罪有轻重;让人
给人敬酒,提议者与敬酒者得到的人情有多有少。

第 171 条

[原文]

　　经　　闻所不知,若所知,则"两知"之。说在告。[1]

　　说　　【闻】在外者,所不知也。[2]或曰:"在室者之色若是其

色。"[3]是所不智〔知〕若所智〔知〕也。[4]犹白若黑也,谁胜?[5]是若其色也,若白者——必白。[6]今也智〔知〕其色之若白也,故智〔知〕其白也。[7]夫名,以所明正〔证〕所不智〔知〕,不以所不智〔知〕疑所明,若以尺度所不智〔知〕长。[8]外,亲智〔知〕也;室中,说智〔知〕也。[9]

[校注]

[1]两知:有两层含义。就同一人而言,既知所知,又知所不知。高亨《墨经校诠》:"吾既知吾所知,又知吾所不知。"就二人言,一人是亲知——亲自知道;另一人是说知——被告诉而知道,见《说》。

[2]外面的事情,我不知道。

[3]或曰:有人告诉说。在室者之色若是其色:房间里东西的颜色如同房间外东西的颜色。这是一个简单的推理:由此物之色而推彼物之色。

[4]是:这样一来。智:读为"知",后同。此句之意:这样一来,所不知道的东西就像知道的东西一样了。

[5]若:与。孙诒让曰:"若,犹与也。"胜:对,正确。孙诒让曰:"胜,犹言当。"此句之意:比如白色与黑色,哪一个颜色对?

[6]是:代词,此物的颜色。若其色:如同彼物的颜色。若白者——必白:说此物颜色是白色,彼物颜色必定是白色。

[7]这是重复上一句话:现在知道其颜色如同白色,所以就知道了彼物为白色。

[8]正:读为"证",与此句的"疑"相对而言。度:动词,度量。此句之意:名的功能,在于利用所知道的证明所不知道的,而不是因为不知道就怀疑已经知道的,这就如同用尺丈量不知道的长度一样。

[9]外:屋外的人。室中:屋内的人。屋外的人是亲自知道,屋内的人是推理而知。

[译文]

经 听闻自己所不知道的,就像自己已经知道一样,这是"两知"。解释在告知。

[说]　屋外的东西,我所不知。有人告诉我:"屋内东西的颜色与外面东西的颜色一样。"这样一来,我所不知道东西的颜色就知道了。犹如白色与黑色,是哪一个颜色? 这个如同它的颜色,比如白色——那就是白色。现在知道其颜色如同白色一样,所以知道它就是白色的。名称的功能,能使人根据所知判定所不知,不会因为所不知而怀疑原来所知,这就像用尺丈量一个不知长度的东西。屋外的人是亲自知道,屋里的人是推理而知。

第 172 条

[原文]

经　以"言为尽悖",悖。说在其言。[1]

说　【以】悖,不可也。[2] 之〔这〕人之言可,是不悖,则是有可也;[3] 之〔这〕人之言不可,以当,必不审。[4]

[校注]

[1]以:认为。悖:《说》曰:"悖,不可也。"所谓悖,就是自相矛盾、不能成立的论断。言为尽悖:所有的命题都是悖论;所有的命题都不能成立。如果所有的命题都不能成立,那么这个命题本身也不能成立。因此,这一命题本身就是悖论。西方逻辑学有所谓"理发师悖论",或近乎此。高亨《墨经校诠》:"今有人以天下之言为尽谬,则此人即是谬矣。"孙中原《墨子今注今译》:"认为'所有的言论都是虚假的',是自相矛盾的。"说在其言:关键在于他自己所说。这里的关键是,全称否定判断的内容不可包含自身。

[2]悖,不可也:悖,是不能成立的论断。

[3]原文为"出入之言可"。孙诒让《墨子间诂》:"以下文校之,'出入'当作'之人',形近而误。"张纯一、谭戒甫、高亨等从之,故校改。之人:"之"读为"这"。此句之意:如果此人的论断("一切论断都不能成立")可以成立,那么就有论断能够成立,这是有所肯定。

[4]之人之言不可,以当:如果此人的论断不能成立,以符合自己的论断。必不审:"审",察也,深思熟虑。《康熙字典》引《增韵》:"详也,熟究也。"孙诒让《墨子间诂》:"'审',疑亦当作'当'。"可参。自己的论断不能成立,还要论断,这也是自相矛盾。

[译文]

经　认为"一切命题都不能成立",这是悖论。看看自己的命题。

说　悖论,就是不能成立的命题。如果此人的命题——"一切命题都不能成立"——成立,此命题本身不是谬论,那么就是有的命题可以成立——这与其命题相矛盾;如果此人的命题不能成立,以对应此人自己的命题,那么此为无效命题。

第 173 条

[原文]

经　惟吾谓,非名也则不可。说在仮〔反〕。[1]

说　【惟】谓是霍,可,而犹之非夫霍也。[2]谓彼是,是也。[3]不可谓者,毋惟乎其谓。[4]彼犹惟乎其谓,则吾谓不行;[5]彼若不惟其谓,则不行也。[6]

[校注]

[1]原作"唯吾谓"。唯:孙诒让《墨子间诂》:"'唯',旧本作'惟',今据吴钞本正。"然《说》正作"惟",知不当改,故校正。惟,《说文》卷十心部:"凡思也。"段注引《方言》曰:"惟,思也。"谓:所说的内容。《说文》卷三言部:"报也。从言,胃声。"段注:"谓者,论人论事得其实也。"非名也则不可:离开名词(概念)便无法表达。仮:读为"反"。第 131 条《经》:"买无贵,说在仮其贾。"毕沅《墨子注》:"仮,反字异文。"反者,循名责实也。此句之意:反思自己所说的话,离开名词(概念)便无法表达。解释在于由名得实。

[2]霍:姓氏。第 90 条《说》:"霍爲〔蔿〕:姓故也。"第 110 条《说》:"'狗假霍也。'犹氏霍也。"第 154 条《说》:"尧、霍,或以名视人,或以实视人。"高亨《墨经校诠》训"霍"为"鹤",殆非。谓是霍,可,而犹之非夫霍也:称呼此人姓霍,可以,犹如称呼此人不姓霍一样。

[3]谓彼是:"彼",对方。"是",是什么,姓什么,做什么等。是也:判断正确。此句之意:准确无误地指称那个对象,这样做正确。

[4]不可谓者:无法言得其实,名词无法正确地指称对象。毋惟乎其谓:就

不要那样说。此句之意:无法准确地使用名词,就不要使用。

[5]彼:对方。惟乎其谓:仅仅按照自己的名词(概念)来表达,而不考虑此名词(概念)通行的含义。吾谓不行:我便无法与之交流。

[6]若对方不用他的名词(概念),对方就无法作出表达。这一段的主旨是,语言交流的双方应有共同的话语基础,比如共同的名词(概念),否则无法准确地交流。高亨《墨经校诠》:"此条乃言离谓之事。离谓者其言名实相离也。"孙中原《墨子今注今译》:"看来'惟谓'论的要点有二,一是专指,二是专行,即只有专指才行。"备参。

[译文]

经　反思自己所说,没有名词则无法表达。关键要名副其实。

说　准确地称呼此人姓霍,这可以,犹如说此人不姓霍一样。说那是什么,这可以。无法正确表达的,就不要仅仅按照自己的想法表达。如果对方仅仅按照他自己的概念来表达,我便无法理解;若对方不按照他自己的概念来表达,他就无法作出表达。

第 174 条

[原文]

经　无穷不害兼。说在盈否。[1]知[2]

说　【无】[3]"南者,有穷则可尽,无穷则不可尽。[4]有穷、无穷未可智〔知〕,则可尽、不可尽未可智〔知〕。[5]人之盈、之否未可智〔知〕,而必人之可尽、不可尽亦未可智〔知〕,[6]而必人之可尽爱也,悖。"[7]

人若不盈无穷,则人有穷也。[8]尽有穷,无难。[9]盈无穷,则无穷尽也。尽有穷,无难。[10]

[校注]

[1]穷:本义指空间上的尽头。《说文》卷七穴部:"极也。从穴,躬声。"兼:兼爱,《说》言之甚明,故孙诒让、高亨并以兼爱为释。盈:充满。盈否:是否充满,这里指人类是否无处不在。此句之意:空间无穷,这并不影响兼爱,关键

在于无穷之处是否生活着人类。

[2]知:当为第135条首字,孙诒让断句误,见《墨子间诂》第364页下栏倒数第2行和上栏倒数第1行。张纯一《墨子集解》、高亨《墨经校诠》已校正。

[3]《说》的结构是:先引用反方论断,然后予以驳斥。高亨《墨经校诠》明之,孙中原《墨子今注今译》从之,是。兹分为两段以清眉目。

[4]南者:南方。《庄子·天下》载辩者之言:"南方,无穷而有穷。"意思是,南方,既有穷,也无穷。此句之意:如果说南方有穷,那么南方有尽头;如果说南方无穷,那么南方就没有尽头。

[5]智:读为"知"。有穷、无穷未可知:南方到底有穷还是无穷,这无法证实。原作"则可尽、不可尽不可尽未可智",孙诒让《墨子间诂》引毕沅曰"不可尽""三字疑衍",故校删。则可尽、不可尽未可智:那么南方有无尽头不可知。

[6]人之盈、之否未可智:人类能够充盈于南方,或不能够充盈于南方,这无法知道。必人之可尽、不可尽亦未可智:人类一定无处不在,或人类未能无处不在,这也不可知。

[7]一定说可以爱所有的人,这不能成立。以上内容为反方论断。反方的观点是:世界到底是有穷、还是无穷,尚未可知,人类是否无处不在也未知,在此情况下,墨家主张爱所有的人,这是荒谬的——你连那里有没有人都不知道,怎么能兼爱呢?

[8]原作"人若不盈先穷"。孙诒让《墨子间诂》:"'先'当作'無',亦'无'之误。"《辞源》:"无,'無'的别体字。今《易》'無'字皆作'无'。"故校改。此句之意:如果人类没有充盈于无穷的世界,那么人类在数量上就是有穷的。

[9]尽有穷,无难:既然人类在数量上有穷,那么爱数量上有穷的人,没有什么困难。

[10]盈无穷,则无穷尽也:人类充盈于无穷世界,那么无穷的世界中人类无处不在。尽有穷,无难:重复上一句。如果人类不是无所不在,那人类数量就是有限的,爱数量有限的人可以实现;如果人类是无所不在,那就爱无所不在的人。

案:此条为墨家兼爱论辩护,辩论色彩很浓。

[译文]

经　空间上无穷不妨害兼爱。关键在于无穷空间是否有人。

说 "南方，有穷就有尽头，无穷就没有尽头。南方有穷、还是无穷不可知，则有尽头无尽头不可知。南方有人、无人不可知，而一定能兼爱所有人、或不能兼爱所有人也不可知，在这种情况下，断言兼爱所有的人，这不能成立。"

若人类不能遍布无穷之域，则人类数量有限。兼爱数量有限之人，这不困难。若人类能够遍布无穷之地，则无穷之地有尽头。施兼爱于有穷之地，这也不困难。

第 175 条

[原文]

经 不知其数，而知其尽也。说在问者。[1]

说 【不】[2]"不智〔知〕其数，[3]恶智〔知〕爱民之尽之也〔耶〕？或者遗乎？"[4]

其问也，尽问人，则尽爱其所问。[5]若不智〔知〕其数，而智〔知〕爱之尽之也。无难。[6]

[校注]

[1]"说在问者"，原作"说在明者"。"明"，"问"之讹，简体字作"问"。孙诒让《墨子间诂》："此'明'疑当作'问'，说云'尽问人，则尽爱其所问'，即其义。"高亨《墨经校诠》："明当作问，形似而误。"是，故校改。此句之意：虽不知天下人类之数量，但知天下人类数量有限。关键是针对所问内容作出回应。

[2]此条《说》之结构与上条同：前为反方诘问，后为正方回应之策。

[3]"【不】不智其数"，原作"不二智其数"，当作"不不智其数"。曹耀湘《墨子笺》："二当作＝，乃重文之标识。"高亨从之，故校改。第一个"不"字，提示语。不智其数：不知天下人之数量。

[4]"恶智爱民之尽之也"，原作"恶智爱民之尽文也"。"文"乃"之"之讹。下同。孙诒让《墨子间诂》："'文'当作'之'。"高亨《墨经校诠》："两文字并当作人，形似而误。"孙说善，故据校。也：读为"耶"。恶智爱民之尽之耶：怎么知道爱了所有的人呢？或者遗乎：或许有所遗漏吧。以上为诘难之辞。

[5]此下为回应之策，这里列举了两种策略。第一种策略："尽爱其所

问",爱对方问的所有的人。

[6]第二种策略:"不智其数,而智爱之尽之",虽不知其人之数,但知道爱所有的人。此条与前条为类。

[译文]

经　虽不知天下人有多少,但知道是有限的。具体要看对方怎么问。

说　"不知天下之人有多少,怎能知道是否爱了所有的人呢? 难免有所遗漏吧?"

对方所问,问的是所有的人,那么就爱对方所问的所有的人。如果不知道天下人的数量,但知道爱所有的人。这也不难。

第 176 条

[原文]

经　不知其所处,不害爱之。[1]说在丧子者。[2]

说

[校注]

[1]害:妨碍。不知道一个人在哪里,并不影响对这个人的爱心。

[2]此举例。父母丧失了孩子,尽管孩子已不在世间,但这并不影响父母对孩子的慈爱。义甚简,故无《说》。

[译文]

经　不知道一个人在哪里,并不影响爱这个人。譬如丧子的人。

说

第 177 条

[原文]

经　仁、义之为内外也〔耶〕? 内。说在仵颜。[1]

说　【仁】仁,爱也。义,利也。[2]爱、利,此也;所爱所利,彼也。[3]爱、利不相为内外,所爱、利亦不相为外内。[4]其为仁内也,义外也,举爱与所利也,是狂举也,[5]若左目出、右目入。[6]

[校注]

[1]也:读为"耶",见第 153 条《说》。仁、义之为内外耶:仁与义分为内外吗? 内:仁、义均属于内心的东西。这是肯定性的回答。孙诒让《墨子间诂》曰"末'内'字误,疑当为'非'"。谭戒甫《墨辩发微》校"内"作"冈"。高亨《墨经校诠》谓"第二'内'字疑涉上文而衍"。姜宝昌《墨子训释》从伍非百谓"内"当作"病"。孙中原《墨子今注今译》从沈有鼎谓"内"作"悖"。案:不误不衍。仵:《康熙字典》引《玉篇》:"偶敌也。"参《说》可证。颜:脸面,此谓面部感官。仵颜:面部双偶感官,如双眼、双耳,故《说》以"左目""右目"为例。张纯一《墨子集解》:"'仵颜'者,谓两目在人之颜面,如相偶然也。两目有左右,而无内外也。"谭戒甫《墨辩发微》:"盖以鼻气出入而分左右,即所谓'仵颜'。"张说善。

[2]仁:爱人。义:利人。此句之意:仁是爱别人,义是利别人。

[3]此:这里,指爱人者。彼:那里,指被爱者。"此"与"彼"表示施爱者与被爱者。此句之意:爱别人、利别人,属于施爱者;被别人爱、被别人利,属于接受者。

[4]爱、利不相为内外:爱人、利人不是内外关系。所爱、利亦不相为外内:被爱、被利也不是外内关系。

[5]其为仁内也,义外也:认为仁是内在的,义是外在的。举爱与所利也:把爱别人与被别人所利并列在一起。举:"以名举实"之"举"。狂举:名实相乘之论。案:认为仁内、义外,这是战国中期告子的主张。《孟子·告子上》:"告子曰:'食色,性也。仁,内也,非外也;义,外也,非内也。'"墨家此条,或针对这一主张。

[6]左目出、右目入:左目、右目,功能皆为视物;仁、义,皆依存于人心,说仁内、义外,犹如说目光从左眼出,物体的影像从右眼入。这是一个比喻。

[译文]

经 仁、义分为内外吗? 仁、义都属于内心的东西。解说在脸上成双的感官。

[说] 仁,就是爱别人。义,就是利别人。爱别人和利别人,属于自己方面;被别人爱、被别人利,属于对方。爱别人和利别人不是内外关系,被别人爱和被别人利也不是外内关系。认为仁是内在的,义是外在的,把爱别人与得别人之利并列起来,这是名实相乘之论,犹如说人的目光从左眼出、物体的影像从右眼入一样。

第 178 条

[原文]

[经] "学之无益也。"说在诽者。[1]

[说] 【学也】[2]以为不知"学之无益也",故告之也。[3]是使智〔知〕"学之无益也",是教也。[4]以"学为无益也"教,悖。[5]

[校注]

[1]"学之无益也",原作"学之益也"。孙诒让《墨子间诂》:"此疑当作'学之无益也'。"高亨《墨经校诠》:"'益'上当有'无'字,转写误脱。《说》中皆就'学之无益'立论,即其证。"是,故校增"无"字。学之无益也:学习没有益处。这是引用反方的话。诽者:说这话的人,此人所说的话。

[2]学也:提示语,具有口语特色。高亨谓:"'学'下'也'字,疑涉下文而衍。"不衍。

[3]认为对方不知学习没有益处,所以告诉对方。

[4]是:代词,指上文告诉、教导别人的行为。智:读为"知"。使知"学之无益也":让对方知道学习没有益处。是教也:这本身就是教育对方,本身就是要对方学习。

[5]以"学为无益也"教:用"学习没有益处"这样的话教导别人。悖:悖论,荒谬。墨者此说,或批评道家。《道德经》第四十八章:"为学日益,为道日损。"第六十四章:"学不学。"此条大意,学者所明,不赘引。

[译文]

[经] "学习没有益处。"关键在于此人所说的话。

[说] 认为对方不知道"学习没有益处",所以教导对方。这是让对方知道

"学习没有益处"，而这本身就是在教导对方。用"学习没有益处"教育别人，这在逻辑上荒谬。

第 179 条

[原文]

经 诽之可否，不以众寡。说在可非。[1]

说 【论诽】诽之可不可，以理。[2]之可诽，虽多诽，其诽是也；其理不可非，虽少诽，非也。[3]今也谓多诽者不可，是犹以长论短。[4]

[校注]

[1]诽：言对方之非。众寡：据《说》，指批评之言多少。可非：可以否定。高亨《墨经校诠》："非当作诽，误脱言旁。"《说》明言"其理不可非"，正与《经》之"非"呼应，故不作"诽"。是否可以批评，不在于批评的多少，而在于对方是否错误。不错，批评虽少，亦不可。

[2]论诽：提示语，有口语痕迹，非"标牒字"。诽之可不可，以理：可不可以批评，根据的是道理。

[3]之：代词，被"诽"的对象，与前句"之"字同。此句之意：一个人做的没道理，批评虽然多，这样的批评也对；一个人做的有道理，即使批评得少，这样的批评也不对。

[4]多诽：批评得多。是犹以长论短：如同根据尺寸长的批评尺寸短的，喻批评不恰当。孙诒让《墨子间诂》："短长各有所宜，不可相论也。"此条反映了墨家朴实求真的精神。

[译文]

经 是否可以批评，与批评之语多少无关。关键在于对方是否有错。

说 是否可以批评，根据的是道理。一个人错了，批评虽多，这样的批评也对；一个人做得对，对此人的批评虽少，也不对。如今有人说不应该批评太多，这样说就像根据一把长尺批评一把短尺一样，并不妥当。

第 180 条

[原文]

经　非诽者，誖〔悖〕。[1]说在弗非。[2]

说　【不诽】[3]非己之诽也，不非诽，非可非也。[4]不可非也，是不非诽也。[5]

[校注]

[1]非诽：否定别人正确的批评。"誖"，原作"谆"，当为"誖"之讹，今作"悖"，参第 135 条。张惠言《墨子经说解》："'谆'，当为'誖'。""诽皆当，则非诽者誖。"故校改。

[2]弗非：不要拒绝别人正确的批评，不要排斥别人正确的批评。孙诒让《墨子间诂》："'弗非'，即当理之谓。"亦通。

[3]不诽：《经》起首作"非诽"，《说》提示语作"不诽"，乃口语之妙证。孙诒让《墨子间诂》："依《经》当作'非诽'。"高亨《墨经校诠》："第一不字当作非，非乃标牒字，《经》文可证。"孙、高之说乃削足适履。

[4]非己之诽也：别人对我的正确的批评。不非诽：不应该否定别人正确的批评。非可非：正确的、对的是不容否定的。

[5]不可非也：重复前面"非可非也"。是：如此。此句之意：别人的批评是正确的，就不应拒绝，应该虚心接受。重复之语，口语痕迹。

案：此段《说》，孙诒让、张纯一、谭戒甫、高亨句读、训释稍异，但大体一致，不赘。此条与前条一样，反映了墨家朴实诚恳的人格。

[译文]

经　否定别人正确的批评，这没有道理。关键在于不要否定正确的批评。

说　别人对我的批评正确，就不应该排斥，因为别人的批评有理。别人的批评正确，就不应该否定。

第 181 条

[原文]

经　物甚、不甚，说在"莫……是"。[1]

说　【物】甚长、甚短：莫长于是，莫短于是。[2] 是之是也、非是也者，莫甚于是。[3]

[校注]

[1]此条阐述"甚"字，该字相当于今人所谓"最"。物甚、不甚：一个东西是甚还是不甚。"说在莫是"，原作"说在若是"，"若"乃"莫"之讹。《说》中"莫长于是""莫短于是""莫甚于是"，皆作"莫……是"句式，故校改。孙诒让《墨子间诂》已有此意。莫……是：没有超过此物的。高亨《墨经校诠》："若是者谓以众物拟此物也。"非。

[2]这是通过"甚长""甚短"阐述"甚"字之义。甚长，就是"莫长于是"，即没有比这更长的；甚短，就是"莫短于是"，没有比这更短的。

[3]第一个"是"字：代词，指某物。是之是也：某物之是也。非是也者：省略了主语，当作"是之非是也者"：某物之非也。是之是也、是之非是也：一件事情的好与坏。此为从正反两方面举例。此句之意：一件事情说它甚好或者甚坏，就是说没有比它更好或者更坏的。高亨《墨经校诠》："在众物之中，莫长于此物，则此物为甚长。在众物之中，莫短于此物，则此物为甚短。"得之。

[译文]

经　某物甚、某物不甚，解说在"莫……是"这样的句式。

说　甚长、甚短：没有比此物更长的，没有比此物更短的。一件事情是好还是坏，"甚"表示没有超过它的。

第 182 条

[原文]

经　取下，以求上也。说在泽。[1]

说　【取】高下，以善不善为度，不若山、泽。[2] 处下善于处上，下所谓上也。[3]

[校注]

[1]取下：据《说》，选择处于低位。以求上：据《说》，是为了得到"上"的

位置。说在泽：比如水泽。张纯一《墨子集解》引张之锐曰："泽能下故也。"是。高亨《墨经校诠》："泽上当有山字，转写误脱。"非，山不居下也。

[2]高下：高处和低处。这话很含蓄，引申之似谓社会地位高低。善、不善：适合不适合自己。度：标准，依据。不若：不像。张纯一《墨子集解》引张之锐曰："言取高下，不若以山泽为法。"非。高亨《墨经校诠》："三'善'字皆当作'差'，形似而误。"其说无据。不若山、泽：不像山、泽那样，山以高为善，泽以深为善。

[3]处下善于处上：处于下位比处于上位更适合自己。原作"下所请上也"，"请"乃"谓"之讹。孙诒让《墨子间诂》："'请'，当作'谓'。"故校正。下所谓上也：下就是上。此条可能反映了墨家的社会态度或人生态度。

[译文]

经　选择居于低位，然后再求高位。例子是水泽。

说　所居社会地位之高低，以是否适合自己为考量，不像山以高为善、水以深为善。居于低位比居于高位更适合自己，低位就是高位。

第 183 条

[原文]

经　是是，与是同。说在不州。[1]

说　不是是，则是且是焉。[2]今是文于是，而不于是，故是不文。[3]是不文，则是而不文焉。[4]今是不文于是，而文于是，[5]故文与是不文，同说也。[6]

[校注]

[1]第一个"是"，动词，作判断。第二个"是"，别人的肯定性判断，泛指别人的判断、结论。是是：肯定别人的判断。与是同：与作直接判断相同。比如，张三说："王五是个好人。"李四说："张三说得对。"这相当于李四说："王五是个好人。"但从字面说，李四并没有直接说"王五是个好人"，李四作的是一个间接判断，需要听者作出逻辑推理。孙诒让《墨子间诂》："此有讹字，《说》亦难通。"高亨《墨经校诠》："与下当有不字，转写误脱。"即认为"是是与是同"当作"是是

与不是同"。其说无据。州:殊,不同。《康熙字典》引《广雅》:"州:殊也。"又引
《春秋题辞》:"州之为言,殊也。"不州:不异。《说》谓"同说",与此正合。高亨
《墨经校诠》:"不州犹言不殊,谓不异也。"是。孙诒让《墨子间诂》引张曰:
"'州',《说》作'文'。"又引杨曰:"疑'文'之讹。"张纯一《墨子集解》从之,非。

[2]第一个"是"表示自己作判断,第二个"是",代词,被判断的对象。不是
是:不作直接判断。则是且是:那么就利用别人的判断作判断,即作间接判断。

[3]文:修辞造句。《释名·释言语》:"文者,会集众采,以成锦绣。会集
众字,以成辞谊,如文绣然也。"亦可读为"谓",引申为作判断。孙诒让《墨子
间诂》曰"文"为"之"字之讹,高亨《墨经校诠》谓"文"当作"久",备二说。今
是文于是,而不于是,故是不文:现在我的判断落在别人的判断上,而没有落在
实际对象上,所以就像没作判断。

[4]作了判断像没作判断一样,这是间接判断。

[5]"今是不文于是,而文于是",原作"今是不文于是,而文与是"。此句
与前句"今是文于是,而不于是"义正相反,故知"与"乃"于"之误,或为借字。
孙诒让《墨子间诂》已及此义,今校正。今是不文于是,而文于是:现在不对别
人的结论作判断,而作直接判断。

[6]是:代词,指不作直接判断。此句意为:所以,间接判断与直接判断,结
论相同。此条涉及判断推理。

案:此条《经》与《说》,内容抽象,颇难索解。孙诒让《墨子间诂》谓《经》
曰:"此有讹字,《说》亦难通。"张纯一《墨子集解》以名实关系作解。谭戒甫
《墨辩发微》:"本条似破形名家'是不是'之说。"高亨《墨经校诠》:"墨子主张
明辨是非,认为今日之是来日仍为是,今日之是固为是也。今日之是来日变为
非,而就其今日之阶段言之,今日之是亦为是也。"异说纷繁,不赘。

[译文]

经　　利用别人的判断作判断,与作直接判断相同。解释在于结论不异。

说　　不作直接判断,则可利用别人的判断作判断。现在我的判断落于别
人的结论,而不落在事情本身,所以就像没作判断。这种间接判断,是作了判
断却像没作判断一样。现在把判断不落在别人的论断上,而是直接落在对象
上,所以直接判断与间接判断,结论相同。

大　取

[解题]

　　此篇原在孙诒让《墨子间诂》第四十四。《大取》者何？乃与《小取》相对而言。《小取》者,论墨家辩学;《大取》者,论墨家伦理——此乃二篇之大体也。伍非百《大小取章句》曰:"《大取》言'兼爱'之道,以墨家之辩术,证成墨家之教义,所重在'道',其所取者大,故曰《大取》。"(第403页)张之锐、曹耀湘、姜宝昌同说。是。或谓"利之中取大"之"大",此固可释《大取》之"大",然不可释《小取》之"小",故其说不足取。

　　《大取》之篇章结构,大致为五部分。前四部分论墨家伦理,第五部分为《语经》,与《墨经》条目类似。从篇幅说,《语经》为《大取》主体,凡49条:多数条目论兼爱、利人,驳儒家、名家之说;部分条目属辩学,如名(概念)、辞(判断、命题)、类(推类、推理);个别条目涉及几何学、教育学等。

　　关于此篇之文句,学者皆谓篇简错乱,不成体系。孙诒让《墨子间诂》曰:"此篇文多不相属,盖皆简札错乱,今亦无以正之也。"谭戒甫《墨辩发微》曰:"本篇原非一人一时之作,其羼杂之迹触目皆是,特今次第不易辨认耳。"(第350页)伍非百《大小取章句》曰:"《大取》文义艰深,字句篇简脱讹,古无注。"(第403页)孙中原《墨子今注今译》曰:"此篇文字讹夺窜乱甚多,校勘、诠释不易。"(第347页)孙诒让"文多不相属"之说,切中肯綮。其故何也?以余所见,此乃《语经》所致,犹《墨经》条目之间"不相属"也。不明乎此,宜乎"简札错乱"矣!

第一部分

[原文]

天之爱人也,薄〔博〕于圣人之爱人也;其利人也,厚于圣人之利人也。[1]大人之爱小人也,薄〔博〕于小人之爱大人也;其利小人也,厚于小人之利大人也。[2]

[校注]

[1]天:奖善惩恶之神灵。《墨子·天志中》:"天子为善,天能赏之;天子为暴,天能罚之。天子有疾病祸祟,必斋戒沐浴,洁为酒醴粢盛,以祭祀天鬼,则天能除去之。"薄:读为"博"。其证有二。第一,《天志上》载墨子言天意曰:"爱人者此为博焉,利人者此为厚焉。"《天志上》"博"与"厚"对举,《大取》"薄"与"厚"对举,"博""薄"正相呼应。第二,《康熙字典》引《唐韵》,"薄,傍各切","博,补各切",二者韵同声近。吴毓江《墨子校注》曰:"'薄'读为'博'。"(第603页)孙中原《墨子今注今译》从之,是。或有训"薄"为"溥"者。谭戒甫《墨辩发微》:"盖薄本从溥声,可读为溥,若读薄如字,便失墨家本旨矣。"(第351页)姜宝昌《墨子训释》:"薄,读为溥,指普遍、广博。"(第303页)亦可通。还有以"薄"为训者,张之锐《〈墨子·大取篇〉释义》:"天地无心爱人,而所利者大,故薄于圣人之爱人,而厚于圣人之利人。"张纯一《墨子集解》:"天之爱人无迹,不若圣人爱人之易知。然天之利人,无方量,无时量,非圣人有加爱于人之心,利人有限者比。"(第373页)此释似不切墨家之意。

[2]大人:在《墨子》书中,通常指王公大人。《尚贤上》:"子墨子言曰:'是在王公大人为政于国家者,不能以尚贤事能为政也。是故国有贤良之士众,则国家之治厚;贤良之士寡,则国家之治薄。故大人之务,将在于众贤而已。'"小人:庶民百姓,与贵族相对而言。王公大人兼爱百姓,施惠于百姓,非百姓可比。此段之意,尊天、尊大人。

[译文]

上天爱天下之人,多于圣人爱天下之人;上天利天下之人,厚于圣人利天下之人。大人爱小人,多于小人爱大人;大人利小人,厚于小人利大人。

第二部分

[原文]

　　以臧〔葬〕为其亲也而爱之，[1]爱其亲也；[2]以臧〔葬〕为其亲也而利之，非利其亲也。[3]以乐为利其子而为其子欲之，爱其子也；[4]以乐为利其子而为其子求之，非利其子也。[5]

[校注]

　　[1]臧：读为"葬"。孙诒让《墨子间诂》："毕云：'《说文》云：葬，臧也。即藏字。正文谓葬亲。'顾云：'臧，贱称也，篇内同义，亦互见《小取篇》。'案：顾说足证毕说之谬。此臧即臧获之臧，详《小取篇》。"张之锐《〈墨子·大取篇〉释义》："中国文字，往往一字义有数解，随所用而异，已成通例；不参观上下文理而执一论定，必致谬误。《墨子》书所用'臧'字，固有应作'臧获'之'臧'解者；若依此为据，而谓篇中'臧'字悉为'臧获'之'臧'，文理必有滞碍之处。无庸旁征远引，即如此章下文，'圣人不为其室臧之，故在于臧'，两'臧'字，无论如何，能解作'臧获'之'臧'否乎？孙氏既从顾说，武断本篇'臧'字悉为'臧获'之'臧'，对于此两'臧'字，无法自圆其说，故注云'此义难通'。其实，此两句文义有何难通，特两'臧'字作'臧获'之'臧'解，则难通耳。本段'臧'字，以上下文理考之，仍以毕说作'葬'义解为妥；盖'薄葬''非乐'为儒家攻击墨家的话柄，本节即就此两主义立论，明'节葬''非乐'系为节省社会财力起见，对于亲子爱情虽薄，而对于天下利益实厚也。"谭戒甫《墨辩发微》："按毕说是，惟此臧当指厚葬言。"（第352页）伍非百《大小取章句》："藏，同葬。"（第406页）毕、张、谭、伍之说是。吴毓江、孙中原从孙诒让说，误。

　　[2]"爱其亲也"，原作"非爱其亲也"。孙诒让《墨子间诂》："'非'字疑衍，此篇多以一是一非相对言之。"学者从之，故删"非"字。此句之意：厚葬自己的父母以表爱心，这是爱自己的父母。

　　[3]认为厚葬对父母有好处，然而事实上对父母没有任何益处。其所以作此说者，理由有二：其一，《墨子》书中有《节葬篇》，反对厚葬；其二，墨家公天下，亲死而忘。本篇第四部分曰："圣人之法，死亡〔忘〕亲，为天下也。"

　　[4]乐：音乐。孙诒让《墨子间诂》："乐，谓音乐。"学者从之。欲：想要得

到。此乃主观愿望。认为音乐对孩子身心有益,想让孩子听音乐,这是爱自己的孩子。

[5]求:索,取。《周易·乾卦·文言》:"同声相应,同气相求。"《诗·大雅·下武》:"王配于京,世德作求。"此乃客观效果,事关孩子。认为音乐对孩子有益,为孩子求取音乐,这对孩子无益。其所以作此说者,其因有二:第一,《墨子》书中有《非乐篇》,反对礼乐制度。第二,墨家无私。本篇第四部分曰:"圣人不得为子之事。"毕沅《墨子注》:"此辩葬之非利亲、乐之非利子,即节葬、非乐之说也。"谭戒甫《墨辩发微》:"特由是而知,厚葬之非利亲,繁乐之非利子,其于墨子节葬、非乐之旧义,将益坚其说焉。"(第353页)

此第二部分,申节葬、非乐之意。别爱亲子之情可,别爱亲子之事则不可,其与兼爱天下之旨有差矣。又:第二部分亦可与第一部分合并,一并以爱、利关系统之。

[译文]

认为厚葬是爱自己的父母,这是爱自己的父母;认为厚葬对自己的父母有好处,其实没有好处。认为音乐对孩子有好处,想让自己的孩子得到音乐熏陶,这是爱自己的孩子;认为音乐对孩子有好处而去索求,这样做对孩子没有好处。

第三部分

[原文]

于所体之中而权轻重,之谓权。[1]权,非为是也,亦非为非也。[2]权,正也。[3]断指以存腕,[4]利之中取大,害之中取小也。[5]害之中取小也,非取害也,取利也。[6]其所取者,人之所执也。[7]遇盗人,而断指以免身,利也。其遇盗人,害也。[8]断指与断腕,利于天下相若,无择也。[9]死生,利若一,无择也。[10]杀一人以存天下,非杀一人以利天下也;杀己以存天下,是杀己以利天下。[11]

于事为之中而权轻重,之谓求。[12]求为之,非也。[13]害之中取小,[14]求为义,非为义也。[15]非为暴人,语天之为,是也;而性为暴人,歌天之为,非也。[16]诸陈执既有所为,而我为之陈执,陈执之所为因吾所为也;若陈执未有所为,而我为之陈执,陈执因吾所为也。[17]暴人为我,为天之以人,非为是也,[18]而性不可正而正之。[19]利之中取大,非不得已也;害之中取小,不得已也。[20]所未有而取焉,是利之中取大也;于所既有而弃焉,是害之中取小也。[21]

[校注]

[1]所:虚词,表缘由、境况。王引之《经传释词》:“所者,指事之词,若‘视其所以,观其所由’之属是也。常语也。”体:这里指两个中的一个。《墨经》第2条:“体,分于兼也。”《经说》:“若二之一、尺之端也。”两个当中的任何一个,尺子的任何一端,都叫体。所体:不得不在两个当中选择一个,乃被动之行为。此段之“所体”与下段之“事为”,义正相反。谭戒甫《墨辩发微》:“‘所体’与下段‘事为’,相对成文。”(第353页)是。之谓权:“之”,代词,指代前句“权其轻重”。此句之意:不得不在两个选项中选择一个,此之谓“权”。

[2]“亦非为非也”,原作“非非为非也”。当作“亦非为非也”,第一个“非”字,当为“亦”之讹。俞樾《诸子平议》卷十一《墨子三》:“当作‘非为非也’,衍一‘非’字。”孙诒让《墨子间诂》:“当作‘亦非为非也’,上‘非’字,乃‘亦’之误,无衍文。”二说均通,兹取孙说,并校改。是:表示肯定。非:表示否定。此句之意:二者选一,不是肯定或否定哪一个。

[3]权:权衡轻重,二者比较。正:本义为垂直。《墨经》第129条:“倚者,不可正。说在梯。”这里指妥当、得当。权衡轻重,是为了确定选哪一个妥当。

[4]擘:古“腕”字。毕沅《墨子注》:“此‘捥’字正文……《说文》云:‘擘,手擘也’。”“捥”同“腕”。此句之意:断掉自己的手指,以保存自己的手腕。

[5]此句为权衡利害之例。断掉自己的手指,以保存自己的手腕,这样做是把害处降至最小。

[6]把危害降至最小,这不是选择危害,而是选择对自己有利:两害相权取其轻。

[7]取:抉择。执:捉住,控制。《说文》卷十手部:“执,捕罪人也。”人之所

执:被人捉住,被人控制,表被动。孙诒让《墨子间诂》:"言为人所持执,不能自免。"此句之意:此时的选择,是在被人捉住的情况下,是被动而无奈的抉择。

[8]此句所述,稍嫌繁琐,若作"遇盗人,害也;断指以免身,利也",义更顺畅。

[9]此句语序,若作"断指与断腕,无择也。利于天下相若",义便顺畅。此句之意:断掉手指或是断掉手腕均对自己有害,此乃无奈的选择。权衡对天下的利弊,与此相似。此又起一例。

[10]死生:选择死还是选择生。利若一:对天下有利还是有害,与对自己有利还是有害的道理一样。以下讨论利天下问题。无择也:没有别的选择,只能二选一,这是被动的选择。孙诒让《墨子间诂》、张纯一《墨子集解》、吴毓江《墨子校注》断句为:"死生利若,一无择也。"孙诒让谓:"'一无择也',当作'非无择也',谓必舍死取生。"案:"无择也"乃一习语,前段已见,孙、吴断句误。伍非百、谭戒甫断句作"死生利若一,无择也",是。

[11]此一句,论道义问题。杀别人以利天下,受其利者包含我,杀人利我,与墨家道义背道而驰,故曰"非……利天下";杀我以利天下,此循墨家根本道德,故为"利天下"。此乃《大取》篇意所在,亦墨者大义所在。此句孙诒让不释。伍非百《大小取章句》:"又假有一情势于此,杀一人可以利于天下。若此人者为无罪之人,则不能杀此一人以利天下。何也?以其于天下诚利,而于此一人则害也。若此人为自己,则不妨自杀以利天下。以自己固有自杀之权也。杀己以利天下可,杀人以利天下则不可。"(第408页)吴毓江《墨子校注》:"墨家之义,损己爱人。杀己以存天下,可也;杀一人以存天下,不可也。盖杀己以存众人,是杀己以利众人;杀一人以存众人,于所存者虽便,于被杀者则为暴矣。"(第606页)皆近之。谭戒甫《墨辩发微》:"利之中取大,乃墨徒本旨所在,篇名《大取》,殆即以此故欤?"(第355页)非。

[12]事为:为事也,人为生事,乃主动。"事为"与前段"所体"义正相反。伍非百《大小取章句》:"事为,犹行为也。"(第409页)近之。求:寻觅。《康熙字典》引《增韵》:"觅也,乞也。"又引《易·乾卦》:"同气相求。"这里的"求",指主动行为,类似于今人所谓"没事找事"。伍非百《大小取章句》:"求,虑也。"(第409页)近之而不切。

[13]此与前述"无择也"情形相反。断指以存腕,杀己以利天下,皆无奈之选择。若人为制造此一局面,则非也,故曰"求为之,非也"。伍非百《大小取章句》作"求为正,非为正也",不知所据。

[14]若断指以存腕、杀己以存天下之类。

[15]"义"者,苦己以利天下也。《墨子·贵义》:"子墨子自鲁即齐,过故人,谓子墨子曰:'今天下莫为义,子独自苦而为义,子不若已。'"是其例。求为义:本无"杀己以存天下"之必要,然为显示自己重道义,强求"杀己以存天下",此乃"求为义",不宜提倡,故谓之"非为义"也。此明墨者尚义,固有界限,不可蛮干。孙诒让不释。张之锐《〈墨子·大取篇〉释义》曰:"求为之者,即不权轻重专求杀己也。"是。

[16]"非为暴人……",原作"为暴人……"。这是两个相反的判断句。为清晰起见,先把这两个分句并列如下:

　　为暴人,语天之为,是也;

　　而性为暴人,歌天之为,非也。

不难看出,这是一组对偶句,第一句起始显然缺佚一字,补上一字,则为:

　　□为暴人,语天之为,是也;

　　而性为暴人,歌天之为,非也。

这样的句式,更近原貌。那么,这个缺佚的"□"是何字? 应该与"性"字对立,故这里校增"非"字。校改之后的句子为:

　　非为暴人,语天之为,是也;

　　而性为暴人,歌天之为,非也。

"暴人"者,鲁莽之人。学者多释"暴戾之人",亦可。"语天之为""歌天之为"者,宣称天意也。墨家尊天事鬼,笃信天志。"非为暴人,语天之为,是也"者,言此人做事慎重而不鲁莽,笃信天志,这样做对。此表被动情形。"性为暴人,歌天之为,非也"者,言此人天性鲁莽,寻求"杀己以存天下",谓之符合天志,这样做不对。

此一复合句,学者断句、训释多端。孙诒让《墨子间诂》:"此文多讹脱,'为是也而性'语,前后两见,疑'性'并当作'惟','惟'与'唯'通。"伍非百《大小取章句》:"文义难晓,校释从缺。"(第409页)张之锐《〈墨子·大取篇〉释义》

断句为："为暴人语天之为是也而性,为暴人歌天之为非也。"谭戒甫《墨辩发微》断句作："为暴人语天之,为是也;而惟为暴人歌天之,为非也。"(第355页)

[17]"陈执之所为因吾所为也",原作"执之所为因吾所为也"。此复合句与上句类似,仍是排偶句,陈述两种情形。为清晰起见,先将原句对比如下:

> 诸陈执既有所为,而我为之陈执,执之所为因吾所为也;
> 若陈执未有所为,而我为之陈执,陈执因吾所为也。

两个句式对比,可以发现第一分句的末句缺佚一个"陈"字。张之锐《〈墨子·大取篇〉释义》指出:"旧本作'执之所为',脱一'陈'字。"补佚之后,则为:

> 诸陈执既有所为,而我为之陈执,陈执之所为因吾所为也;
> 若陈执未有所为,而我为之陈执,陈执因吾所为也。

此一排偶句中"陈执"一词六见,至为关键。"执"通"势",表示局势、状态,见《经说》第140条校注[2]。陈执,表示当前的局面。后文《语经》第26条"遭执"一语,表示遭遇的局面。兹将此句对译如下:

> 局面已成,我所取之对策,须根据当时局势作出选择;
> 若局面未形成,我制造出局面,这局面就是我所造成。

此句,学者或不释。孙诒让《墨子间诂》:"此文多讹脱。"伍非百《大小取章句》:"文义难晓,校释从缺。"(第409页)或有所释,义甚难通。张之锐《〈墨子·大取篇〉释义》:"'陈',谓陈说,有传布之意。'执',即上文'其所取者,人之所执也'之'执'。"谭戒甫《墨辩发微》:"曹耀湘略云:'诸陈执者,人之所执不一也。如执无鬼,执有命,执厚葬、久丧,人之有所执而不化也久矣,是陈执也。墨子节用、节葬、非命、非乐之说,亦陈执也。《兼爱》《尚同》《天志》《明鬼》各篇,亦陈执也。'按曹说是。"(第356页)张纯一《墨子集解》:"陈执,谓遍计陈迹而成执,即所染之异名,犹习惯然。"(第378页)吴毓江《墨子校注》承袭张说:"'陈执',犹言习染。"(第607页)非独"陈执"一词解释不同,句读亦异,不赘。

[18]此句与本段前句,句式、含义相同,兹对比如下:

> 性为暴人,歌天之为,非也。
> 暴人为我,为天之以人,非为是也。

比较可知，"暴人为我"者，"性为暴人"、鲁莽之人也；"为天之以人"者，"歌天之为"，宣称天意也；"非为是"者，"非"也。此句与下句为一句。

[19]"性不可正而正之"者，鲁莽之性虽难改正，亦须改正也。此句大意：一个鲁莽之人，说自己所作所为符合天意，这不对，鲁莽之性虽难改正，亦须改正。此句，学者所释纷纭。孙诒让《墨子间诂》："此文多讹脱。"张之锐《〈墨子·大取篇〉释义》不释。谭戒甫《墨辩发微》断句作"暴人为，'我为天之'；以人非为是也，而性不可正而正之"（第357页）。张纯一《墨子集解》断句为"暴人为我，为天之，以人非为是也，而性不可正而正之"（第378页）。伍非百《大小取章句》曰："文义难晓，校释从缺。"（第409页）吴毓江《墨子校注》："此节为墨家论性精要文字。言暴人之所以为暴人，由于后天习染，非天性然也。为暴人者谓天之为是邪？如性之为暴人，始可谓天之为非善也。夷考其实，人生行为莫不受其环境习染之影响。"（第607页）似游移。

[20]二物任取一物，一大一小，取大取小，随我愿也，此对我有利，"非不得已也"。面对二害，必取其一，取其小者，"不得已也"。

[21]我得到自己没有的东西，此有利，应该选择大的。我不得不舍弃自己的东西，此有害，应该选择小的。末两句义甚简，学者皆明。

此一部分，论利之中取大、害之中取小，以及利天下之原则。

[译文]

面对两个选项选择一个，这叫权。权，不是肯定其中一个，也不是否定其中一个。权，就是做正确选择。断掉自己的手指以保存手腕，此乃利之中取大，害之中取小。害之中取小，不是选择有害，而是选择对自己有利。此时的选择，乃迫不得已。遇到了强盗，断掉手指以逃生，这是对自己有利。当然，遇到强盗对自己有害。断掉手指还是断掉手腕，这是无奈的选择，面对利于天下的情形与此相似。是选择死还是选择生，与断掉手指还是断掉手腕的情形相似，这也是无奈的选择。杀掉别人以保全天下之人，这不是做利于天下人之事；牺牲自己以保全天下之人，这是牺牲自己以利于天下之人。

在人为制造的局面中作取舍，这叫求。主动求害，这样的行为错误。两害相权取其小，制造事端而求义，此非义举。本非鲁莽之人，并且所为符合天意，可以；天性鲁莽，宣称自己所为符合天意，这不可以。比如局势所迫，我应取之对策,是在当时局势下做无奈的选择;若局势不紧迫,我应取之对策,就是主动性的选择。一个鲁莽之人,声称自己所作所为符合天意,这不对,鲁莽之性虽难改变,也必须改变。两利相权取其重,这并非不得已;两害相权取其轻,此乃不得已。得到自己原本没有的东西,这是利之中取大的情形;自己已有的东西不得不舍弃,这是害之中取小的情形。

第四部分

[原文]

　　"义可厚,厚之,义可薄,薄之,谓伦列。德行、君上、老长、亲戚,此皆所厚也。"[1]——为长厚,不为幼薄。[2]

　　"亲厚,厚。亲薄,薄。"[3]——亲至,薄不至。[4]

　　"义厚亲,不称行而类行。"[5]——为天下厚禹,为禹也。为天下厚爱禹,乃为禹之人爱也。[6]厚禹之为加于天下,而厚爱禹不加于天下。[7]若恶盗之为加于天下,而恶盗不加于天下。[8]

　　"爱人不外己,己在所爱之中。己在所爱,爱加于己。伦列之爱己,爱人也。"[9]——圣人恶疾病,不恶危难。[10]正体不动,欲人之利也,非恶人之害也。[11]

　　圣人不为其室臧〔藏〕之,故在于臧〔藏〕。[12]圣人不得为子之事。[13]圣人之法,死亡〔忘〕亲,[14]为天下也。厚亲,分也。[15]以死亡〔忘〕之,体竭兴利。[16]有厚薄而毋伦列,[17]之兴利为己。[18]

[校注]

　　[1]此一部分,以驳论体为主。先引儒说,然后墨者反驳。张之锐、谭戒甫、伍非百已注意及此,唯分界不同。许多学者不明乎此,将相互矛盾之说混为一体,强为圆融,遂致淆乱而自陷泥淖。

　　此引儒家主张。义:儒家伦理之义。伦列:伦理,等次。孙诒让注引《战国策·宋策》高诱注:"伦,等也。"又引《服问》郑注:"列,等比也。"德行、君上、老长、亲戚:儒家伦理内容。《庄子·天道》:"宗庙尚亲,朝廷尚尊,乡党尚齿,行事尚贤,大道之序也。"正与此同。《孟子·公孙丑下》:"天下有达尊三:爵一,齿一,德一。朝廷莫如爵,乡党莫如齿,辅世长民莫如德。"近乎此。此参张之锐、谭戒甫、伍非百之说。

[2]此为墨者驳斥之说。《墨子》有《非乐》,不独非乐,亦非礼也,详《非儒》。"不为幼薄",实不为长厚也。

[3]此引儒家尊亲主张。

[4]此墨者反驳之说。"至"者,远也。言血缘虽疏,其情不薄,兼爱天下也。伍非百《大小取章句》:"言虽有至薄之亲,不能有至薄之爱。"并引墨者随巢子曰:"有疏而无绝,有后而无遗。大圣之行,兼爱万民,疏而不绝。"(第411页)

[5]此引儒家主张。"不称行而类行",原作"不称行而顾行"。顾:当为"类"之讹。孙诒让《墨子间诂》:"'顾'当为'类'。后云'厚亲不称行而类行,其类在江上井',即释此节。"故校改。称行:依社会贡献而行。张之锐《〈墨子·大取篇〉释义》:"何谓称行?'称'读去声,副也,言其人与天下关系甚大,足以副我的厚爱,而后厚爱之,是为称行。"类行:依伦类而行。张之锐《〈墨子·大取篇〉释义》:"何谓类行?不论其人称厚爱不称厚爱,但由亲及疏以类推之,与己亲者即厚爱之,与己疏者即薄爱之,是为类行。"伍非百《大小取章句》:"言厚爱之道,不当称量以出之,乃比类而推之也。"(第411页)儒家主厚亲,不是根据父母的德行,而是根据伦理原则。

[6]"厚"者,利也,表行为。"厚爱"者,甚爱也,表主观愿望。"为天下厚禹,为禹也",与后句"厚禹之为加于天下"相接,因为天下万民之故,做有利于大禹之事,这是为了大禹。"为天下厚爱禹,乃为禹之人爱也",与后句"而厚爱禹不加于天下"相接,即因为天下万民的缘故而爱大禹,乃是爱禹这个人。此句有口语色彩,条理性不强,不必拘泥于字句。"乃为禹之人爱也",吴毓江《墨子校注》作"乃为禹之爱人也",注曰:"诸本作'人爱',绵眇阁本、陈本、傅山本作'爱人',今从之。"(第609页)备一说。

[7]"厚禹之为加于天下,而厚爱禹不加于天下",原作"厚禹之加于天下,而厚禹不加于天下"。依下句"恶盗之为加于天下",此句应作"厚禹之为加于天下",故校补"为"字。孙诒让《墨子间诂》:"据下文,'之'下当有'为'字,言所以厚爱禹者,为其德加于天下。"依上句"为天下厚爱禹",下半句应作"厚爱

禹不加于天下"，故校补"爱"字。此句之意：仿效大禹做事，其于天下之人有益；仅仅爱戴大禹，其于天下之人无益。墨家之意，仅有动机不够，还要付诸行动。

［8］此句举例，故用"若"字。"恶盗之为"者，厌恶强盗而生种种举措，若刑罚、监狱。"恶盗"者，厌恶强盗也。前者属行为，后者属心理。此句之意：厌恶强盗而实施的举措，其于天下有加；厌恶强盗的心情，无改于天下。此段，墨家反驳了儒家厚亲主张，厚禹而恶盗。非但厚禹、恶盗，且主张"厚禹之为""恶盗之为"，为天下兴利除害。

［9］此基于墨家立场转述儒家主张，非儒家口吻。伍非百《大小取章句》："以上六句述儒家之言。"（第412页）《荀子·正名》："'圣人不爱己。'……此惑于用名以乱名者也。"与此相契。儒家说，爱的对象包括自己，故伦理主义之爱，由己及人，老吾老以及人之老也。

［10］疾病伤身害命，死而无义，故圣人恶之；救人危难乃大义所在，故圣人不辞。此乃墨家不爱己之故。

［11］正体不动：大义凛然之状。谭戒甫《墨辩发微》："恶疾病则必卫其生，而不为沴疫所累，故曰'正体'。"（第361页）备一说。欲人之利：愿意他人得到好处。非恶人之害：为他人故，不避危害；救人危难，在所不辞也。张之锐《〈墨子·大取篇〉释义》："我心有一定宗旨，进行有一定趋向，不为人世任何危难所摇撼。"是。吴毓江《墨子校注》据或本作"非恶人之爱也"，"害"作"爱"，不若孙本善。

［12］此后一段，申明墨家二不、一忘，驳儒家伦理之爱。臧：读为"藏"。此句之意：墨家不为小家之藏，而为大家之藏；以天下为藏，故所在皆藏也。谭戒甫《墨辩发微》："圣人兼利天下，不为其居室足以存藏之故，而心在于货财之藏也。"（第361页）此"二不"之一。

［13］不为自家子孙谋福利。《墨子·天志中》："今有人于此，欢若爱其子，竭力单〔殚〕务以利之。其子长，而无报子求〔子求，当为"於"之讹〕父，故天下之君子与谓之不仁不祥。"与此正相呼应。张之锐《〈墨子·大取篇〉释义》："天生圣人，以为天下之人类也。故圣人上体天心，兼爱天下，不得独为人子之事，专厚其亲也。"此"二不"之二。

[14]亡：读为"忘"。孙诒让《墨子间诂》："亡、忘通，谓亲死而忘之，即薄丧之义。"是。亲死而忘之，以利天下之人，此乃墨家之教，故孟子讥为禽兽也。

[15]"分"者，别也，差异也。若厚亲，必薄非亲，由此而生差等。

[16]"以死忘之"者，死而忘之也。"体竭兴利"，原作"体渴兴利"。"渴"，通"竭"。谭戒甫《墨辩发微》："《说文》：'渴，尽也。'毕谓今经典多以'竭'为'渴'，皆即其义。"（第362页）兹校改。或谓"渴"为"急"，亦通。体竭兴利：竭尽全力，兴利为民。

[17]有厚薄而毋伦列：依惯例，句不可通。"有厚薄"属儒家，"毋伦列"属墨家，二者相提并论，不类。"毋"，当为语气助词，无义。《墨子·尚贤中》"古者，圣王唯毋得贤人而使之"，孙诒让注引王引之曰："毋，语词耳，本无意义。'唯毋得贤人而使之'者，唯得贤人而使之也……下篇曰：'今唯毋以尚贤为政其国家百姓，使国之为善者劝，为暴者沮。'又曰：'然昔吾所以贵尧、舜、禹、汤、文、武之道者，何故哉？以其唯毋临众发政而治民，使天下之为善者可而劝也，为暴者可而沮也。'《尚同中篇》曰：'上唯毋立而为政乎国家，为民正长，曰人可赏吾将赏之……上唯毋立而为政乎国家，为民正长，曰人可罚吾将罚之……'下篇曰：'故唯毋以圣王为聪耳明目为？岂能一视而通见千里之外哉，一听而通闻千里之外哉？'《非攻中篇》曰：'今师徒唯毋兴起，冬行恐寒，夏行恐暑，此不可以冬夏为者也……今唯毋废一时，则百姓饥寒冻馁而死者，不可胜数。'……以上诸篇，其字或作'毋'，或作'无'，皆是语词，非有实义也。"孙诒让案："王说是也。"准此，"有厚薄而毋伦列"者，有厚薄、伦列也。

[18]之：代词，此也，这也。《诗·周南·桃夭》："之子于归，宜其室家。"朱熹《诗集传》："'之子'，是子也，此指嫁者而言也。"王引之《经传释词》："之，是也，故《尔雅》曰：'之子者，是子也'。"这里指代有厚薄、伦列。之兴利为己：讲厚薄、伦列，这样的兴利是为自己。此基于墨家立场，批评儒家伦理乃利己主义。此末一句，断句作"有厚薄而毋伦列之兴利，为己"，亦通。此句，学者或曲为之说，或移字、补字为释，皆难通，不赘引。

此一部分，驳儒家伦理，申墨家兼爱之意。

[译文]

"应该厚待的，就厚待；应该薄待的，就薄待。这是伦理。有德者、君主、长老、亲戚,都应厚待。"——厚待长者,但不应薄待幼者。

　　"血缘关系近,就厚待;血缘关系远,就薄待。"——血缘关系远,但待之不能薄。

　　"厚待血缘关系近的人,不是根据其德行,而是根据伦理。"——为了天下百姓而使大禹得到益处,大禹可感受到;为了天下百姓而厚爱大禹,大禹感受不到。崇敬大禹而做对天下有益之事有改于天下,而仅仅爱大禹无改于天下。这就像痛恨强盗制定刑罚有改于天下,而仅仅痛恨强盗无改于天下一样。

　　"爱别人不排除爱自己,自己在所爱的人当中。自己在所爱的人当中,爱施于自己。伦理性的爱自己,就是爱别人。"——圣人厌恶疾病,为公共利益却不畏死亡。大义凛然,为了公共利益,故不辞危难。

　　圣人不为自己小家储存财富,故其储备称为藏。圣人也不做仅仅利于自己孩子的事情。圣人的规矩,父母死而忘之,这是为了普天下之人。厚葬父母,这是有差别之爱。父母死而忘之,竭尽全力为天下之人谋福祉。讲伦理、有厚薄,这样的兴天下之利是为己。

第五部分

[原文]

　　《语经》,语经也。[1]

[校注]

　　[1]《语经》者,盖墨家论辩之经典也。墨家有《经》,世谓之《墨经》。此《语经》,从后文内容看,多为条目性的解说,颇似《经说》,盖《墨经》之余类。孙诒让《墨子间诂》:"语经者,言语之常经也。此总目下文。"甚是。凡49条。

[译文]

　　《语经》,乃言辩之经典。

第 1 条

[原文]

　　"非白马"焉,[1]"孤驹"焉,[2]有说求之,无说非也。[3]渔〔曰〕"犬之无犬",[4]非也。三物必具,[5]然后足以生〔胜〕。[6]

[校注]

[1]"非白马"者,名家所谓"白马非马"之简称。孙诒让《墨子间诂》:"此即'白马非马'之说,公孙龙子有《白马论》,详《小取篇》。"是。

[2]"孤驹焉",原作"执驹焉"。"执驹",当为"孤驹","执"与"孤",殆形近而讹,以意校。"孤驹"者,名家所谓"孤驹未尝有母"之简称。此句,学者断句、诠释各异。孙诒让《墨子间诂》断句作"执驹焉说求之",张之锐《〈墨子·大取篇〉释义》作"执驹马说求之",谭戒甫《墨辩发微》释"执驹焉"曰:"'执驹'者,'执'为持守之义;《诗·小雅》'皎皎白驹',则驹亦小白马耳。"(第375—376页)伍非百《大小取章句》断句作"执'驹马说'求之"(第424页)。

[3]"有说求之,无说非也",原作"说求之,舞说非也"。"舞"当为"无"之讹。孙诒让《墨子间诂》:"'舞',当从毕校为'无'之误。"毕沅、孙诒让之说是,今作"无"。"说求之,无说非也",不可通。若作对句"有说求之,无说非也",义便顺畅。"说求之"前脱"有"字,据文意补。说,"以说出故"之说。有说求之,无说非也:有根据就拿出来,没根据就不能成立。前贤所释不一,不赘引。

[4]"渔犬之无犬",原作"渔大之舞大"。参前文,似当作"渔'大之无大'","舞"为"无"之讹。"大之无大"者,名家命题之讹也。名家命题有"狗非犬",此乃讹传而为"犬之无犬",若《公孙龙子·通变论》"'鸡足'三"讹为"鸡三足"之类。墨家反对名家此说。《墨经》第141条:"知狗而自谓不知犬,过也。""渔",当读为"曰"。渔,《康熙字典》引《唐韵》:"语居切……从音鱼。"曰,《宋本广韵》属月部。月:"鱼厥切。""渔"与"曰",殆上古声韵相近而讹,此亦口授笔录之迹也。孙诒让《墨子间诂》释"渔大之舞大"曰:"疑当作'杀犬之无犬'。"具启发意义。其他学者所释多端,难通。

[5]"三物"者,白马焉,孤驹焉,狗犬焉。孙诒让《墨子间诂》:"三物,即指故、理、类而言之,谓辞之所由生也。"学者从之,殆非。

[6]生:读为"胜"。此句之意:白马、孤驹、狗犬,三者置于前,足以决疑而定胜负焉。墨家逻辑以实践为本,此其证。此条,驳名家之说。

[译文]

说什么"白马非马","孤驹未尝有母",若有根据就拿出来,没有根据就不能成立。说"狗非犬",不能成立。把白马、孤驹、狗犬弄到眼前,是非立决。

第2条

[原文]

臧之爱己,非为爱己之人也。[1]厚不外己,爱无厚薄。[2]举己,非贤也。[3]

[校注]

[1]臧:臧获之"臧",贱奴也,墨书习见。臧爱自己,但臧并非爱己之人。孙诒让《墨子间诂》:"言臧自爱其身,非为爱己之为人也。"学者或读"臧"为"藏"。张之锐《〈墨子·大取篇〉释义》曰:"按:此'臧'字,亦同'藏'……谓扃固缄藏,以利自封。此种行为,纯属爱己观念所生之结果,非因己为人类而后私储其财也。"或读"臧"为"葬"。伍非百《大小取章句》:"臧,古葬字,在为葬而葬,非为其他故而葬也。"(第413页)似非。

[2]"厚",利益之谓,与"爱"并言。开篇曰:"天之爱人也,薄〔博〕于圣人之爱人也;其利人也,厚于圣人之利人也。"利人包含利己,爱人没有厚薄。此墨家固有之主张。

[3]举:双手擎物之谓。《说文》卷十二手部:"对举也,从手,与声。""举己"者,抬高自己。此句之意:宣称自己不在所利所爱之中,此非贤人。孙诒让《墨子间诂》谓"'举',当作'誉'"。谭戒甫《墨辩发微》谓"'举己非贤',更大声疾呼以斥杨氏弃人崇己之非是"(第363—364页)。伍非百《大小取章句》谓"凡爱之以己为动机者,无论厚薄,皆非墨家之所贵也"(第414页)。可参考。

[译文]

臧爱自己,并不能因此说他是爱己之人。做利人之事,不把自己排除在外,爱人不分厚薄。把自己排除在外,此非贤人。

第3条

[原文]

义,利;不义,害。[1]志、功为辩〔辨〕。[2]

[校注]

[1]"利"者,利人。"害"者,害人。此墨家固有之观念。《经说》第177

条:"义,利也。"墨家主张利人,而非利己。

〔2〕志:心志,表动机。《说文》卷十心部:"志:意也。"功:事之效果。《说文》卷十三力部:"功:以劳定国也。"辩:读为"辨",别也。孙诒让《墨子间诂》:"下文云:'志、功不可以相从也。'"张之锐《〈墨子·大取篇〉释义》:"志生于心,愿力无穷者也;功施于事,范围有限者也。"皆是。此句之意:动机与结果为二事。前文"爱无厚薄"为"志","厚不外己"为"功"。

[译文]

义是利人之心,不义是害人之心。动机与效果,二者有别。

第 4 条

[原文]

有"有于秦马",有〔又〕"有于马"也,智〔知〕来者之马也。[1]

[校注]

〔1〕"有于秦马"者,一人之言也。"有于马"者,又一人之言也。故第三个"有"字读为"又"。智:读为"知"。"知来者之马"者,知道来的是马也。设一场景:张三在室内,听到室外一人说"来的是秦马",随后又有人说"来的是马",张三便可判断送来的是马,而非别物。此论间接认知,须二人为验。孙诒让《墨子间诂》:"未详。"张之锐《〈墨子·大取篇〉释义》:"此复以马喻人,结论墨家兼爱以人为本位之主旨也。"谭戒甫《墨辩发微》读作"友有秦马,友有马也,知求者,此马也"(第377页),似非。

[译文]

听到外面一人说"来的是秦马",又一人说"来的是马",由此便可判断来的是马。

第 5 条

[原文]

爱众众世,与爱寡世相若。兼爱之有〔又〕相若。[1]爱尚〔上〕世与爱后世,一若今之世人也。[2]

[校注]

[1]"众众世"者,世代无穷也。"寡世"者,一世也。"兼爱"者,爱无穷世之人也。有:读为"又"。此言爱不受时间限制。

[2]"尚世"者,此前之世也。"后世"者,此后之世也。此言墨家兼爱前世之人、后世之人,与兼爱此世之人同。

[译文]

爱无穷世代之人,与爱一世之人相同。兼爱与此相似。爱前世、后世之人,与爱当世之人相同。

第 6 条

[原文]

鬼,非人也;兄之鬼,兄也。[1]

[校注]

[1]此为《小取》"辞之侔"之"不是而然"之变例。若作命题演绎:"鬼,非人也",则有"兄之鬼,非兄也"。但生活中人们说"兄之鬼,兄也",故此属"不是而然"的情形。

[译文]

鬼,不是人;哥哥之鬼,是哥哥。

第 7 条

[原文]

天下之利骦〔欢〕。[1]圣人有爱而无利。[2]

[校注]

[1]骦:读为"歡",今作"欢"。言天下之人得利而喜。《墨经》第 26 条:"利:所得而喜也。"正与此同。参吴毓江《墨子校注》。

[2]言圣人乐于爱人,而非乐于得利,与俗人不同。

[译文]

天下的人们,得到利益就高兴。圣人兼爱天下,而无私利之心。

第 8 条

[原文]

"倪〔间〕曰"之言也,乃客之言也。[1]天下无人,子墨子之言也犹在。[2]

[校注]

[1]倪:读为"间"。《说文》卷八人部:"倪:譬谕也。一曰间、见。""倪曰",原作"倪日"。"日","曰"字之讹。孙诒让《墨子间诂》:"疑当作'曰'。"是。"倪曰",读作"间曰"。《左传》庄公十年:"齐师伐我,公将战,曹刿请见。其乡人曰:'肉食者谋之,又何间焉!'"是其例。"客之言"者,非主人、主事者之言也。此句,孙诒让、谭戒甫、张纯一、吴毓江诠释多端,不赘。

[2]天下无人者,谓当前无担墨家大任者。谭戒甫《墨辩发微》:"战国之末,墨道衰微;天下无人者,谓天下无继其业之巨子,故深致慨叹也。"(第366页)是。

[译文]

所谓"间曰"这样的话,乃是局外人之言。当今天下虽无大爱之圣人,然墨子教导言犹在耳。

第 9 条

[原文]

不得已而欲之,非欲之也。[1]专杀臧,非杀臧也。[2]专杀盗,非杀盗也。[3]凡学爱人。[4]

[校注]

[1]若作"不得已而为之,非欲为之也",义便了然。

[2]"专杀臧"三字原无。王念孙《读书杂志·墨子第四》王引之曰:"'非杀臧也'上有脱文,以下二句例之,当云'专杀臧,非杀臧也'。"是,故校补"专杀臧"三字。此句前文"非欲之也"下,孙诒让注:"旧本重'非欲之'三字。毕云:'一本无。'案:顾校季本亦无,今据删。"据此,知各本多重"非欲之"三字,正当作"专杀臧"三字,传抄之误。专:不得已。"专杀臧,非杀臧也"者,杀臧乃

不得已,非欲杀臧也。

[3]墨家主兼爱,然政治不可无刑杀,故有此论。

[4]凡:泛指一切,这里指每一个人。凡学爱人:每个人都应该学习爱人,不欲杀人。

[译文]

不得已而为之,并不是想要这样做。不得已而杀臧,不是愿意杀掉臧。不得不杀强盗,不是想要杀强盗。每个人都应学习爱人。

第 10 条

[原文]

小圆之圆,与大圆之圆同。[1]

[校注]

[1]小圆三百六十度,大圆亦三百六十度,故谓之同也。墨者未言其度,而明其理。

[译文]

小圆的圆与大圆的圆,二者相同。

第 11 条

[原文]

"方至",尺之不至也;[1]与"不至"——钟〔终〕之不至,[2]异。其"不至"同者,远近之谓也。[3]

[校注]

[1]方:将近,几乎。《诗·秦风·小戎》:"方何为期?胡然我念之。"朱熹《诗集传》:"方,将也。将以何时为归期乎?"尺:这里表示距离很近。此句之意:说"方至",意思是说差一点就至。

[2]"钟之不至",原作"钟之至不"。钟:读为"终",双声叠韵。《康熙字典》引《唐韵》"钟,职容切","终,职戎切"。至不:当为"不至"之讹,传抄互乙。此句之意:说"不至",意思是说终究没有到。

[3]一个是"尺之不至",一个是"终之不至",同为"不至";然二者迥异,前者距离很小,后者距离很大,故曰"远近之谓"。此一段,伍非百《大小取章句》校作"不至,尺之不至也,与千里之不至异。而不至同者,远近之谓也"(第414页),可参,然其诠释不同。张纯一、吴毓江、姜宝昌训释云云,不足取。

[译文]

"方至",表示距离很小的不至;与"不至"——距离很远的不至,二者不同。二者均为"不至",但差距不同。

第 12 条

[原文]

〔璜,玉也;〕
是,璜也;
是,玉也。[1]

[校注]

[1]是:代词,指特定对象。璜:半圆形玉器,形制多样,上古时代重要礼器。此条为隐性的三段论推理,复原后当为:璜,玉也;是,璜也;是,玉也。墨家辩学没有讨论三段论演绎的形式,甚至未见完整的三段论样本,但隐含着三段论推理的学术实践。此条,学者诠释纷纭,不赘。值得注意的是,孙中原《墨子今注今译》认为此条乃"'是而然'的推论事例"(第351页)。"是而然"属于"辞之侔","辞之侔"是原命题主项、谓项同时添加相同成分形成新命题,而这里显然不是"辞之侔"。孙说虽不确,但有启发意义。

[译文]

〔所有的璜都是玉制的;〕
这是一个璜;
所以它是玉的。

第 13 条

[原文]

〔"楹","木"也;〕"意楹",非"意木"也,"意是楹之木"也。[1]

〔"人之指","人"也;〕"意人之指"也,非"意人"也。[2]

〔"获",非"禽"也;〕"意获"也,乃"意禽"也。[3]

[校注]

[1]此条为"辞之侔"——命题演绎的三个范例,故加引号。此条可析为三条,作一条更为方便对比。原命题缺省,依句意补,见括号内文字。第一例:"楹","木"也;"意楹",非"意木"也,"意是楹之木"也。此乃"是而不然"之例,参《小取》侔的部分。

[2]第二例:"意人之指也,非意人也",原作"意指之人也,非意人也"。王念孙《读书杂志·墨子第四》王引之曰:"当作'意人之指,非意人也'。意,度也。言所度者人之指,非度人也。"大意可从,兹据校,并补缺省的原命题。人之指,人也:此人所指的对象是人。意人之指也,非意人也:注意到此人的手指,不是注意到他所指的那个人。此与《语经》第34条互证。孙中原《墨子今注今译》谓"'是而不然'的推论事例",并上条,可参。

[3]第三例:"获",非"禽"也;"意获",乃"意禽"也。获:猎获物。孙诒让《墨子间诂》引《说文》卷十:"获,猎所获也。"此句之意:猎获物不等于禽,想猎获物的时候一定会想到禽。此条乃"不是而然"之例,孙中原有说。

此条三例:前二例,逻辑上是,生活中不然;第三例,逻辑上不是,生活中然。详参《小取》侔的部分。此三条,墨家学者知其然,故略而言之。后之学者不知其所以然,遂诠释纷纭,唯孙中原察觉此种奥秘。概言之,基于生活语言的命题演绎受生活话语制约,不可任意演绎。

[译文]

〔"楹",是"木";〕"想到楹",不是"想到木",而是"想到此楹之木"。

〔"人所指",是"人";〕"想到人的手指",不是"想到人"。

〔"猎获物",不是"禽";〕"想到猎获物",是"想到禽"。

第 14 条

[原文]

志、功不可以相从也。[1]利人也,为其人也。[2]意富人,非为其人也。^[3]有为也以富人,富人也。^[4]治人有〔犹〕为鬼焉。^[5]为赏誉利一人,非为利人也,^[6]亦不至无贵于人。^[7]智〔志〕亲之一利,未为孝也,^[8]亦不至于智〔志〕不为己之利于亲也。^[9]

[校注]

[1]"志"者,心中愿望。"功"者,实际结果。相从:这里指递进关系。有此愿望,未必有此结果,不可相提并论。参《语经》第3条"志、功为辩〔辨〕"。此为本条要旨。

[2]利人:使别人得到好处或利益。因为让别人得到了好处,所以说"为其人"。此乃功。

[3]"意富人,非为其人也",原作"富人,非为其人也"。据"非为其人",知此为志,故"富人"前当有"意"字,故补。意富人:想让此人富裕,此乃心愿,非功也。

[4]"有为"者,做了具体事情,功也,故曰"富人也"。

[5]有:读为"犹"。对待别人犹如对待鬼一样。所以然者,志于为鬼者,非为鬼也;祭祀鬼者,为鬼也。

[6]"为赏誉利一人,非为利人也",原作"为赏誉利一人,非为赏誉利人也"。第二处"赏誉",疑衍,删除之后,义便了然。赞誉一个人使他得到美誉,并不能使他真正得到利益。此乃口惠而实不至。

[7]但也不是对他没有益处,毕竟他得到了好的名声。此讨论口惠的特点。

[8]智:读为"志",愿也。想给父母一点好处,此不为孝。

[9]"不至于"者,不等于也。智:读为"志",同前。"志不为己"者,无此愿望也。想给父母一点好处,总比无此愿望要好。此表明,愿望与结果的关系是:愿望不等于结果,但有善愿总比无善愿好。此一段,孙诒让、曹耀湘、谭戒甫、张纯一、伍非百、吴毓江分段、断句、诠释多端,相去甚远,不赘引。

[译文]

愿望与结果未必有递进关系。使人得到利益,这与对方相关。希望一个人富裕,实际上并未使这个人富裕。做事使此人富裕,这是使人富裕。对待别人与对待鬼的道理一样。赞誉一个人,对方并没有得到实际利益,但也不是没有一点益处。想给父母一点好处,这算不上孝,但总比无此愿望好。

第 15 条

[原文]

　　智〔知〕是世之有盗也,尽爱是世。[1]智〔知〕是室之有盗也,不尽恶是室也。[2]智〔知〕其一人之盗也,不尽恶是二人。[3]虽其一人之盗,苟不智〔知〕其所在,尽恶,其弱也。[4]

[校注]

　　[1]"智是世之有盗也",原作"智是之世之有盗也"。智:读为"知",墨书习见。孙诒让注:"上'之'字当衍,吴抄本无。"是,故校删。知道这个世界上有强盗,但仍然爱这个世界上所有的人。伍非百《大小取章句》:"言爱之中有当恶者,不妨兼而爱之。"(第419页)

　　[2]"不尽恶是室也",原作"不尽是室也"。孙诒让《墨子间诂》:"'不尽'下,以下文推之,当有'恶'字。"是,故校补。知道这个房间里有强盗,但并不因此厌恶房间里所有的人。伍非百《大小取章句》:"恶之中有当爱者,则不能兼而恶之也。"(第419页)善人以善待人,恶人以恶待人,于此得见。

　　[3]"不尽恶是二人",原作"不尽是二人"。根据前后文义,"不尽"下当有"恶"字,兹校补。孙诒让《墨子间诂》:"当作'不尽恶是人',此脱'恶'字,衍'二'字耳。"伍非百《大小取章句》之说同。"二"不必衍。知二人之中一人为盗,到底为谁,不能确定,但不把二人都作为厌恶对象。

　　[4]之:是也,见《语经》第4条校注。弱:与"强"相对。《康熙字典》引《增韵》:"懦也。"隐忍之谓。此句之意:虽知二人之中一人为盗,但无法确认是哪一个,与其皆厌恶之,不如隐忍以宽容之。孙诒让《墨子间诂》谓"弱"为"朋",学者从之,难通。

　　此条宗旨,爱人从广,恶人从狭,与墨家兼爱之旨同也。

[译文]

　　知道世上有强盗,也应爱世上所有的人。知道此房间有强盗,也不应厌恶此房间所有的人。知道二人之中一人是强盗,不应厌恶两个人。一个人是强盗,但不能确定哪个是,与其都厌恶,毋宁隐忍之。

第 16 条

[原文]

诸圣人所先为,人欲名实。[1]名实,不必名。[2]

[校注]

[1]所先为:曾经所为。古代圣人的做法,必名副其实。

[2]名实相应,有实而不必有名。此言古代圣人求实而不求名,见墨家之质朴。此句,孙诒让、谭戒甫、张纯一、伍非百、吴毓江校勘、断句、训释不同,不赘引。

[译文]

古代圣人所作所为,必名副其实。名实相应,但不求名声。

第 17 条

[原文]

苟是石也白,败是石也,尽与白同。[1]是石也,唯大不与大同,是有便谓焉也。[2]

[校注]

[1]苟:如果。王引之《经传释词》:"苟,犹'若'也。"(第 126 页)"败"者,粉碎之义。伍非百《大小取章句》之说可参。孙诒让《墨子间诂》:"'败',当为'取'。"非。如果这是一块白石,把它砸碎为若干块,仍为白色。

[2]唯:同"惟",发语词,无义。王引之《经传释词》:"惟,发语词也。"(第 66 页)"大不与大同",谓大小不同。"是有便谓"者,如果要说大小的话,便说大石头、小石头。此句之意:一块白石砸碎,碎石仍是白色,但大小变了,有大石,有小石。伍非百《大小取章句》之说可参。

[译文]

如果这块石头为白色,砸碎这块石头,也都是白色的。砸碎的这些石头,大小却不相同,若说大小便称之为大石、小石。

第 18 条

[原文]

以形貌命者,必智〔知〕是之某也,焉智〔知〕某也;[1]不可以形貌命者,虽不智〔知〕是之某也,智〔知〕某可也。[2]诸以形貌命者,若山、丘、室、庙者,皆是也。[3]

[校注]

[1]形貌:外貌,外观。智:读为"知",后同。焉:孙诒让《墨子间诂》:"焉,犹乃也。"根据外貌命名的东西,比如日、月、山,必须知道它是什么样子,当别人说到此名之时,就会想到它的样子。

[2]"虽不智是之某也",原作"唯不智是之某也"。唯:通"虽",墨书习见。孙诒让《墨子间诂》:"唯,亦与'虽'通。"今作"虽"。此句之意:抽象的、无法根据视觉命名的,虽然无法描述它是什么样子,但知道它是怎么回事就可以了。

[3]此句,自《语经》第19条移此。山、丘、室、庙均为象形字,都是根据形状外貌造字称呼的。

[译文]

根据形状命名的,必须知道它是什么样子,听到这个名称便知道说的东西是什么样子;无法用形状命名的,虽不知它是什么样子,知道它是怎么回事也就可以了。根据形状外貌命名的,比如山、丘、室、庙,都属此类。

第 19 条

[原文]

诸以居运命者,[1]苟人于其中者,皆是也。[2]去之,因非也。[3]诸以居运命者,若乡、里、齐、荆者,皆是。[4]诸以形貌命者,若山丘室庙者,皆是也[5]

[校注]

[1]运:孙诒让《墨子间诂》引《尔雅》曰:"运,徙也。"居运:居住地和迁徙

地。毕沅《墨子注》:"居运,言居住或运徙。"命:命名。

[2]是:指以此称呼。此人住在李村,谓之李村人;住在张庄,谓之张庄人。根据所处称呼所处之人。

[3]此人离开这个地方,就不这样称呼此人。

[4]乡:行政单位。里:乡下行政单位。齐:齐国。荆:楚国。根据居住地或徙居地称呼的,比如乡、里、齐、楚,都是这样。此条言根据居住地称呼居住者。

[5]与此条内容不类,当属上条,故校移。

[译文]

根据居住地、徙居地而称呼的,人在哪里,就用哪里称呼此人。离开那里,就不那样称呼了。根据居住地、徙居地而称呼的,比如乡、里、齐、楚,都是此类名称。

第 20 条

[原文]

智与意,异。[1]

[校注]

[1]智:理性知识。意:感性认识,参《墨经》第 158 条、第 159 条。孙中原《墨子今注今译》有说。张纯一《墨子集解》:"官之所感于外者曰知,识之能证于内者曰意。"(第 391 页)不确。

[译文]

理性认识与感性认识,二者不同。

第 21 条

[原文]

重同,具〔俱〕同,连同,[1]同类之同,同名之同,[2]同根之同,[3]丘同,鮒〔附〕同。[4]

[校注]

[1]重同:一物二名。《经说》第 88 条:"二名一实,重同也。"具:读为

"俱"。孙诒让《墨子间诂》:"'具',当为'俱'。"俱同:二物一处,《经说》谓之合同。《经说》第88条:"俱处于室,合同也。"《荀子·正名》:"有异状而同所者。"连,《说文》卷二辵部:"员连也。"段玉裁注:"人与车相属不绝。"连同:二物相连为一体。或谓为"体同",似非。《语经》与《经说》,称名有同异。

[2]同类之同:若大马与小马,黄牛与黑牛,同类之同也。《经说》第88条:"有以同,类同也。"同名之同:若今名"李刚"者甚多,异物而同名。《经说》第169条与此相关,可参看。

[3]同根之同:原在下条"然之同"后。孙诒让《墨子间诂》谓根据句意当属此,且从之。伍非百《大小取章句》:"本同而末异者也,如枝之与干是其例。"(第423页)是。

[4]丘:土高之处。《说文》卷八丘部:"土之高也。"同处一丘,是为"丘同"。孙诒让《墨子间诂》:"丘与区通……唯同区域而处。"或是。鮒:读为"附",附属。孙诒让《墨子间诂》:"鮒、附通。"一物附着于另一物,如虮虱寄生于人,跳蚤寄生于犬,皆为"附同"。

[译文]

一物二名为"重同",二物一处为"俱同",二物相连为"连同",同属一类为"类同",二物同名为"名同",二物同根为"根同",同处一丘为"丘同",寄生他物为"附同"。

第 22 条

[原文]

是之同,然之同;同根之同[1]有非之异,有不然之异。[2]

[校注]

[1]同根之同:孙诒让谓当移至上条,兹从之。

[2]是:肯定性判断。非:否定性判断。然:实际状况如此。不然:实际情况非此。参见《语经》第24条。此句之意:有判断上的相同,有实际上的相同;有判断上的不同,有实际上的不同。这里讨论的是判断与实际之同异。此句,孙诒让不释。张纯一、谭戒甫、伍非百、吴毓江有释,角度各不相同。

[译文]

有所说之相同,有实际之相同;有所说之不同,有实际之不同。

第 23 条

[原文]

有其异也,为其同也,为其同也异。[1]

[校注]

[1]有其异也,为其同也:发现其差异,是因为存在着相同。换言之,没有相同就没有差异,此乃相反相成之理。孙诒让不释。张纯一《墨子集解》:"异必由同而显,同固异之总汇。"(第392页)是。

以上数条,论同与异。部分内容见于《经》《经说》,由此而生《语经》与《墨经》之相互关系。以意度之,《语经》或为《墨经》之余类。

[译文]

发现其差异,是因为存在着相同,因为存在着相同所以才有差异。

第 24 条

[原文]

一曰"乃是而然",[1]**二曰"乃是而不然",**[2]**三曰迁,**[3]**四曰强。**[4]

[校注]

[1]是:肯定性判断。然:肯定性情形,参《语经》第22条。是而然:逻辑推理为"是",生活实践为"然"。此言命题演绎与生活认知一致。例如:"白马,马也;乘白马,乘马也。"详参《小取》4—1。张纯一《墨子集解》引尹云:"论理学同一律也。"(第392页)伍非百《大小取章句》:"是而然,谓同则同之,异则异之,判词与原词相合者也。"(第424页)备其说。

[2]是而不然:命题演绎为"是",生活认知为"不然"。此言"辞之侔"——命题演绎与生活认知不一致。例如:"臧之亲,人也;臧事其亲,非事人也。"详参《小取》4—2。张纯一《墨子集解》引尹云:"矛盾律也。"(第392页)伍非百《大小取章句》:"是而不然,谓同者异之,异者同之,判词与原词相反者

也。"(第424页)非。

[3]迁:《说文》谓由低处徙居高处,今谓迁徙。此盖指将"是而然"的命题演绎应用于"是而不然"的场合,貌似合理,实不然也。比如用"白马,马也;乘白马,乘马也"之句式,演绎"臧之亲,人也;臧事其亲,事人也"之实际。然而,"臧事其亲,非事人也"。此句,前贤所释不一。孙诒让《墨子间诂》:"昔是而今不然。"伍非百《大小取章句》:"迁,谓由同而异,判词渐离原词者也。"(第424页)张纯一《墨子集解》引尹曰:"换质位法。"(第392页)吴毓江《墨子校注》:"言辞式之转换,今论理学谓之变位。"(第619页)

[4]强:强辞也。《康熙字典》引《广韵》:"刚强也,健也。"本无道理,硬作此说,所谓"强辞夺理"是也。"强"盖与"迁"相反,将"然而不是"/"不是而然"的生活认知强加于"然而是"/"是而然"的逻辑推理。比如用"臧之亲,人也;臧事其亲,非事人也"之生活认知,否定"白马,马也;乘白马,乘马也"之逻辑推理。此句,前贤所释不一。孙诒让注:"貌是而情不然。"伍非百《大小取章句》:"强,谓非同而同,非异而异,判词强拟原词者也。"(第424页)张纯一《墨子集解》:"强,疑即《小取篇》之'一是而一非'也。"(第392页)

此条,言命题演绎与生活认知之关系,参见《小取》"辞之侔"。

[译文]

第一种情形"是而然"——命题演绎"是",生活认知"然";第二种情形"是而不然"——命题演绎"是",生活认知"不然";第三种情形"迁"——用命题演绎覆盖生活认知;第四种情形"强"——用生活认知覆盖命题演绎。

第25条

[原文]

子深其深,浅其浅,益其益,尊〔损〕其尊〔损〕;[1]次察"山"比,因至优〔有〕指;复次察声端〔断〕名,因请〔情〕复正。[2]

[校注]

[1]此墨师教育弟子之语。张纯一《墨子集解》引张之锐曰:"子,谓当时学子。"(第392页)近乎是。《论语》中屡见"二三子",孔子谓弟子之语也。吴毓江《墨子校注》:"'子'为墨家称墨子之词,古称师曰'子'也。"(第619页)于

此似非。尊:当读为"损"。其证有二:第一,从句子结构分析,"深—浅""益—□"对言,"□"当为"益"的反义词,即"损"。第二,从音韵角度分析,据《康熙字典》,尊,《唐韵》《韵会》《集韵》《正韵》"租昆切",损,《唐韵》《正韵》"苏本切",《集韵》《韵会》"锁本切"。在上古三十韵部中,昆、本均属谆部。俞樾《诸子平议》卷十一《墨子三》:"'尊',当读为'劕'。《说文》刀部:'劕,减也。'劕有减损之义,故与'益其益'对文成义。"亦通。深与浅、益与损,二者相对而言,此教育弟子逻辑推理与生活认知关系错综复杂,不可执其一端,当有权宜也。

[2]"次察",原作"察次",参下句"复次察",此当作"次察",兹校改。比:比类。"山"比:"山"字之类。因至:于是知道。优:读为"有",声韵相近。《康熙字典》优:"《唐韵》《集韵》《韵会》于求切,《正韵》于尤切,从音忧。"有:"《唐韵》云久切,《集韵》《韵会》《正韵》云九切,从音友。"有指:所指也。察声:闻师声教。端:读为"断",声韵相近。端:《康熙字典》:"《广韵》《集韵》《韵会》《正韵》从多官切,音偏。"断:《康熙字典》:"《广韵》《正韵》都管切。《集韵》《韵会》睹缓切,从音短。"断名:判断其名谓。谭戒甫《墨辩发微》:"'察声端名'者,曹云'谓听其言以正其名'。"(第387页)近之。请:读为"情",前贤有说。因情复正:所师不同,方言各异,酌情复其正确之名。孙诒让《墨子间诂》断句为"察次山比因至优指复,次察声端名因请复",谓:"此文脱误不可校。"伍非百《大小取章句》:"此节似说正名析辞之文,'请'当作'情',余未详。"(第422页)张之锐、吴毓江诠之云云,不足取。墨经多借字,此为典型。

[译文]

你们在从师学习当中,该深入的深入,该浅出的浅出,该增加的时候增加,该减损的时候减损。其次,看到"山"字之类,应该弄清其本旨;再次,听到一个名称,应该根据不同方言酌情确定是哪一个词。

第 26 条

[原文]

夫欲恶者,[1]人右〔有〕以其请〔情〕得焉。[2]诸所遭执而欲恶生者,人不必以其请〔情〕得焉。[3]

[校注]

[1]"夫欲恶者",原作"夫辞恶者"。"辞",参后文,当为"欲"之讹,兹校改。欲恶:好恶,想要的与厌恶的。

[2]右:读为"有"。孙诒让《墨子间诂》:"'右',疑'有'之误。"请:读为"情"。孙诒让曰:"'请',亦读为'情'。"下句同。此句:别人的好恶,根据人之常情便可推知。

[3]执:通"势",局面,情势,见第140条《经说》校注[2]。遭执:遭遇的局面。此句意为:在特殊情况下产生的好恶,根据常情推断未必正确。如:死,人之所恶焉;若为义,虽死犹生,此墨者大义所在。本篇前文"杀己以存天下",与此呼应。此条,前贤断句、诠释有所不同,不赘引。此论好恶乃人之常情,但不可完全根据人之常情推断。

[译文]

一个人的好恶,可从人之常情推断。但遭遇特殊情况产生的好恶,不可从人之常情推断。

第 27 条

[原文]

圣人之附〔拊〕潰〔贾〕也,[1]仁而无利、爱,[2]利、爱生于虑。[3]昔者之虑也,非今日之虑也;昔者之爱人也,非今之爱人也。[4]爱获之爱人也,生于虑获之利;[5]虑获之利,非虑臧之利也;[6]而爱臧之爱人也,非爱获之爱人也。[7]去其爱而天下利,弗能去也。[8]

[校注]

[1]此条批判儒家圣人,意有隐讳。圣人:据后文,为讲仁爱者,故为儒家圣人。不明此意,迷途千里。附:张纯一《墨子集解》据道藏本、吴抄本、陆本、唐本作"拊"。附:亦读为"拊"。拊:轻轻敲击。《康熙字典》引《尚书·益稷》"予击石拊石",蔡传:"石磬也。重击曰击,轻击曰拊。"潰:字面之义不可解。孙诒让《墨子间诂》引毕沅云:"'潰'字未详。""潰"殆读为"贾",售卖之义。

《说文》卷六贝部:"贾,市也……一日坐卖售也。"拊贾:兜售。学者或以"育"训"渍"。伍非百《大小取章句》:"'渍'之省字,'渍'即'渍'之古文。'渍'通'育'。"(第419页)拊育,即抚育。张纯一、孙中原、姜宝昌从之。义有滞碍。

[2]儒家圣人宣扬的"仁"是爱己及人,利己及人,皆以自我为中心。墨家讲利人、爱人,故谓儒家圣人无利人、爱人。

[3]虑:谋算,盘算。《经说》第4条:"虑也者,以其智有求也。"儒家圣人之利人、爱人,产生于利己、爱己之算计,故谓"利、爱生于虑"。

[4]谓儒家圣人之爱人,因时而异,并非永恒不变。

[5]言儒家圣人爱某人,乃欲从此人身上得到好处。

[6]此谓爱人有针对性、目的性,因人而异,不具普世性。学者或删"虑获之利"四字,不删为善。

[7]"非爱获之爱人也",原作"乃爱获之爱人也",核所见诸本同。比照前句"爱获之爱人也……非虑臧之利也",当为"爱臧之爱人也,非爱获之爱人也","乃"当作"非",否则与前句矛盾。以意改。

[8]其:代词,指儒家圣人。抛弃儒家因人而异之爱,倡导墨家尽人皆同之爱,天下之人皆受其利,然儒家终不肯抛弃仁爱学说。此条,前贤所释纷纭,不赘引。

[译文]

儒家圣人兜售其学说,宣扬仁学而不利人、爱人,其所谓的利和爱产生于利己的心计。他们过去算计的,不是今天算计的;过去所爱的人,不是今天所爱的人。爱获这个人,是想从获身上得到利益;想从获身上得到利益,与想从臧身上得到利益不同;他们爱臧这个人,与爱获这个人不同。抛弃儒家的仁爱,利于天下,但儒家不肯抛弃。

第 28 条

[原文]

昔之知啬,非今日之知啬也。[1]贵为天子,其利人不厚于匹夫。[2]

[校注]

[1]"昔之知啬,非今日之知啬也",原作"昔之知墙,非今日之知墙也"。

俞樾《诸子平议》卷十一《墨子三》:"'墙'字,不可通,乃'啬'字之误。"张纯一《墨子集解》从之。孙诒让《墨子间诂》引苏云"墙"当作"臧"。伍非百《大小取章句》"知墙"作"利臧"(第420页)。参后文,当从俞樾、张纯一之说,"墙"当为"啬"之讹,故校改。啬:节俭,与墨家尚俭同说。此句之意,昔日人们知道节俭,不是当今人们所说的节俭。

[2]"其利人不厚于匹夫",原作"其利人不厚于正夫"。"正",乃"匹"之讹。俞樾《诸子平议》卷十一《墨子三》:"'正夫'当为'匹夫'。"孙诒让《墨子间诂》:"此书'匹夫'字,多讹作'正夫',详《节葬下篇》。"故校改。天子有利人之能,而其利人无过于匹夫。此条斥贵族奢侈而不知节俭以利人,不与古代圣人同。《大取》开篇曰:大人"利小人也,厚于小人之利大人也"。彼此之间,不无龃龉。

[译文]

昔日人们懂得节俭,今日懂得节俭与之不同。当今贵为天子,做利人之事不如匹夫。

第 29 条

[原文]

二子事亲,或遇孰〔熟〕,或遇凶,[1]其爱亲也相若。[2]非彼其行益也,[3]非加也,外执〔势〕无能厚吾利者。[4]

[校注]

[1]孰:读为"熟"。孙诒让《墨子间诂》:"道藏本、吴抄本并作'熟'。"熟:丰年。凶:饥年。

[2]"其爱亲也相若",原作"其亲也相若"。若作"其爱亲也相若",义便了然。此从张纯一《墨子集解》补"爱"字。

[3]此谓丰年。事亲而厚,非有意丰厚。

[4]此谓凶年。饥馑之年,虽欲厚亲,力不能及。执:读为"势"。外势:外部局势。"执"与"势",义通,参《经说》第140条校注[2],《大取》第三部分"其所取者,人之所执也"校注,以及《语经》第26条。

[译文]

两个儿子奉养父母,或遇丰年,或遇饥年,他们奉养父母之心相同。不是丰收之年孝行有加,孝心没有增加,〔也不是饥荒之年不愿厚养父母〕,而是外部条件使自己不能增加奉养。

第30条

[原文]

藉臧也死而天下害,吾持养臧也万倍,吾爱臧也不加厚。[1]

[校注]

[1]藉:假如,墨书屡见。此句意为:假如臧死掉对天下有害,因而我尽量做利臧之事,而爱臧之心未增。此言兼爱天下之心始终如一,未曾有薄时。

[译文]

假如臧死了对天下有害,因而我对臧的奉养增加万倍,但我爱臧之心并没有增加。

第31条

[原文]

长人之与短人也同,其貌同者也,故同。[1]指之人也与首之人也异,[2]人之体非一貌者也,故异。[3]

[校注]

[1]"长人之与短人也同",原作"长人之异短人之同"。"异",当为"与"之讹,今作"与"。后文论同异诸句,多为"A 与 B"结构。俞樾《诸子平议》卷十一《墨子三》:"'长人之异短人之同',当作'长人之与短人也同'。"后之学者是之,故酌改。貌:这里指状貌、结构。人有高矮,但构造状貌相同,若"大圆之与小圆同"也。此从宏观说。

[2]指之人:人之指。首之人:人之首。参后文"人之体非一貌者也",可知此谓人之手指与人之头颅异。此从微观说。张纯一《墨子集解》:"虽同是人,同是形貌,若细核之,则指之于人各异,首之于人各异。"(第396页)仍从宏观说,备一说。

[3]此言人体不同部分形状各异,所以说不同。此条言着眼点不同,结论不同。

[译文]

高人与矮人相同,是身体结构大略相同,所以说是同。一个人的手指与头颅不一样,身体各个部分都不一样,所以说是异。

第 32 条

[原文]

将剑与挺剑,异。[1]剑,以形貌命者也,其形不一,故异。[2]

[校注]

[1]将剑与挺剑:两种不同形状、功能的剑。张其锽《墨经通解》曰:"下文言'剑,以形貌名者也',是'将'之与'挺',为剑之异形……《考工记》:'上士、中士、下士,服剑长短不同。'似将剑为大剑之名,挺剑为小剑之名。或将剑用以击者,挺剑用以刺者。"吴毓江《墨子校注》:"将剑与挺剑,其为剑同,其形则异。"(第624页)可参。

[2]剑:形声字,表示尖尖的刃。《说文》卷四刃部:"人所带兵也。从刃,金声。"故此谓"以形貌命者"。将剑与挺剑,形状不同,故异。此条仍言同异问题。

[译文]

将剑与挺剑,二者不同。剑,根据样子命名,形状不一,所以不同。

第 33 条

[原文]

杨木之木与桃木之木也,同。[1]诸非以举量数命者,败之尽是也,故同。[2]

[校注]

[1]杨树之木,桃树之木,从水木金火土的角度看,二者都属木,故谓之同。

[2]非以举量数命者:不是用数量命名的东西,如石头、木头。败之:使之

破碎。《语经》第 17 条:"苟是石也白,败是石也,尽与白同;是石也,唯大不与大同。"尽是:都是如此。一块大石头,碎为若干,仍旧为石。句末"同"字,原文无,参前后句式,当补。学者皆将"故"字属下句,似非。此条言同。

[译文]

杨树的木头与桃树的木头,都称木头。凡非用数量命名者,破碎之后都用原来之名,所以相同。

第 34 条

[原文]

"一人指",非"一人"也;"是一人之指",乃"是一人"也。[1]

[校注]

[1]此条乃《小取》"辞之侔"——命题演绎之"不是而然"之例。"一人指",非"一人":一人所指之对象,或为二牛,或为三人,不可确知,未必一人。"是一人之指",乃"是一人":肯定此人之所指,乃肯定此人之行为。参见《小取》4—3。汉语语义丰富多样,不可脱离具体语境,不可机械地运用命题演绎。前贤断句诠释殊异,不赘引。

[译文]

"一人所指之对象",未必是"一人";"肯定一人之所指",就是"肯定那个人"。

第 35 条

[原文]

"方之一面",非"方"也;"方木之面","方木"也。[1]

[校注]

[1]此乃《小取》"辞之侔"——命题演绎之"不是而然"之例,参《小取》4—3。若在"'方之一面',非'方'也"的主项、谓项同时加一"木"字,则应有"'方木之一面',非'方木'也"。但在墨家实践中,"方木之一面"就是"方木",只不过"方木之一面"简作了"方木之面"。如此一来,推导出的命题与生

活实践相斥,于是出现了逻辑上"不是",但生活中"然"的情形。此条仍讨论语义的模糊性并涉及语境问题。孙诒让《墨子间诂》:"方幂与方周、方体不同。"张纯一《墨子集解》:"方木,是有六面之方体。故仅见其一面,即知为方木。"(第396页)各备一说。

[译文]

"方之一面",不是"方";"方木之面",是"方木"。

第 36 条

[原文]

夫"辞以故生,以理长,以类行也"[1]者——立辞而不明于其所生,忘〔妄〕也;[2]今人非道无所行,唯〔虽〕有强股肱而不明于道,其困也可立而待也;[3]夫辞,以类行者也,立辞而不明于其类,则必困矣。[4]

[校注]

[1]原作"以故生,以理长,以类行也"。孙诒让《墨子间诂》:"'以'上当有'夫辞'二字。"故补"夫辞"二字。此乃引述语,故加引号。辞:判断、命题。《小取》曰:"以辞抒意。""意"即想法、感性认识。一个命题有三要素:故、理、类。故:根据。理:道理。类:同类。

[2]此释"辞以故生"。立辞而不明于其所生:提出一个命题,却不知立论根据。忘:读为"妄"。我说"月亮是热的",我必给出月亮热的根据,否则便是妄言。

[3]此释"辞以理长"。今人:当今世人。道:"以理长"之"理"。孙诒让《墨子间诂》:"'道'与'理'同。"非道无所行:没有道理必行不通。唯:通"虽"。孙诒让《墨子间诂》:"'唯'与'虽'通。"墨书习见。强股肱:身体强健。一个命题若要成立,必具道理,此关乎心智,不关乎四肢强健也。

[4]此释"辞以类行"。类:同类。以类行:即《小取》所谓"以类予"。进行推类却不明乎类,必会陷入困境。说"所有的天鹅都会飞,这是一只鸭,所以它会飞",这混淆了天鹅与鸭的类,遂致谬误。张纯一《墨子集解》:"揆之印度三支,'故'即'宗','理'即'因','类'即'喻'。"(第396页)可参。此一段言命

题的以类取(归纳)和以类予(推类)。

[译文]

所谓"辞以故生,以理长,以类行"——是说提出一个命题,若没有根据,便是妄下判断;提出命题必具道理,四肢发达而不明道理,定会陷入困境;命题的推理依类而行,推类的时候类别不清,必会陷入困境。

第 37 条

[原文]

故:[1]浸淫之辞,[2]其类在[3]鼓栗。[4]

[校注]

[1]故:承上启下之语,相当于"因而"。"故"后凡十三条,皆作"其类在……"句式,乃第 36 条"类行""明类"之例,故皆属类比。

[2]浸淫:张纯一《墨子集解》引张之锐曰:"'浸'者,渐染之意。'淫',乱也。谓以淫乱之辞,浸染于人也。"(第 399 页)《吕氏春秋·淫辞》:"宋王谓其相唐鞅曰:'寡人所杀戮者众矣,而群臣愈不畏,其故何也?'唐鞅对曰:'王之所罪,尽不善者也。罪不善,善者故为不畏。王欲群臣之畏也,不若无辨其善与不善而时罪之,若此则群臣畏矣。'居无几何,宋君杀唐鞅。唐鞅之对也,不若无对。"浸淫之辞:无厘头命题。

[3]《墨经》作"说在……"句式,引导后文之例证。《语经》作"其类在……"句式,引导后文之类比。

[4]鼓栗:畏寒战栗。《黄帝内经·素问·至真要大论篇第七十四》:"发而为疟,恶寒鼓栗,寒极反热。""诸禁鼓栗,如丧神守,皆属于火。"战栗之因非一,一以推之,未必允当。此谓胡乱建立因果关系,以之推类必成滥辞。张纯一《墨子集解》引张之锐曰:"鼓,鼓动也。栗者,恐惧之貌。"(第 399 页)孙中原《墨子今注今译》:"鼓橐煽火,用以冶炼金属。"(第 353 页)姜宝昌《墨子训释》:"'鼓'指鼓噪、鼓动……'栗'……指战慄、惊悚。"(第 415 页)备其说。

[译文]

因而:无厘头之命题,犹如随意解释战栗的原因。

第 38 条

[原文]

　　圣人也,为天下也,其类在于追迷。[1]

[校注]

　　[1]《语经》之"譬"凡十三条,除此条作"其类在于……"之外,其他十二条皆作"其类在……",于义一也。圣人:舍己为天下之人。迷:迷路之人。追迷:有一路人误入歧途,人闻而追之,使迷人复归于正途。圣人治理天下,不遑休息,与人们追回迷路之人类似。此参张之锐说。

[译文]

　　圣人治理天下席不暇暖,犹如人们追回迷路之人。

第 39 条

[原文]

　　或寿或卒,其利天下也相若,其类在誉石。[1]

[校注]

　　[1]承上句,主语是圣人。或寿或卒:有的长寿,有的短命。原作"其利天下也指若"。苏时学《墨子刊误》曰:"'指',当作'相'。"是,故校改。利天下相若:圣人做事皆利于天下。誉石:刻辞铭功,若周秦铜石铭文也。周秦铜石铭文,皆歌功颂德者也。孙中原、姜宝昌从毕沅之说,谓"誉石"当作"誉名",似非。

[译文]

　　圣人有的长寿,有的短命,但做事皆利天下,犹如铜石铭文皆歌功颂德一样。

第 40 条

[原文]

　　一日而百万生,爱不加厚,其类在恶害。[1]

[校注]

　　[1]世上一日有百人、万人出生,而吾爱人之心一如既往并不增加,犹如人

们厌恶有害之心从不减少一样。此条言兼爱不受空间局限。张纯一《墨子集解》:"惜恶害之说无征。"(第400页)伍非百《大小取章句》无说。孙中原、姜宝昌所释迂曲,不足取。

[译文]

世上一天会有百人万人出生,但我爱人之心无可增加,犹如厌恶危害之心无可减少一样。

第 41 条

[原文]

爱二世有厚薄?[1]而爱二世相若,其类在蛇文〔纹〕。[2]

[校注]

〔1〕此当为设问。若为陈述句,则与后句相悖,亦与墨家兼爱之旨不合。

〔2〕爱二世相若:爱上世与今世相若,爱下世与今世相若。蛇文:即蛇纹。其类在蛇纹:蛇有蜕皮,有新有旧,然花纹相若。张纯一《墨子集解》:"类如蛇身有文,一文多文,文文相若。"是。此言兼爱不受时间局限。

[译文]

爱不同世代之人有厚有薄吗? 爱不同世代之人是一样的,犹如一条蛇的旧纹、新纹没有区别一样。

第 42 条

[原文]

爱之相若,择而杀其一人,[1]其类在阬下之鼠。[2]

[校注]

〔1〕兼爱天下,情不得已,非欲杀之也。

〔2〕阬:《康熙字典》引《玉篇》:"坈也,池也。"又引《尔雅·释诂》:"阬,阬虚也。"阬,今作坑,此谓鼠洞。洞中有鼠,杀之而无择也。此条言情不得已而杀一人,不作选择,乃因爱之相若。孙诒让《墨子间诂》:"得鼠则杀之,为其害物也。"张纯一《墨子集解》:"盖害人之人,适与坑下之鼠同类,可杀者其幻体,

而其兼之实相,则非可以杀减也。"(第 400 页)姜宝昌《墨子训释》:"墨者对天下苍生的爱都是相同的,有时也会惩戒甚至杀掉极少数危及国计民生的首恶分子,这有类于灭除门下的老鼠。"(第 424 页)皆不切题。

[译文]

兼爱天下之人,情不得已而杀一人,犹如杀洞中之鼠而不作选择一样。

第 43 条

[原文]

小仁与大仁,行厚相若,其类在申[身]凡。[1]

[校注]

[1]仁:儒家之仁,或小或大。厚:利也。行厚相若:其于利人,与之相似,有厚有薄。申:读为"身"。《康熙字典》释"身"引《集韵》《韵会》《正韵》:"升人切,从音申。"身凡:凡身也,处处以自己为中心。《孟子·梁惠王上》记孟子曰:"老吾老以及人之老。"又曰:"幼吾幼以及人之幼。"处处以"吾"为中心,是为"身凡"。张纯一《墨子集解》:"此释'贵为天子,其利人不厚于匹夫'之义……惜'申凡'之说不传。"(第 400 页)孙诒让《墨子间诂》句读作"其类在申","凡"属下句,伍非百、姜宝昌从之。孙中原《墨子今注今译》作"其类在田"(第 350 页)。

[译文]

儒家之大仁与小仁,与儒家之利人相似,犹如人们皆以自己为中心。

第 44 条

[原文]

兴利除害也,其类在漏雍[瓮]。[1]

[校注]

[1]雍:读为"罋",简化字作"瓮",水罐或水缸。孙诒让《墨子间诂》引王云:"'雍'与'罋'同。"是。《庄子·天下》:"凿隧而入井,抱瓮而出灌。"漏瓮:漏水之瓮。为民兴利除害刻不容缓,犹漏水之瓮堵漏之急也。《墨经》第 35 条:"功,利民也。"《说》曰:"不待时,若衣裘。"与此条同旨。孙诒让《墨子间

诘》:"此似言瓮之害在于漏,去其漏则得汲水之利也。"曹耀湘《墨子笺》:"漏,溃也。雍与壅同,塞也。治堤防者,所以塞水之溃溢……推之凡为人兴利者,但除其害,而利自在也。"张纯一《墨子集解》:"无如汲瓮敝漏,颇有害于兼利。"(第401页)姜宝昌《墨子训释》:"凡是为天下黎庶兴利者,必须同时防范、除掉其害,这有类于补苴汲瓶的漏隙方可安收汲水之利。"(第427页)皆未尽墨家之意。此解之要,在于比类。

[译文]

为民兴利除害之事刻不容缓,犹如水瓮漏水必速堵漏。

第45条

[原文]

"厚亲,不称行而类行",其类在江上井。[1]

[校注]

[1]此乃儒家主张,参本篇第四部分"义厚亲,不称行而类行",故加引号。意思是,厚爱父母,不是根据父母做得好坏,而是因为他们是父母。井:动词,凿井。江中有水,已然方便,然于江岸凿井,喻其徒劳。兼爱天下,已然足矣,何劳厚亲!孙诒让、伍非百不释。张纯一《墨子集解》:"若人在江上者,舍江水无限之润利,而惟井水是汲,奚足贵耶!"(第401页)具启发意义。

[译文]

"侍奉父母,不是依照其为人行事,而是依照伦理。"此说犹如在江边凿井一样徒劳无益。

第46条

[原文]

"不为己"之可学也,其类在猎走。[1]

[校注]

[1]"不为己"者,利人也,此乃墨家主张。张纯一《墨子集解》引张之锐云:"《经上》云:'任:士损己而益所为。'是不为己也。"(第401页)是。一心利

人,其可学也,此盖驳别家之说。猎走:追逐猎物而忘己。张纯一《墨子集解》:
"如猎者竞走逐兽,忘其有己,是其类也。"(第401页)是。

[译文]

"不为自己"是可学的,比如追逐猎物时就忘掉了自己。

第 47 条

[原文]

爱人,非为誉也,其类在逆旅。[1]

[校注]

[1]誉:赞誉,好名声。逆旅:旅店。店主厚待客人,萍水相逢,客人离店而忘,
故店主不为客人之赞誉也。张纯一《墨子集解》引傅氏曰:"爱人非要誉取名也,如
逆旅之待过客。"(第401页)甚是。孙诒让《墨子间诂》:"言其求利而爱人。"非。

[译文]

爱别人,不是为了赢得好名声,犹如旅店主人招待客人不是为了获得客人
的赞誉。

第 48 条

[原文]

爱人之亲若爱其亲,[1]**其类在官苟[敬]。**[2]

[校注]

[1]指兼爱天下。

[2]"其类在官苟",原作"其类在官苟"。孙诒让《墨子间诂》:"有讹。"
是,但未明讹在何处。苟:乃"苟"之讹。苟与苟,本为互不相关之字。许慎
《说文解字》卷一艸部有"䒼"字:"艸也。从艸,句声,古厚切。"此乃苟且之
"苟"。卷九苟部有"茍"字:"自急敕也。从羊省,从包省……凡茍之属皆从
茍……己力切。"此"茍"读音为jì,四声,有急忙之义。卷九苟部仅一"敬"字:
"肃也。从攴、茍。"据此推知,"茍"当读为"敬",恪尽职守之义。但是,苟、茍
二字后来有所混淆。《康熙字典》把"茍"字归入草部,曰:"《广韵》'纪力切',

《篇海》'讫逆切',从音殛,急也,通亟,与'苟'异。"苟"字:先释从"垢"读音之义若干,最后引《唐韵古音》:"读矩。"并引蔡邕《述行赋》:"登高斯赋,义有取兮。则善戒恶,岂云苟兮。翩翩独征,无畴与兮。"这里的"苟",显然应该读"苟"方与"取"押韵。官苟:官员恪尽职守。爱人之亲与爱己之亲无别,犹如官员对辖区民众亲疏无别一样。张纯一《墨子集解》作"官苟",并引刘再赓云:"官犹公也,苟音亟,敬也。"(第401页)又引曹说同。近之。

[译文]

爱别人的父母像爱自己的父母,犹如官吏对辖区百姓不分亲疏一样。

第 49 条

[原文]

兼爱相若:一爱相若,一爱相若,[1]其类在死也。[2]

[校注]

[1]一爱相若,一爱相若:此释"兼爱相若",谓爱一人如此,爱另一人又如此,没有差别,有口语痕迹。孙诒让《墨子间诂》:"四字重出,当是衍文。"张纯一、吴毓江从之。伍非百《大小取章句》作"一爱相若,二爱相若"(第428页)。皆不可从。

[2]其类在死:见人之死,无论此人是张三、李四还是王五,皆生怜悯之心,而无差别,民间所谓"死者为大"是也。兼爱天下仿此。学者引或本"也"作"虵",谓即"蛇"。张纯一《墨子集解》引张之锐文,《贾子新书·春秋篇》孙叔敖见双头蛇故事,谓孙叔敖兼爱他人(第402页)。孙中原、姜宝昌从之,似牵强。

[译文]

兼爱是相同之爱:爱一个人是这样,爱另一个人还是这样,犹如见到一个亡者心生怜悯,见到另一个亡者同样心生怜悯一样。

小　取

[解题]

　　此篇原在孙诒让《墨子间诂》第四十五。本篇分四部分。第一部分为辩的定义,包括三项:辩的功能、辩的内容、辩的原则。第二部分为辩学常用词汇释义。第三部分为综述譬、侔、援、推之局限。第四部分为"辞之侔"的五种情形——一可四不可。① 故该篇乃墨家辩学概论。孙中原《墨子今注今译》曰:"《小取》是墨家逻辑体系的简明纲要。"(第361页)是。

　　关于"小取"之意,孙诒让《墨子间诂》曰:"《小取篇》云'以类取,以类予'即其义。"非。"小取"乃与"大取"相对而言,"大取"者,墨家学说之根本,"小取"者,墨家学说之枝叶。在墨家学说中,社会政治学说为大,辩学为小,小服从于大,此乃"小取"之意也。伍非百《大小取章句》:"《小取》明'辩说'之术,以《辩经》之要旨,组成说辩之论文,所重在'术';其所取者小,故曰《小取》。"(第403页)是。

第一部分

[原文]

　　夫辩者,[1]将以明是非之分,[2]审治乱之纪,[3]明同异之

---

①在此部分有一个自相矛盾的现象:一方面"辞之侔"以求当为原则,故有"四不可";另一方面"辞之侔"又有求真诉求,因而与一般社会认知发生矛盾。此一场景真实展现了中国古代逻辑学产生的情形。

处,^[4]察名实之理,^[5]处利害,决嫌疑;^[6]焉摹略万物之然,^[7]论求群言之比^[8]——以名举实,^[9]以辞抒意,^[10]以说出故,^[11]以类取,^[12]以类予;^[13]有诸己不非诸人,无诸己不求诸人。^[14]

[校注]

[1]辩,今谓逻辑。此明何为"辩",从宗旨、内容、学术原则三个方面作了界定。此处之"辩",亦为辩学。

[2]逻辑之是非,非实践之然与不然,后文"是而然""是而不然"准此。此言辩学的逻辑功能。

[3]治乱:辩学服务于社会生活为治,破坏社会生活为乱。纪:纲纪。社会实践、社会认知为辩学之纲纪。此言辩学的社会功能。

[4]逻辑与社会认知一致为同,逻辑与社会认知不同为异。

[5]名实相应之理,以社会实践为标准。

[6]辩学与社会认知之间的利害、嫌疑。以上第一句,述辩之功能,亦为辩学功能之定义。

[7]焉:于是。《大取·语经》第18条:"以形貌命者,必知是之某也,焉知某也。"与此同例。王引之《经传释词》:"焉,犹'于是'也,'乃'也,'则'也。"孙诒让《墨子间诂》"焉"字为始。均是。摹略:描摹,表达。万物之然:万物状况。

[8]论求:探究,辨析。群言:人们的各种言说。比:比类。《礼记·学记》:"古之学者,比物丑类。"论求群言之比:分析各种言说的类别。孙中原《墨子今注今译》:"比较是非利害得失。"(第363页)不切。"摹略万物之然,论求群言之比",乃综述辩学内容,随后五句是具体方面。

[9]名:名是概念的形式,概念是名的内容。以名举实:根据名称指出实物、识别对象。

[10]辞:判断,命题。胡适说:"辞,即今人所谓'判断'……或称'命题'。"①温公颐说:"判断,墨辩称为'辞'。"②意:想法。孙中原说:"思想,判断。"近之。以辞抒意:用命题表达想法。

[11]说:论证。故:根据,前提。第1条《经》曰:"故:所得而后成也。"胡适说:"凡立论的根据,也叫作'故'。如上文引的'以说出故'的故,是立论所

---

①胡适:《〈墨子·小取篇〉新诂》,《中国哲学史大纲》,北京:中华书局,2015年,第353页。
②温公颐:《先秦逻辑史》,上海:上海人民出版社,1983年,第130页。

根据的理由。"①以说出故：通过论证给出命题的根据，还原立论的前提。沈有鼎说："'说'就是把一个'辞'所以能成立的理由、论据阐述出来的论证。"②胡、沈之说甚是。举例言之，《墨子·公孟》："儒之道足以丧天下者（此为"辞"，即命题），四政焉——儒以天为不明，以鬼为不神，天鬼不说，此足以丧天下；又厚葬久丧，重为棺椁，多为衣衾，送死若徙，三年哭泣，扶后起，杖后行，耳无闻，目无见，此足以丧天下；又弦歌鼓舞，习为声乐，此足以丧天下；又以命为有，贫富寿夭、治乱安危有极矣，不可损益也，为上者行之，必不听治矣，为下者行之，必不从事矣，此足以丧天下（此为"故"，即根据）。"据此，温公颐说："'说'是推论，'以说出故'，即用推论以求论断的根由。"③但也有不同意见。周云之说："'以说出故'的'故'是指广义的'故'，应该是包括'故'和'理'在内的全部论据的。"④孙中原《墨子今注今译》曰："说：推理，论证。"（第363页）杨武金："墨经逻辑推论格式的先后顺序与因明更为类似。"⑤论证乃证明固有之旧命题，推理乃得出未有之新结论，二者不同，不宜混谈。

[12]类：事类。取：取得道理。取理之法在归类，墨者谓之"止类"。《墨经》第102条专论"止类"："止类以行人，说在同。"归纳得出的道理要让别人接受，关键在于要有普遍性。所以该条《经说》曰："彼以此其然也，说是其然也；我以此其不然也，疑是其然也。"《经说》第100条："彼举然者，以为此其然也，则举不然者而问之。"故"以类取"者，归纳也。孙中原《墨子今注今译》曰："类：类别，同类事例。取：选取，采取。"（第363页）姜宝昌《墨子训释》曰："在论证过程中，必依类同原则择取自己认可之事由立论或驳论。"（第448页）可参。

[13]予：给予，推理。给予者何？新的结论。前言"以类取"，是从诸多的个别事实归纳出一般性的结论或真理；此言"以类予"，是根据已知的一般性结论辨识未知的个别事实。前者是发现真理，后者是运用真理，进而发现新事实。在《小取》中，"以类予"包括"譬"和三段论两种形态。"譬"是事件推理，

①胡适：《中国哲学史大纲》，第176页。
②沈有鼎：《墨经的逻辑学》，北京：中国社会科学出版社，1980年，第37页。
③温公颐：《先秦逻辑史》，第132页。
④周云之：《论墨家"以说出故"的推论性质和推论形式》，《四川大学学报》1980年第4期。
⑤杨武金：《墨经逻辑研究》，北京：中国社会科学出版社，2004年，第72页。

是非形式化的推理,学者谓之推类,乃墨家推理的初级形态;三段论是命题推理,是形式化的演绎,乃墨家推理的高级形态。孙中原《墨子今注今译》曰:"根据事物的类别来取例证明,根据事物的类别来予例反驳。"(第365页)姜宝昌《墨子训释》曰:"在论证过程中,又必依类同原则进行推理,以证成立论或驳论。"(第449页)备其说。由"焉摹略万物之然……以类予"为第二句,述辩之内容:名(概念)、辞(判断、命题)、说(论证)、以类取(归纳)、以类予(推理、演绎)。故,第二句为辩学内容之定义,或谓实质性定义。

[14]"有诸己"者,自己秉持的道理。"无诸己"者,自己没有接受的道理。自己所根据的道理,别人作为根据的时候就不应否定;自己没有接受的道理,就不应强求别人接受。此第三句,辩学应该遵守的学术原则。

以上第一部分,"辩"的定义,分为宗旨、内容、原则三项,乃墨家辩学概论。中国古代没有"逻辑"一词,墨家与之对应的词汇是"辩"。辩,既是言辩(逻辑),也是辩学(逻辑学),墨者不分。在这里,墨者阐述了辩的功能,概括了辩的内容(名、辞、说、以类取、以类予),阐明了论辩的原则。据此,墨家辩学形成了一个完整的学术框架体系。

[译文]

所谓辩学,其功能是使人明白辩(逻辑)的真与假,知道哪些辩对社会有益或有害,掌握逻辑推理与社会认知之间的同异之处,洞察名称与所指对象关系的道理,处置二者之间的利害关系,决断疑惑;辩(逻辑)的内容,是用言说描摹万物状态,分析各类言说的类别,即:用名(概念)指称相应对象,用辞(判断、命题)表达自己的想法,用说(论证)给出根据,用止类的方法作归纳,用推类的方法作演绎;辩的原则是,自己所秉持的道理,别人用了就不应否定;自己不采纳的道理,不强求别人采用。

第二部分

[原文]

"或"也者,不尽也。[1]"假"者,今不然也。[2]"效"者,为之法也;[3]"所效"者,所以为之法也。[4]故"中效",则是也;"不中效",则非也[5]——此"效"也。"辟〔譬〕"也者,举也〔他〕物而以

明之也。[6]"侔"也者,比辞而俱行也。[7]"援"也者,曰"子然,我
奚独不可以然也?"[8]"推"也者,以其所不取之,同于其所取者,
予之也。[9]"是犹谓"也者,同也。[10]"吾岂谓"也者,异也。[11]

[校注]

[1]或:不都是这样。如后文曰"马或白",表示有的马是白色的,有的马
不是白色的。尽:全都一样。"或"与"尽",义正相反。以"或"为词的判断,为
或然判断——特称判断;以"尽"为词的判断,为尽然判断——全称判断。

[2]假:当前不是这样。如说:"假如我是你。"我当然不是你。以"假"为
词的判断,是假言判断。

[3]为之法:做的方法。效:效法、模仿。孙中原《墨子今注今译》:"效:模
仿,效法,遵循。"(第363页)

[4]所效:效法的对象、模板,如墨家楷模大禹,又如"辞之侔"的规则。此
一句,若作"效者,为也;所效者,所以为也",义便了然。张纯一《墨子集解》:
"效彼方而成此方,效彼圆而成此圆。"(第405页)孙中原《墨子今注今译》:"所
建立的标准、法则、法式、形式、公式。"(第363页)可参。

[5]中效:符合逻辑规则;故曰"是也"。不中效:不符合逻辑规则;故曰
"非也"。张纯一《墨子集解》:"中效则是者,抒意能入正理,破似立真也。"(第
405页)孙中原《墨子今注今译》:"中效:合乎标准、法则、法式、形式、公式。"(第
363页)是。

[6]辟:读为"譬"。譬:比喻,举例说明。譬属于事件推类,《大取·语经》
第36—49条"其类在……",乃范例。毕沅《墨子注》:"辟,同譬。《说文》云:
'譬,谕也'。"举也物:"也",读为"他",墨书多见。王念孙《读书杂志·墨子
第四》:"'也'与'他'同……《墨子》书通以'也'为'他'。"举他物而以明之:
援彼以明此。《说苑·善说》:"客谓梁王曰:'惠子之言事也善譬,王使无譬,
则不能言矣。'王曰:'诺。'明日见,谓惠子曰:'愿先生言事则直言耳,无譬
也。'惠子曰:'今有人于此而不知弹者,曰:弹之状何若? 应曰:弹之状如弹。
谕乎?'王曰:'未谕也。''于是更应曰:弹之状如弓,而以竹为弦。则知乎?'王
曰:'可知矣。'惠子曰:'夫说者,固以其所知,谕其所不知,而使人知之。今王

曰无譬,则不可矣。'王曰:'善。'"由此可知,譬乃类比推理。①

[7]侔:本义为相等。《说文》卷八人部:"齐等也。从人,牟声。"《庄子·大宗师》:"畸人者,畸于人而侔于天。"比辞而俱行:由一个命题演绎出另一个命题,两个命题并行不悖。比如后文说:白马,马也。/乘白马,乘马也。又比如:臧,人也。/爱臧,爱人也。由一个命题演绎出另一个命题,这两个命题的关系被称为"辞之侔",有学者谓之"复构式的直接推论"。② 孙诒让《墨子间诂》:"谓辞义齐等,比而同之。"温公颐曰:"侔法,是比类两辞之间的推理。"③均是。孙中原《墨子今注今译》:"侔:比较相似句群的类比推理。"(第363页)在墨家辩学中,譬是事件类比,侔是命题演绎,类型不同。

[8]援:以对方之事,证我之事;以对方之理,证我之理。故"援"属于运用推类之法。释曰"子然,我奚独不可以然也",正是此意。据《庄子·秋水》:"庄子与惠子游于濠梁之上。庄子曰:'鲦鱼出游从容,是鱼之乐也。'惠子曰:'子非鱼,安知鱼之乐?'庄子曰:'子非我,安知我不知鱼之乐?'"庄子援引惠施之理,证己之是,就是援引式推类之法的运用。孙诒让《墨子间诂》:"引彼以例此。"沈有鼎曰:"'援'是援引对方所说的话来做类比推论的前提。"④陈孟麟说:"根据对方所同意某事物之具有某种属性,以推论与之同类的其他事物也同样具有这样的属性,这就是'援'式推论。"⑤孙中原《墨子今注今译》:"援:援引对方言行以证明自己相似言行的类比推理。"(第363页)杨武金说:"'援'是援引对方的主张作为前提,以引申出自己同样主张的类比推论。"⑥皆是。

[9]推:以对方所否之理,否对方所为之事;以人之矛,攻人之盾。"推"亦属于推理之法的运用,推理的方向与"援"相反。"以其所不取之,同于其所取者,予之也",正是此意。据《公孙龙子·迹府》:"穿与龙会。穿谓龙曰:'臣居鲁,侧闻下风,高先生之智,说先生之行,愿受业之日久矣,乃今得见。然所不

①参见张晓芒等:《先秦推类方法的模式构造及有效性问题》,《逻辑学研究》2013年第4期。
②沈有鼎:《墨经的逻辑学》,第53页。
③温公颐:《先秦逻辑史》,第152页。
④沈有鼎:《墨经的逻辑学》,第54页。
⑤陈孟麟:《墨辩逻辑学》,济南:齐鲁书社,1983年,第72页。
⑥杨武金:《墨经逻辑研究》,第40页。

取先生者,独不取先生之以白马为非马耳。请去白马非马之学,穿请为弟子。'公孙龙曰:'先生之言悖。龙之学,以白马为非马者也。使龙去之,则龙无以教。无以教而乃学于龙也者,悖。且夫欲学于龙者,以智与学焉为不逮也。今教龙去白马非马,是先教而后师之也。先教而后师之,不可。"孔穿所不取者,学生可以教老师;公孙龙所予孔穿者,先为师而后为弟子。沈有鼎曰:"'推'是归谬式的类比推论。"①陈孟麟曰:"'推'是归谬式假言推论。"②孙中原《墨子今注今译》:"推:归谬式的类比推理。"(第363页)皆是。

[10]是犹谓:"犹如说","如同说",表示二者相同。

[11]吾岂谓:"难道我这样说了吗?"表示我没有这样说。"是犹谓"与"吾岂谓"二语相反:前者强调相同,后者强调相异。

以上第二部分,为辩学常用词汇释义。其中譬、侔、援、推,虽然形式上是辩学词语,但同时也是推理类型及运用方法:譬属于事件推类,侔属于命题演绎,援、推属于运用推类方法的策略。关于命题推理,后文有详论。

[译文]

"或",表示不都是这样。"假",表示当前不是这样。"效",表示取法或仿效;"所效",表示取法的对象。所以,"中效"表示正确,"不中效"表示不正确——这是"效"。"譬",是举例说明。"侔",是从一个已有命题推导出一个新命题。"援",是以对方之理证明己方之是。"推",是以对方所否之理证明对方所为之非。"是犹谓",表示前后两个语句相同。"吾岂谓",表示前后两个语句不同。

第三部分

[原文]

夫物有以同,而不率遂同。[1]辞之侔也,有所至而止。[2]其然也,有所以然也。其然也同,其所以然不必同。[3]其取之也,有所以取之。其取之也同,其所以取之不必同。[4]是故辟〔譬〕、侔、援、推之辞,[5]行而异,转而危〔诡〕,远而失,流而离本,[6]则不可

①沈有鼎:《墨经的逻辑学》,第55页。
②陈孟麟:《墨辩逻辑学》,第75页。

不审也,不可常用也。故言多方,^[7]殊类异故,则不可偏〔遍〕
观也。^[8]

[校注]

[1]此论"譬"的特性。以:根据。有以同:有作为根据的相同之处。率
遂:全都,全部。孙诒让《墨子间诂》:"率、遂声近义同。《广雅·释诂》云:'率,
述也。'率、遂、述,古并通用。"此句之意:事物之间存在着人们注意到的相同之
处,但并非完全相同。比如《大取·语经》第44条:"兴利除害也,其类在漏瓮。"
水缸漏水与为民兴利除害,本为二事,相同之处仅仅在于情况紧急刻不容缓。

[2]此释"辞之侔"的有限性。辞之侔也:由一个旧命题演绎出一个并行的
新命题。"辞之侔"有五种情形,详后文。"有所至而止",原作"有所至而正"。
"正",当为"止"之讹。孙诒让曰:"疑当作'止'。"是。胡适说:"孙读'正'为
'止',亦可通;然此字不必改也。"①孙中原《墨子今注今译》作"有所至而正"(第
360页),并曰:"在一定范围内才是正确的。"(第364页)亦可通。有所至而止:"辞
之侔"有边界,不可无限推。比如:获之亲,人也。/获事其亲,事人也。在社会生
活中,把侍奉父母说成"事人",违背纲常伦理。故后文曰:获之亲,人也。/获事
其亲,非事人也。

[3]此释"援"的有限性。然:存在状态。所以然:造成这一状态的原因。
状况相同,但造成这一状况的原因未必相同。以今例言之:一人眼睛生病,医
生谓之曰"禁吃甜食,用胰岛素"。旁观者张三闻之。若干年后,张三眼睛生
病,于是自己也"禁吃甜食,用胰岛素"。二者眼睛生病相同,造成眼病的原因
未必相同,前者是高血糖,张三是视网膜脱落,此乃"所以然不必同"。

[4]此释"推"的有限性。老师对学生说:月亮犹如一个圆盘。他日,一生
手持圆盘责师曰:依师所说,这就是月亮。这样的事件推理就超越了边界:其
所同者,圆形也。超越了形状这个边界,则不可推理。

[5]譬、侔为推理之体,援、推为推理之用,此混言之也。

[6]危:读为"诡"。俞樾《诸子平议》卷十一《墨子三》:"危,读为诡。"行、
转、远、流,字异而义近,均指超出边界的推类会导致谬误。

---

①胡适:《中国哲学史大纲》,第362页。

〔7〕言多方：言说形式多种多样。

〔8〕殊类异故：类别多样，原因不同。偏：读为"徧"，"遍"之异体。不可遍观：不胜枚举。此一段，语义明显，前贤有所述，不赘引。

以上第三部分，分述运用譬、侔、援、推应该注意的问题。

［译文］

事物之间存在人们注意到的相同之处，但并非整体相同（此为譬）。从一个命题演绎出另一个命题，应该有边界（此为侔）。一个事物如此，有使其如此的特定原因。其状况相同，导致这一状况的原因未必相同（此为援）。作出一个判断，自有根据。根据虽同，但背后的原因未必相同（此为推）。所以，譬、侔、援、推超出边界就会脱离真理成为诡辩，这是需要审慎的，不可随意运用。人们的言辩方式多种多样，类别不同原因有异，不胜枚举。

第四部分

［原文］

夫物，[1] 或乃"是而然"，[2] 或"是而不然"，[3] 或"不是而然"，[4] 或"一周而一不周"，[5] 或"一是而一不是"也，[6] 不可常用也。[7] 故言多方，殊类异故，则不可偏〔遍〕观也，非也。[8]

［校注］

〔1〕此为第四部分总论，概述"辞之侔"的五种情形。胡适曰："此第四节，论立辞之难，总起下文。"①物：这里指"辞之侔"与反映的实际情形。"辞之侔"的结构是：原命题—新命题。这里分析了五种情形。兹须明了，这里不是三段论推理，不存在前提与结论的关系。

〔2〕在《小取》中，"是"与"非（不是）"相当于现代逻辑的真与假，"然"与"不然"表示现实生活中的对与错。"然"之本义为用火烤肉。许慎《说文解字》卷十火部："然，烧也。从火，肰声。"引申之表示外部存在状态。《大取·语经》第22条："是之同，然之同；有非之异，有不然之异。"可证。是与然，二者有别，此甚重要，不明乎此则失其大端。是而然：逻辑上真，生活中对。在逻辑

---

①胡适：《中国哲学史大纲》，第364页。

学界,几乎所有学者都把"然"混同于"是",进而把"是而然"解释为前提与结论的关系。孙中原《墨子今注今译》:"前提肯定,结论也肯定。"(第364页)

[3]是而不然:逻辑上真,生活中错。在逻辑学界,由于把并行的两句当作前提与结论的关系,几乎所有学者进而把"是而不然"解释为前提肯定、结论否定。孙中原《墨子今注今译》:"前提肯定,而结论否定。"(第364页)

[4]或不是而然:此五字,孙诒让本无。据后文,当补此五字。胡适曰:"疑'或是而不然'下,本有'或不是而然'五字。"①张纯一《墨子集解》校补此五字。据后文,当补。不是而然:逻辑上假,但生活中对。孙中原《墨子今注今译》:"前提否定,而结论肯定。"(第364页)非。

[5]周:全称判断,见后文。不周:特称判断。一周而一不周:原命题为全称判断,新命题为特称判断,二者错位对应。孙中原《墨子今注今译》:"一种说法周遍,而一种说法不周遍。"(第364页)近之。

[6]孙诒让《墨子间诂》引王引之云:"此本作'或一是而一非也',当以'非也'二字,接'或一是而一'下。"案:不改亦可,与之对应的一段,既有"不",也有"非",段末作"一是而一非","不是"与"非"同义。一是而一不是:原命题为"是",新命题为"不是"。沈有鼎曰:"肯定的前提是正确的,肯定的结论则是错误的,或者否定的前提是正确的,否定的结论则是错误的。这就是'一是而一非'。"②孙中原《墨子今注今译》:"一种说法成立,而一种说法不成立。"(第364页)皆近之。《大取·语经》第24条:"一曰乃是而然,二曰乃是而不然,三曰迁,四曰强。"与此有同异,可参看。

[7]"辞之侔"不可常用。这是因为,命题演绎与生活认知不完全一致,不可超越界限随意演绎。在墨家辩学中,就大局而言,逻辑以现实生活为指归,这一点非常重要,乃墨家辩学与名家名学之根本分野。名家名学之所以"能胜人之口,不能服人之心"(《庄子·天下》),乃在于"专决于名",使生活认知服从于逻辑推理,结果"失人情"(《史记·太史公自序》)。

[8]孙诒让《墨子间诂》引王引之云:"'不可常用也'以下三句,则因上文而衍……当据以删正。"案:此数句,删去固无妨,保留亦可,兹不删。见前段,

不再注。

[译文]

命题推理与生活认知之间的关系,有的逻辑上"是",生活中"然";有的逻辑上"是",生活中"不然";有的逻辑上"不是",生活中"然";有的原命题是全称判断,新命题是特称判断;有的原命题是肯定形式,新命题是否定形式。因此,命题推理不可随意使用。命题推理形式多样,类型不同原因各异,不胜枚举,不可随意使用。

4—1

[原文]

"白马","马"也;"乘白马","乘马"也。[1]"骊马","马"也;"乘骊马","乘马"也。[2]"获","人"也;"爱获","爱人"也。"臧","人"也;"爱臧","爱人"也。[3]此乃"是而然"者也。[4]

[校注]

[1]此为命题演绎类型之一,即"是而然",一可也。原命题"白马,马也",主项和谓项各加一个动词"乘",推导出新命题"乘白马,乘马也"。这一推理在逻辑上"是",在社会生活中"然",故段末谓之"是而然"。骊马、获、臧三句,演绎形式相同,不赘。胡适曰:"此为三段法之'第一格',最易了解。亚里士多德论演绎以此为'正格'。谓之'是而然'者,前提与结论皆为肯定辞也。"①学者多从之,非。此非三段论演绎,不是前提与结论之间的关系。

[2]骊:深黑色马。孙诒让《墨子间诂》引《说文》卷十云:"骊,马深黑色。"

[3]臧、获:奴婢之泛称,男为臧,女为获。毕沅《墨子注》:"《方言》云:'臧、获,奴婢贱称也。'"

[4]是而然:命题演绎符合规则——"是",亦符合社会认知——"然"。

[译文]

因为"白马"是"马",所以"骑白马"是"骑马"。因为"骊马"是"马",所以"骑骊马"是"骑马"。因为"获"是"人",所以"爱获"是"爱人"。因为"臧"是

————————

① 胡适:《中国哲学史大纲》,第366页。

"人"，所以"爱臧"是"爱人"。此类命题演绎，逻辑上真，生活中对。

4—2

[原文]

获之"亲"，"人"也；获"事其亲"，非"事人"也。[1]其"弟"，"美人"也；"爱弟"，非"爱美人"也。[2]"车"，"木"也；"乘车"，非"乘木"也。[3]"船"，"木"也；"入船"，非"入木"也。[4]"盗人"，"人"也；"多盗"，非"多人"也；"无盗"，非"无人"也。[5]奚以明之？"恶多盗"，非"恶多人"也；"欲无盗"，非"欲无人"也。世相与共是之。[6]若若是，[7]则虽"盗人"，"人"也——"爱盗"，非"爱人"也；"不爱盗"，非"不爱人"也；"杀盗人"，非"杀人"也。[8]无难矣。[9]此与彼同类，[10]世有彼而不自非也，墨者有此而非之，[11]无也〔他〕故焉，[12]所谓"内胶外闭"，与"心毋空〔孔〕"乎？内胶而不解也。[13]此乃"是而不然"者也。[14]

[校注]

　　[1]此为命题演绎类型之二，即"是而不然"，一不可也。亲：本义指父母。《战国策·齐策四》"齐人有冯谖者"条："孟尝君问：'冯公有亲乎？'对曰：'有老母。'"获之亲：获的父母。依照命题演绎规则，由"获之'亲'，'人'也"，应该演绎出"获'事亲'，'事人'也"。但在社会生活中，"事亲"表示侍奉自己的父母，"事人"表示为别人做事，二者不同。父母不是泛泛的人，把父母当作泛泛的人违背社会伦理。此一演绎类型，逻辑上真，但生活中错，因而不能成立。在逻辑学界，一些学者把此后的四种类型当作墨家认可的命题类型，但由于这样的命题演绎在形式上难以成立，于是有人说"辞之侔"不是语形学的，而是语义学的，甚至有人说"辞之侔"不具有严格的逻辑意义。种种诠释，兹不赘列。一字之误，迷途万里，诚可鉴也。随后的"弟—美人""车—木""船—木""盗人—人"各句，与"亲—人"形式相同，不赘。

　　[2]弟：先秦时代，男弟、女弟通称"弟"，女弟后作"娣"，今谓"妹"。在这里，"漂亮妹妹"与"漂亮女人"不同，前者有伦理因素。

[3]"车"是"木"质的,但"乘车"不等于"乘木"。此句基于生活,表述形式不严谨。

[4]原作"人船""人木"。"人",当为"入"之讹。苏时学《墨子刊误》:"'人',当为'入'之误。"是,故校正。此句情形与前同。

[5]盗人:强盗。人:通常指不犯法的人。社会中没有强盗,不能说没有人;强盗多,不能说人多。强盗是人,这是生物性的判断;强盗与守法的人不同,这是社会性的判断。准此,有学者谓之偷换概念。其实,这是自然语言在形式逻辑中的困境。

[6]世相与共是之:社会上的人们彼此都承认。

[7]若若是:犹"若是",古今异用,或口语痕迹。若是:假如是这样,即假如"'□盗'非'□人'"的命题形式(盗≠人)成立。这是由前述演绎抽象出来的句子形式,并依此演绎出后面的新命题。

[8]此三个新命题,乃墨者根据前面所谓众所认可的命题形式演绎而来。

[9]"无难矣",原作"无难盗无难矣"。孙诒让《墨子间诂》:"据下文,疑衍'盗无难'三字。"故校删。无难矣:这样的演绎并不难。

[10]此:墨者演绎出的新命题,如"爱盗,非爱人也;不爱盗,非不爱人也;杀盗人,非杀人也"。彼:指"世相与共是之"的命题,如"恶多盗,非恶多人也;欲无盗,非欲无人也"。此与彼同类:墨家的命题演绎与世人的命题演绎形式相同。

[11]世有彼而不自非也,墨者有此而非之:世人演绎出的那些命题不被否定,而墨者演绎出的这些命题却被否定。关于当时人们批评墨家命题演绎的情形,从《荀子·正名》可窥一斑。荀子批评说:"'杀盗,非杀人也。'此惑于用名以乱名者也。"

[12]也:读为"他",见本篇第二部分校注[6]。无他故焉:没有别的缘故。

[13]"心毋空"之空:孙诒让《墨子间诂》:"空,读为孔。"孙诒让注引《列子·仲尼》:"文挚谓龙叔曰:子心六孔流通,一孔不达。"又引张云:"旧说圣人心有七孔也。"心无孔:谓心不开窍。"内胶外闭""心毋孔",盖当时习语。"内"指内心,"外"指感官,"胶"指凝固,"闭"指闭塞,综谓愚昧无知。此句,胡适、孙中原句读不同,大意不异。张纯一《墨子集解》有删校,

似非。

[14]是而不然:逻辑形式真,生活实践中错。

[译文]

　　获的"父母",是"人";获"侍奉父母",不是"侍奉人"。获的"妹妹",是"美人";获"爱妹妹",不是"爱美人"。"车",是"木"质的;"乘车",不是"乘木"。"船",是"木"质的;"上船",不是"上木"。"强盗",是"人";"强盗多",不是"人多";"没有强盗",不是"没有人"。何以证明?人们"痛恨强盗多",不是"痛恨人多";人们"希望没有强盗",不是"希望没有人"。这个道理世所公认。如果这样的命题形式(盗≠人)可以成立的话,那么虽然生活中"强盗"是"人"——然而在逻辑上,"爱强盗",不是"爱人";"不爱强盗",不是"不爱人";"杀强盗",不是"杀人"。这不难证明。我们所作的逻辑演绎与世人所作的逻辑演绎形式相同,世人那样演绎不认为是错,墨家这样演绎却被否定,没有别的缘故,难道不是所谓"愚昧闭塞"和"心不开窍"吗?顽固不化呀。此乃逻辑上真但生活中错的情形。

4—3

[原文]

　　夫且"读书",非"书"也;"好读书","好书"也。[1]且"斗鸡",非"鸡"也;"好斗鸡","好鸡"也。[2]"且入井",非"入井"也;"止且入井","止入井"也。"且出门",非"出门"也;"止且出门","止出门"也。[3]若若是,[4]"且夭",非"夭"也;"寿且夭","寿夭"也。[5]"执有命",非"命"也;"非执有命","非命"也。[6]无难矣。此与彼同类,世有彼而不自非也,墨者有此而众非之,[7]无也[他]故焉,[8]所谓"内胶外闭",与"心毋空[孔]"乎?内胶而不解也。此乃"不是而然"者也。[9]

[校注]

　　[1]此为命题演绎类型之三,即"不是而然"者,二不可也。原为"且夫读书非好书也",《正统道藏》本、唐尧臣刻本、江藩刻本、《四库全书》本同。句首

"且夫",芝城铜活字蓝印本作"夫且",参后文句式,作"夫且"为宜。孙诒让《墨子间诂》:"疑当作'夫且……'。"原作"读书非好书也",句中脱"书也好读书"五字。胡适《〈墨经·小取篇〉新诂》校作"'读书',非'书'也;好'读书','好书'也。"① 谭业谦《公孙龙子译注》附录一《墨经部分篇章条目》从之。是。"读书",非"书"也:主、谓项各加"好"字,则有:"好读书",非"好书"也。但在实际生活中,"好读书"就是"好书"。此一类型命题演绎,逻辑上不真,生活中对,故曰"不是而然"。此段前四例道理相同,不赘。

[2]且:语气词,同"夫"。王引之《经传释词》:"犹'夫'也。"例如《墨子·非攻》"今且天下之王公大人士君子"。

[3]且:将要。古代常用,故王引之曰"常语也"。此一义,宜乎此二句,无需赘言。此二句中的"且"与前句的"且",难以一义训之。此二句义甚了然,不赘。

[4]"若若是"之前,孙诒让《墨子间诂》曰:"据上文,当亦有'世相与共是之'五字。"此义可参。若若是:若是,指"'AB',非'B'也;'△AB','△B'也"(AB≠B;△AB=△B)这一句式。

[5]此句原作"且夭,非夭也,寿夭也"。张纯一《墨子集解》据此作解。孙诒让《墨子间诂》:"疑当重'夭'字。"依孙说,当作"且夭,非夭也;寿夭,夭也",姜宝昌《墨子训释》从之。谭业谦《公孙龙子译注》附录一《墨经部分篇章条目》据沈有鼎说,作"且夭,非夭也;寿且夭,寿夭也"(第65页),孙中原《墨子今注今译》从之。二说均通,以沈、谭之说为善,故校补"寿且夭"三字。胡适有异说,不可从。此又一"不是而然"之例。

[6]"执有命",原作"有命",应作"执有命",方与后文"非'执有命'"相契,故校补"执"字。此句的句式稍有变化,作"'ABC',非'C'也;'△ABC','△C'也"(ABC≠C;△ABC=△C)。亦"不是而然"之例。

[7]"墨者有此而众非之",原作"墨者有此而罪非之"。罪:毕沅《墨子注》曰"据上无此字"。苏时学《墨子刊误》曰:"'罪'字衍,即'而'、'非'两字之讹。"孙诒让《墨子间诂》:"'罪'疑当作'众',形近而讹。言墨者有此论,而众共非之。似非衍文。上文无此字,或转是〔写〕误脱耳。""众",简体字作

①胡适:《中国哲学史大纲》,第370页。

"众"。谭业谦从孙说,改"罪"为"众"。就文意而言,以孙说为善,故校改。

[8]也:读为"他",前已数见。

[9]"不是而然",原作"是而不然",此误。第一,前段乃论"是而不然",此段不同,必异。第二,此段四例,乃论"不是而然",即逻辑上不真,但生活中对。可知,"不"字错位,应移作"不是而然"。胡适谓当作"此乃不是而然者也",伍非百、谭戒甫、沈有鼎等皆从胡校,是。故移正。

[译文]

"读书",不是"书";"好读书",是"好书"。"斗鸡",不是"鸡";"好斗鸡",是"好鸡"。"且入井",不是"入井";"止且入井",是"止入井"。"且出门",不是"出门";"止且出门",是"止出门"。如果上述句式(AB≠B;△AB=△B)成立,那么如下命题也可成立:"且夭",不是"夭";"寿且夭",是"寿夭"。"执有命",不是"命";"非执有命",是"非命"。这不难论证。墨者的命题演绎与世人的命题演绎形式相同,世人那样演绎不认为错,墨者这样演绎却被谴责否定,没有别的原因,岂非所谓"愚昧闭塞"和"心不开窍"乎?顽固不化呀。此乃逻辑上不真但生活中对的情形。

4—4

[原文]

爱人,待周爱人,而后为爱人。[1]不爱人,不待周不爱人;不周爱,因为不爱人矣。[2]乘马,不待周乘马,然后为乘马也;有乘于马,因为乘马矣。[3]逮至不乘马,待周不乘马,而后为不乘马。[4]此一"周"而一"不周"者也。

[校注]

[1]此为命题演绎类型之四,即"一周而一不周",三不可也。周:遍,所有的。俞樾《诸子平议》卷十一《墨子三》:"周,犹徧也。""徧"即"遍"。周爱人:爱所有的人。这是一个全称判断,墨家谓之"周"。

[2]不周爱:没有爱所有的人。因为:因此而为,是为。因为不爱人:是为不爱人。这是一个特称判断,墨家谓之"不周"。

[3]不待周乘马:不要求骑遍所有的马。有乘于马:骑过马。此句之意:只要骑过一匹马,就可以说骑过马。

[4]逮:及。《说文》卷二辵部:"唐逮,及也。从辵,隶声。"逮至:及至。不乘马:没骑过马。此句之意:说一个人没骑过马,一定是此人没骑过任何一匹马。反言之,只要此人骑过一匹马,就是骑过马。

此段分析了全称命题、特称命题不可演绎的两种情形。第一种情形,全称肯定命题不可推出全称否定命题。例如:张三爱人,因为他爱所有的人(全称肯定命题)。若依命题演绎形式,则有:张三不爱人,因为他不爱所有的人(全称否定命题)。墨家认为这样的演绎不合实际,只要张三不爱任何一个应该爱的人,就是不爱人。第二种情形,特称肯定命题不可推出特称否定命题。例如:张三骑过那匹马,所以说张三骑过马(特称肯定命题)。若依命题演绎形式,则有:张三没骑过那匹马,所以张三没骑过马(特称否定命题)。这样的命题演绎同样不切实际,张三或许骑过别的马,因而他可能骑过马。在墨家逻辑中,逻辑依从于现实生活,而非相反。名家逻辑与墨家逻辑之别,恰在于此。名家逻辑具有鲜明的形式逻辑特色,详名家部分。就此而言,墨家命题演绎不是彻底的形式逻辑。

[译文]

爱人,需要爱所有的人,然后才可以说是爱人。不爱人,不需要不爱所有的人;没有爱所有的人,就是不爱人。骑马,不需要骑过所有的马,然后算是骑过马;只要骑过一匹马,就算骑过马。至于没骑过马,必须没骑过任何一匹马,然后才可以说没骑过马。此乃一个"全称命题"与一个"特称命题"之间错配的情形。

4—5

[原文]

"居于国",则为"居国";"有一宅于国",而不为"有国"。[1] "桃之实","桃"也;"棘之实",非"棘"也。[2] "问人之病","问人"也;"恶人之病",非"恶人"也。[3] "人之鬼",非"人"也;"兄之鬼","兄"也。"祭人之鬼",非"祭人"也;"祭兄之鬼",乃"祭兄”也。[4]“之马之目眇”,[5]则谓之“马眇”;[6]“之马之目大”,而不谓之“马大”。“之牛之毛黄”,则谓之“牛黄”;“之牛之毛众”,而不谓之“牛众”。“一马”,“马”也;“二马”,“马”也——“马四足”者,“一马而四足”也,非“两马而四足”也;[7]“马或白”者,[8]“二马而或白”也,非“一马而或白”。[9]此乃“一是而一非”者也。

[校注]

[1]此为命题演绎类型之五,即“一是而一非”,四不可也。此类命题,句式多端,或作“一是而一非”,或作“一非而一是”,此统言之也。国:先秦有“国”有“都”,“国”指首都,“都”指大城。“居……国”,简称“居国”;但“有……国”,则不可简称“有国”。前者乃肯定式,后者乃否定式,故为“一是而一非”句式。随后的“桃”“病”“鬼”“马”“牛”等几组句子,句式略有变化,在古代汉语中,一些肯定句的关系词可以省略。

[2]桃之实,桃也:桃树的果实,叫桃。棘:酸枣树,多刺。棘树的果实,不叫棘。此类句式为:“AB”,“A”也;“AB”,非“A”也。

[3]恶人之病:讨厌此人的病。非恶人:不是讨厌此人。此句式同前。

[4]鬼:《说文》卷九鬼部:“人所归为鬼。从人,象鬼头。鬼,阴气贼害,从厶。凡鬼之属皆从鬼。”段注:“《释言》曰:‘鬼之为言,归也。’郭注引《尸子》:‘古者,谓死人为归人。’《左传》子产曰:‘鬼有所归,乃不为厉。’”人死为鬼,祭祀的是鬼,但人们却说祭祀的是某位亲人。附带言及,胡适将墨家学说分为前后二期,重要根据之一是“后期墨家”“六篇之中,全没有一句浅陋迷信的话”。① 其说不然。在墨家辩学文献中,有三处直接讨论了鬼的问题。此类句式为:“AB”,非“A”也;“AB”,“A”也。此与前述句式前后句相反:前述句式为“一是而一非”,此句式为“一非而一是”,其实一也。

[5]之马:“之”,代词,这,此。孙诒让《墨子间诂》引苏云:“‘之马’,犹言‘是马’。”后文“之牛”同例。眇:原作“盼”。孙诒让《墨子间诂》引顾云:“《淮南·说山训》作‘眇’,此作‘盼’,误也。”并曰:“《说文》目部云:‘盼,白黑分也。’‘眇,一目小也。’马目不可以言盼,顾校近是。”故校改,并后文。

[6]"则谓之",原作"则为之"。毕沅《墨子注》："'为',当作'谓'。"下句正作"谓",毕说是,故校改。

[7]"一匹马"等于"马","二匹马"也等于"马"。但在不同语境中,"马"字到底等于"一匹马"还是"二匹马",是不确定的。比如,当人们说"马四足"的时候,是指一匹马四足,而非二马四足。

[8]"马或白者"前,原有"一马,马也"。王念孙《读书杂志·墨子第四》王引之曰:"'一马,马也。二马,马也',已见上文。此'一马,马也'四字,盖衍。"王说是,故删。

[9]人们说"马或白"的时候,是说两匹(或多匹)马中有白马,而不是说一匹马身上有白的部分。此与"马四足"谓一马四足相反。

[译文]

"居于国",可说"居国";"有一宅于国",不可说"有国"。"桃之实",叫"桃";"棘之实",不叫"棘"。"问候人之病",这是"问候人";"厌恶人之病",不是"厌恶人"。"别人之鬼",不是"人";"兄之鬼",却是"兄"。"祭祀别人之鬼",不是"祭祀人";"祭祀兄之鬼",却是"祭祀兄"。"这马目眇",人们说"这马眇";"这马眼大",人们不说"这马大"。"这牛的毛黄",人们说"牛黄";"这牛的毛多",人们不说"牛多"。"一匹马",是"马";"二匹马",也是"马"——"马四蹄",是"一匹马四蹄",而非"两匹马四蹄";"马或白",是说"两匹以上的马中有白马",不是说"一匹马身上有白的部分"。这是"一是而一非"的情形。

参校版本

1.《墨子》,十五卷,明正统十年刻,万历二十六年印,《道藏》本。简称"《正统道藏》本"。

2.《墨子》,十五卷,明嘉靖三十一年芝城铜活字蓝印本。简称"芝城铜活字蓝印本"。

3.《墨子》,十五卷,明嘉靖三十二年唐尧臣刻本。简称"唐尧臣刻本"。

4.《墨子》,十五卷,明嘉靖江藩刻本。简称"江藩刻本"。

5.《墨子批校》,六卷,茅坤撰,明隆庆童思泉刻本。简称"童思泉刻本"。

6.《墨子》,四卷,冯梦祯辑,明万历三十年刻本。简称"冯梦祯辑本"。

7.《墨子评》,十五卷,郎兆玉评,明堂策槛刻本。简称"堂策槛刻本"。

8.《墨子》,十五卷,清乾隆三十八年《文渊阁四库全书》抄本。简称"《四库全书》本"。

引用书目

本书参阅文献甚多。兹所列者,为本书引用书目;未引者,虽阅而不录也。又,凡引用今人学术论文,随文脚注,于此不录。

一、学术著作

1. 毕沅:《墨子注》,戴望校并跋,乾隆四十九年毕氏灵严山馆刻本。

2. 张惠言:《墨子经说解》,孙诒让校,清抄本。

3. 俞樾:《诸子平议》,上海:世界书局,1936 年。

4. 王念孙:《读书杂志》,徐炜君等点校,上海:上海古籍出版社,2014 年。

5. 苏时学:《墨子刊误》,1928 年,中华书局聚珍仿宋印本。

6. 王树枏:《墨子勘注补正》,吴汝纶勘正,清光绪十三年文莫室刊本。

7. 孙诒让:《墨子间诂》,孙以楷点校,北京:中华书局,1986 年。

8. 曹耀湘:《墨子笺》,湖南官书报局排印本,1906 年。

9. 陶鸿庆:《读墨子札记》,文字同盟会排印本,1916 年。

10. 梁启超:《墨经校释》,《饮冰室合集》第八卷,北京:中华书局,1988 年。

11. 胡适:《中国哲学史大纲》,上海:商务印书馆,1919 年初版。北京:中华书局,2015 年新版。

12. 胡适:《〈墨子·小取篇〉新诂》,胡适《中国哲学史大纲》附录二。

13. 李笠:《定本墨子间诂校补》,1925 年排印本。

14. 刘昶:《续墨子间诂》,扫叶山房石印本,1925 年。

15. 刘师培:《墨子拾补》,1936 年排印本。

16. 张纯一:《墨子集解》,世界书局,1936 年。成都:成都古籍出版社,1988 年影印本。

17. 张其锽:《墨经通解》,独志堂印本,1939 年。

18. 谭戒甫:《墨辩发微》,北京:中华书局,1964 年修订本;武汉:武汉大学出版社,2006 年影印本。

19. 伍非百:《大小取章句》,《中国古名家言》,北京:中国社会科学出版社,1983 年。

20. 高亨:《墨经校诠》,北京:中华书局,1958 年初版;北京:清华大学出版社,2011 年新版。

21. 沈有鼎:《墨经的逻辑学》,北京:中国社会科学出版社,1980 年。

22. 温公颐:《先秦逻辑史》,上海:上海人民出版社,1983 年。

23. 陈孟麟:《墨辩六书今译》,《墨辩逻辑学·附录一》,济南:齐鲁书社,1983 年。

24. 周云之、刘培育:《先秦逻辑史》,北京:中国社会科学出版社,1984 年。

25. 柳存仁:《墨经笺疑》,《和风堂文集》第一册,上海:上海古籍出版社,1991 年。

26. 周云之:《墨经校注、今译、研究》,兰州:甘肃人民出版社,1993 年。

27. 吴毓江:《墨子校注》,北京:中华书局,1993 年第一版,2006 年第二版。

28. 谭业谦:《公孙龙子译注》附录《小取篇》《大取篇摘录》,北京:中华书局,1997 年。

29. 杨武金:《墨经逻辑研究》,北京:中国社会科学出版社,2004 年。

30. 王赞源主编:《墨经正读》,上海:上海科学技术文献出版社,2011 年。

31. 谭家健、孙中原:《墨子今注今译》,北京:商务印书馆,2012 年。[①]

32. 姜宝昌:《墨子训释·墨经》,济南:齐鲁书社,2017 年。

33. 刘昭民:《中华物理学史》,台北:台湾商务印书馆,1987 年。

34. 戴念祖、刘树勇:《中国物理学史》,南宁:广西教育出版社,2006 年。

35. 舒恒杞:《中国物理学史》,长沙:湖南大学出版社,2013 年。

二、工具书

1. 许慎:《说文解字》,北京:中华书局,1963 年影印本。简称"《说文》"。

[①] 根据该书"前言",《墨经》部分由孙中原撰写。此部内容与孙氏《中国逻辑史(先秦)》(北京:中国人民大学出版社,1987 年)略同,故引用此书《墨经》部分内容,迳称"孙中原曰",而不谓"谭家健曰"。

2. 朱彝尊：《宋本广韵》，北京：中国书店，1982 年影印本。

3. 张玉书等：《康熙字典》，上海：同文书局线装本。

4. 钱绎：《方言笺疏》，上海：上海古籍出版社，1985 年影印本。

5. 段玉裁：《说文解字注》，上海：上海古籍出版社，1981 年影印本。

6. 王念孙：《广雅疏证》，上海：上海古籍出版社，1983 年影印本。

7. 郝懿行：《尔雅义疏》，上海：上海古籍出版社，1983 年影印本。

8. 王引之：《经传释词》，北京：中华书局，1956 年。

9. 阮元：《经籍籑诂》，成都：成都古籍书店，1982 年影印本。

10. 王先谦：《释名疏证补》，上海：上海古籍出版社，1984 年影印本。

11. 李孝定：《甲骨文字集释》，台北："中央"研究院历史语言研究所，1970 年。

附录　墨辩要旨

　　墨家三学,辩居其一。墨辩要旨,古人寡论;近世学者,始究其说。然其要旨,其说不一,亦有阙疑。胡适述辩的界说、方法及故、法、辩的七法、推的细则、墨辩概论,乃当代墨辩研究开山之作。温公颐述墨家概念论、判断论、推理论,严整清晰,循西学范式。周云之等述辩、以名举实、以辞抒意、以说出故、以类取、以类予,具本土特色。孙中原论知识、概念、判断、思维规律、推理、证明和反驳、谬误与诡辩、思维的基本范畴,具综合特色。前贤筚路蓝缕,墨辩雏形已具。其阙疑者,自然语言与形式逻辑之关系、侔果为何物、譬与侔之关系、墨辩之学术趋势、“辞之侔”之内在矛盾、墨家辩学之要旨。根本缘由,则在史料诠释不甚彻底。

　　墨家之“辩”,二值逻辑;墨家辩学,乃逻辑学说。墨辩要义,《小取》曰三:辩之宗旨(功能)、原则和内容。墨辩宗旨二元:明是非而审治乱。明是非者,求真——此逻辑之根柢;审治乱者,求当——此逻辑之功用。行之实践,求当为主,求真为辅。求当与求真,彼此多有龃龉,遂致墨辩自陷泥淖。辩学原则:有诸己不非诸人,无诸己不责诸人。质言之,确立共同学术规则。然辩学宗旨二元,致其原则未尽落实。墨辩内容五项:以名举实,以辞抒意,以说出故,以类取,以类予。兹依次述之。

以名举实,名者,谓也;实者,对象也;名实耦,合也,举实也。名为形式,指为内容,今谓概念。《墨经》凡一百八十三条,概念定义九十有余,涉自然现象、道德、社会、心理、时空等。名乃人际交流、探索知识之工具。名之范畴,略有三级:达名、类名、私名。命名之法,或以形貌,或为约定。一实二名,是为重名。多实一名,是为同名。重名同名,存在即合理。一字为词乃单名,二单为词乃兼名,兼名内涵乃二单名之和。俱一者,全部元素;惟是者,整体或集合。名实关系,以实为本,以名为末。概念内涵彼此交集,此天经地义。

以辞抒意,辞乃判断、命题,意乃想法,以辞抒意即用命题表达想法。判断之词,是、可、有、无、或、假、效、中效、不中效、譬、援、推、是犹谓、吾岂谓等。有间接判断,有直接判断,有性质判断,有关系判断,有肯定判断,有否定判断。命题之谬,在于悖论。提出命题,持之有故。浸淫之辞,断不可取。命题合理,以类而行。

以说出故,说乃论证,故乃根据,以说出故即通过论证给出根据。小故者,相对必要条件;大故者,绝对必要条件,今谓充分必要条件。

以类取,类,止类也,今谓归纳;取者,得也;以类取者,通过归纳获取知识或真理。归纳之要,在于同类。

以类予,类,同类也;予,给予也;以类予者,同类推理也。推与止,二者相反。类予有二:譬与推类。譬者,举他物以证此物,举他理以明此理,今谓类比、比喻,漏瓮、逆旅,皆为显例。推类者,推理也,由大前提(阙省)、小前提而推结论,璜也、玉也,是其例。譬不具命题形式,主观、客观并存;推类具命题形式,然隐而不彰也。

　　此外还有辞之侔,比辞俱行,命题演绎也。"白马,马也。乘白马,乘马也。'此是而然者也。推而广之,不可者多——是而不然、不是而然、一周而一不周、一是而一非,皆其类也。其因,固在自然语言之歧义,亦在社会话语之语境。一言以蔽之,墨家辩学乃基于自然语言、以实为本的中华古典逻辑。

公孙龙子译注

凡　例

1. 本书以《正统道藏》本《公孙龙子》为底本,参校诸本而成,详"参校版本"。

2. 对底本校勘改订之处,一律在校注中说明。

3. 每篇开篇作解题,阐述篇题立意和该篇结构、主旨。

4. 每篇内容酌分若干小节。每节先作校注,后作译文。

5.《公孙龙子》文本,古今学者句读不一,训释殊异。为求简明,仅取具有参考价值或有影响者,余者不赘。

6. 本书之译文,取直译之法,尽量逐字逐句对译,以求贴切。

7. 每篇之末列"诸说辑要",酌取古今学者具代表性之见解,以备稽览。

8. 本次排印使用简化汉字,其于训诂甚为不便。为训诂计,个别之处仍保留繁体字。

迹府第一

[解题]

迹，事迹、行迹。《楚辞·惜诵》："言与行其可迹兮。"洪兴祖注："出口为言，所履为迹。"府，库也，藏也。《战国策》卷三《苏秦始将连横》记苏秦说秦惠王曰："大王之国，西有巴、蜀、汉中之利，北有胡貉、代马之用，南有巫山、黔中之限，东有殽、函之固。田肥美，民殷富，战车万乘，奋击百万，沃野千里，蓄积饶多，地势形便，此所谓天府，天下之雄国也。"高诱注："府，聚也。"迹府者，事迹之汇聚也。此篇记公孙龙事迹，分三部分。第一部分，公孙龙生平、学说简介。第二部分，记公孙龙与孔穿之辩。第三部分，仍记公孙龙与孔穿之辩，内容与第二部分略异。据此判断，此篇史料来源不同，乃并存者。

[原文]

公孙龙，六国时辩士也。[1]疾名实之散乱，[2]因资材之所长，[3]为"守白"之论。[4]假物取譬，[5]以"守白"辩，谓"白马"为非"马"也。"白马"为非"马"者，言"白"所以名色，[6]言"马"所以名形也，色非形，形非色也。夫言色，则形不当与；言形，则色不宜从。今合以为物，非也。[7]如求白马于厩中，[8]无有，而有骊色之马，[9]然不可以应有白马也。不可以应有白马，则所求之马亡矣。亡，则白马竟非马。[10]欲推是辩，以正名实，而化天下焉。

[校注]

[1]六国：战国时期（前475—前221），中原大国有六，齐、楚、燕、韩、赵、魏，故谓战国时代为六国时期。辩士：辩学之士。广义上，墨家逻辑学和名家逻辑学均属辩学，此言其同；狭义上，名家学者为辩者、辩士，此言其异。

[2]名：名称。实：实体。名实：名称与所指对象之间的关系。散乱：混乱。疾名实之散乱：对名实关系的混乱痛心疾首。此说非是，误导学人。

[3]资材：天资，禀赋。

[4]守：持守，秉持。"守白"之论："秉持白马非马"之论。

[5]譬：譬喻，比喻，事件类比之法。假物取譬：假借其他事物作比喻。

[6]名：动词，命名，指称。

[7]合：合并、混合。合以为物：合"白"与"马"为"白马"。非也：错误，不可。此句之意："白"与"马"合成"白马"一名，这样做不对。或者说，把"白"和"马"两个名合为"白马"一名，这样做不对。在公孙学说中，所有的名都各自独立，彼此之间没有关系。详参《通变论》之"二无一"。

[8]求：寻求、寻找。厩：马棚。

[9]骊色之马：深色或黑色之马。《礼记·檀弓上》："夏后氏尚黑，大事敛用昏，戎事乘骊，牲用玄。"或谓杂色之马。

[10]竟：竟然，结果。我要一匹白马，马厩里有一匹黑马，那么我得不到白马；我得不到白马，则黑马不是马。以此推之，白马亦非马矣。需注意者，在《公孙龙子》中，公孙龙讨论的是"白马"与"马"二名之间的关系，故需加引号；在对方的质问和陈述中，通常讨论的是对象实体。二者之龃龉，伴随始终。不究此异，必陷泥淖。

[译文]

公孙龙，战国时期的辩学之士。他对当时名实关系的混乱痛心疾首，凭借自己天赋所长，宣扬"白马"非"马"学说。他采取譬喻的方法，为他的学说辩护，宣称"白马"不是"马"。"白马"之所以不是"马"，是因为"白"是颜色之名，"马"是形状之名，颜色不是形状，形状也不是颜色。称呼颜色，形状不应参与其中；称呼形状，颜色不应参与其中。把颜色之名与形状之名合并起来，这样做错误。比如到马厩中找一匹白马，马厩中没有白马，而有黑色之马，这黑色之马就不应被当作白马。黑马不能被当作白马,所找的马没有。所找的马没有,白马也就不能被当作马了。公孙龙要用这样的逻辑,纠正天下名实关系的混乱,教化天下的人们。

[原文]

龙与孔穿会赵平原君家。[1]穿曰:"素闻先生高谊〔义〕,[2]愿为弟子久,但不取先生以白马为非马耳。[3]请去此术,则穿请为弟子。"龙曰:"先生之言悖![4]龙之所以为名者,乃以白马之论尔。今使龙去之,则无以教焉。且欲师之者,以智与学不如也。今使龙去之,此先教而后师之也。先教而后师之者,悖。[5]且'白马'非'马',乃仲尼之所取。[6]龙闻:楚王张繁弱之弓,[7]载忘归之矢,[8]以射蛟兕于云梦之圃,[9]而丧其弓。左右请求之,[10]王曰:'止!楚王遗弓,楚人得之,又何求乎!'[11]仲尼闻之曰:'楚王仁义而未遂也。亦曰"人亡弓,人得之"而已,何必楚!'[12]若此,仲尼异'楚人'于所谓'人'。[13]夫是仲尼异'楚人'于所谓'人',而非龙异'白马'于所谓'马',悖。[14]先生修儒术,而非仲尼之所取;欲学,而使龙去所教,则虽百龙固不能当前矣。"[15]孔穿无以应焉。

[校注]

[1]孔穿:字子高,孔子后裔。平原君:赵胜(?—前251),赵国贵族,武陵王之子。

[2]谊:读为"义",义理,学问。高谊:高论。《汉书·董仲舒传》:"子大夫明先圣之业,习俗化之变,终始之序,讲闻高谊之日久矣,其明以谕朕。"素闻先生高谊:久仰先生博学多闻。

[3]在孔穿的语境中,作"白马非马",即白马不是马,而非公孙龙之"白马"非"马"。

[4]悖:自相矛盾,不合逻辑。

[5]公孙龙谓孔穿之说悖,乃基于如下逻辑:教者为师,学者为徒。孔穿既

说自己要当公孙龙的学生,又要求公孙龙放弃自己的主张,这实际上是先当公孙龙的老师再当学生,这在逻辑上自相矛盾。

[6]在公孙龙的语境中,当作"白马"非"马",即"白马"之名不等于"马"之名。取:秉持。仲尼之所取:孔子所秉持的主张。当然,这是公孙龙的说辞。

[7]繁弱之弓:古之良弓。《荀子·性恶》:"繁弱、钜黍,古之良弓也;然而不得排檠,则不能自正。"

[8]忘归之矢:古之良矢。《嵇康集》卷一《兄秀才公穆入军赠诗十九首》:"左揽繁弱,右接忘归。"

[9]蛟兕:蛟龙与兕牛。云梦:楚国大泽名。云梦之圃:云梦地区的阔野。

[10]求:寻找。《康熙字典》:"《说文》:'索也。'《增韵》:'觅也,乞也。'"

[11]"楚王遗弓,楚人得之"者,谓虽有"王"与"人"之别,皆楚人也。自遗之,自得之,故楚王不求也。

[12]遂:通达,引申为彻底。《康熙字典》引《广韵》:"达也。"仲尼谓楚王有仁义之心,然仁义之心不够彻底。若吴人、鲁人得之而不求,则为"人亡弓,人得之",岂不胸怀更大!

[13]异"楚人"于所谓"人":公孙龙抓住了"楚人"与"人"的差异,进而把"楚人"与"人"不同这一结论强加给仲尼。

[14]从形式上说,"楚人"不等于"人","白马"不等于"马",二者之间道理相同。孔穿不否定自己祖宗的观点,却否定公孙龙的观点,故公孙龙斥之"悖"。

[15]不能当前:无法处理当前的情况,无法应对当前的情形。

[译文]

公孙龙与孔穿相会于赵国平原君家中。孔穿说:"久仰先生学问高深,早就想投先生门下为弟子,只不过不能接受先生白马非马之论。请先生放弃这一主张,我就拜您为师。"公孙龙说:"先生所言不合逻辑。在下的学术声誉,正是因为秉持'白马'非'马'之论。现在让我放弃这一主张,我也就没有东西可以传授学生了。况且拜人为师,是因为智力和学识不如对方。如今你让我放弃主张,这是先当我的老师然后再当我的学生。先当老师然后再当学生,这不合逻辑。况且,'白马'非'马'之说,乃是仲尼所秉持的主张。我听说:楚王携繁弱之弓,带忘归之矢,到云梦泽的阔野去射蛟龙、兕牛,不料遗失了弓。手下人要去寻找,楚王说:'不要找了! 楚王遗失了弓,楚人拾到了弓,何必去找!' 仲尼闻听之后评论道:'楚王行仁义而不够彻底。干脆说"有人丢失了弓,有人拾到了弓"就行了,为什么一定说楚人!' 如此说来,仲尼认为'楚人'与'人'不同。肯定仲尼主张的'楚人'与'人'不同,而否定我主张的'白马'与'马'不同,这不合逻辑。先生学习儒家学说而否定仲尼的主张,想要跟我学习却让我放弃我所教的内容,纵然有一百个公孙龙也无法解决当前的问题。"孔穿无言以对。

[原文]

公孙龙,赵平原君之客也。孔穿,孔子之叶也。[1]穿与龙会,穿谓龙曰:"臣居鲁,侧闻下风,[2]高先生之智,[3]说先生之行,[4]愿受业之日久矣,乃今得见。然所不取先生者,独不取先生之以白马为非马耳。请去白马非马之学,穿请为弟子。"

公孙龙曰:"先生之言悖! 龙之学,以'白马'为非'马'者也。使龙去之,则龙无以教。无以教而乃学于龙也者,悖。且夫欲学于龙者,以智与学焉为不逮也。[5]今教龙去'白马'非'马',是先教而后师之也。先教而后师之,不可。先生之所以教龙者,似齐王之谓尹文也。[6]齐王之谓尹文曰:'寡人甚好士,以齐国无士,[7]何也?'尹文曰:'愿闻大王之所谓士者。'齐王无以应。尹文曰:'今有人于此,事君则忠,事亲则孝,交友则信,处乡则顺。有此四行,可谓士乎?'齐王曰:'善! 此真吾所谓士也。'尹文曰:'王得此人,肯以为臣乎?'王曰:'所愿而不可得也。'是时,齐王好勇,于是尹文曰:'使此人广庭大众之中,见侵侮而终不敢斗,[8]王将以为臣乎?'王曰:'钜〔讵〕士也?[9]见侮而不斗,辱也。辱,[10]则寡人不以为臣矣。'尹文曰:'唯〔虽〕见侮而不斗,[11]未失其四行也。是人未失其四行,其所以为士也。然而王一以为臣,一不以为臣,则向之所谓士者,乃非士乎?'齐王无以应。[12]尹文曰:'今有人君将理其国,[13]人有非则非之,无非则亦非之;有功则赏之,无功则亦赏之——而怨人之不理也,[14]可乎?'齐王曰:'不可。'尹文曰:'臣窃观下吏之理齐,其方若此矣。'[15]王曰:'寡人理国,信若先生之言,[16]人虽不理,寡人不敢怨也。意未至然与?'[17]尹文曰:'言之,敢无说乎![18]王之令曰:杀人者死,伤人者刑。人有畏王之令者,见侮而终不敢斗,是全王之令也。[19]而王曰:见侮而不斗者,辱也。谓之辱,非之也。无非而王辱之,[20]故因除其籍,不以为臣也。不以为臣者,罚之也。此无罪而王罚之也。且王辱不敢斗者,[21]必荣敢斗者也。荣敢斗者,是而王是之,[22]必以为臣矣。必以为臣者,赏之也。彼无功而王赏之。王之所赏,吏之所诛也;上之所是,而法之所非也——赏罚是非,相与四谬,[23]虽十黄帝不能理也。'齐王无以应焉。故龙以子之言有似齐王。[24]子知难白马之非马,不知所以难之说。[25]以此,犹知好士之名,而不知察士之类。"[26]

[校注]

[1]叶:枝叶,旁支后裔。《左传》闵公元年:"国将亡,本必先颠,而后枝叶从之。"

[2]侧、下:皆谦卑之辞。侧闻下风:久闻大名。

[3]高……之智:敬仰、钦佩……的智慧、学问。

[4]说……之行:"说"读为"悦",赞赏……的所作所为。

[5]逮:及。不逮:不及。《论语·里仁》:"古者言之不出,耻躬之不逮也。"逮,杨伯峻注:"及,赶上。"

[6]尹文:战国人,齐国稷下学宫学者。《汉书·艺文志》著录《尹文子》一篇,入名家。传世《尹文子》,或谓伪书。

[7]以:表示转折,然而,可是。

[8]见:被,表示被动。《史记·屈原贾生列传》:"信而见疑,忠而被谤。"见侵侮:被欺侮。终:最终,始终。

[9]鉅:读为"讵",表示反问,若今"岂"。王引之《经传释词》:"《广韵》曰:'讵,岂也。'字或作'距',或作'鉅',或作'巨',或作'渠',或作'遽'。"

[10]辱:受辱之人。

[11]唯:通"雖"。王琯《公孙龙子悬解》:"俞荫甫曰:'唯当为雖,古书通

用,说见王引之《经传释词》。'按《吕氏春秋·先识览·八》同载此文,'唯'已作'雖'矣。"(第36页)"雖",简体字作"虽"。

[12]向:此前,过去。向之所谓士:刚才所说的士。无以应:无言以对。

[13]今有人君将理其国:《吕氏春秋·先识览·正名》载此文作"今有人于此,将治其国",知"理"当作"治",殆避唐高宗李治讳,后同。

[14]怨人之不理:《吕氏春秋·先识览·正名》载此文作"恶民之难治",殆避唐太宗李世民讳,知"人"当作"民"。

[15]方:正,恰。《史记·外戚世家》:"是时,项羽方与汉王相距荥阳。"

[16]信若:诚如,真如。《韩非子·忠孝》:"信若《诗》之言也,是舜出则臣其君,入则臣其父、妾其母、妻其主女也。"

[17]意:揣度之辞,恐怕。然:如此,这样。意未至然与:恐怕实际情况不至如此吧。

[18]说:论证,引申为理由、根据。《墨子·小取》:"以说出故。"无说:没有根据。《战国策》卷二十《赵策三》"卫灵公近雍疽弥子瑕"记卫灵公言于复涂侦曰:"有说则可,无说则死。"

[19]全:保全,维护。《庄子·庚桑楚》:"全汝形,抱汝生。"

[20]无非:没有错误。辱:以之为辱。

[21]辱不敢斗者:以不敢斗者为耻辱。

[22]第一个"是"字,代词,指"荣敢斗者"。是而王是之:如此,大王肯定敢于搏斗之人。

[23]四谬:无罪而王罚之,一谬也;无功而王赏之,二谬也;王赏而吏诛之,三谬也;王是而法非之,四谬也。

[24]以:谓,认为。王引之《经传释词》:"以,犹谓也。"《左传》昭公二十五年:"公以告臧孙,臧孙以难;告郈孙,郈孙以可,劝。"

[25]说:根据,参见此段"校注"[18]。此句之意:你知道非难"白马非马",却没有立论的根据。

[26]以此:如此。不知察士之类:不知士为何类之人。

[译文]

公孙龙是赵国平原君的门客,孔穿是孔子的旁支后裔。孔穿与公孙龙相会,孔穿对公孙龙说:"鄙人在鲁国,久仰先生大名,钦佩先生的智慧,赞赏先生的所为,早就想拜先生为师,如今终得相见。可是唯一不能接受的,就是先生说白马不是马。请您放弃白马非马学说,孔穿拜您为师。"

公孙龙说:"阁下之言荒谬。我的学问,就在'白马'非'马'之论。让我放弃这一主张,我便没有什么东西可以用来教育学生。我没有什么可以教,你却要跟我学,这不合逻辑。况且,想要跟我学习的人,是因为智力、学识不如我。现在让我放弃'白马'非'马'的主张,这是先当我的老师然后再当我的学生。先当老师然后再当学生,这说不通。阁下垂示于我的,颇似齐王对尹文所说。齐王对尹文说:'寡人特别喜欢士,然而齐国却没有士,这是为什么?'尹文回答:'希望听听大王所说的士是怎样的。'齐王无法回答。尹文问:'现在有这样一个人,忠于君主,孝顺父母,取信朋友,邻里融洽。有这四种品行,能算作士吗?'齐王说:'好!这才是我所说的士。'尹文问:'大王得到此人,肯任命他为臣吗?'齐王答:'这样的人,我想要却得不到呀。'当时,齐王喜欢勇猛之士,于是尹文问:'假如此人在大庭广众之中,遭受别人欺侮却始终不敢还击,大王还以他为臣吗?'齐王说:'这样的人能算士吗?受到欺凌而不敢还击,这是耻辱。受辱之人,寡人不以之为臣。'尹文说:'虽然受到欺侮而没有还击,但没有失去士的四种品行呀。此人没有失去士的四种品行,所以他被认为是士。然而,大王一会儿以之为臣,一会儿不以之为臣,那么先前所说的士,难道不是士了吗?'齐王无言以对。尹文说:'有这样一个君主治理国家,百姓有错就责备,没有错也责备;有功就奖赏,无功也奖赏——他抱怨百姓治理不好,行吗?'齐王说:'当然不行。'尹文说:'为臣观察齐国官员治理国家,就是如此呀。'齐王说:'寡人治理齐国,如果真像先生所说,百姓管理不好,寡人无话可说。我治国恐怕不至如此吧!'尹文说:'既然这么说,能没有根据吗?大王的法令说:杀人者死,伤人者刑。有人畏惧大王的法令,受到欺辱也不敢与人决斗,这是为了遵守大王的法令。可是大王却说:受到欺凌而不敢还击,这是耻辱。说是耻辱,就是批评否定。此人没做错事而大王以之为耻辱,于是免去其官职,不以之为臣。不以之为臣,这是惩罚他。这是此人无罪而大王罚之。还有,大王以不敢搏斗者为耻辱,必定奖赏勇于搏斗者。奖赏勇于搏斗者,这是大王认可此人,必定任命此人为臣。任命此人为臣,是奖赏此人。此人无功而大王奖赏他。大王奖赏的人,却是官吏所要诛杀的人;大王所肯定的,却是法律所否定的——奖赏与惩罚,肯定与否定,以上四个方面彼此相悖,即便有十个黄帝,国家也治理不好。'齐王无言以对。所以我以为阁下所说与齐王所说相似。阁下知道非难白马非马学说,却说不出非难的理由。如此,就像齐王有好士之名,却不了解士为何种之人一样。"

白马论第二

"白马论"者,"'白马'非'马'"之论也。"白马"者,复名也;"马"者,单名也。复名既不等于构成该复名之单名,也不包含构成该复名的两个单名的意义,而是完全独立的、与单名功能相同的名,见公孙龙子《通变论》。换言之,一字词、二字词、三字词都是一个独立的词,多字词与构成该词的词素无关。。因此,该篇属于名家符号语形论的具体案例。

名家逻辑语言与墨家逻辑语言有根本区别。形式上,二者都使用自然语言——古代汉语;功能上,名家逻辑语言是符号语言,墨家逻辑语言是自然语言。名家逻辑语言可用符号(X,Y,A,B)代替,墨家逻辑语言则不可。比如,在名家逻辑语言中,"'白马'非'马'"可表示为"$XY \neq Y$"($X=$白,$Y=$马)。墨家逻辑语言则否。显然,名家逻辑语言具有符号意蕴。

依照墨家逻辑的自然语言,马是总名(属),白马是类名(种),总名"马"包含类名"白马",类名"白马"小于总名"马"。故,白马是马。不但白马是马,黄马、黑马也是马,公马、母马还是马。正因如此,古往今来基于这一立场的学者均谓"白马非马"之说为诡辩。曾祥云指出,"白马非马""是一个表征名与名之间关系的符号学命题",甚是。详参篇末"诸说辑要"。

本篇以主客之间问答形式展开。客方立足于墨家逻辑之自然语言,主方立足于名家逻辑之符号语言,各说各话,龃龉交错,不可不察焉。

[原文]

〔曰：〕"'白马非马'，可乎？"[1]

曰："可。"

曰："何哉？"

曰："'马'者，所以命形也；'白'者，所以命色也。[2]命色者，非命形也，故曰'白马'非'马'。"

曰："有白马，不可谓无马也。不可谓无马者，非马也〔耶〕？[3]有白马为有马，'白'之非马，[4]何也〔耶〕？"

曰：[5]"求马，黄、黑马皆可致。求白马，黄、黑马不可致。使白马乃马也，[6]是所求一也；[7]所求一者，'白'者不异'马'也。[8]所求不异，如黄、黑马有可有不可，[9]何也〔耶〕？可与不可，其相非，明。[10]故黄、黑马一也，[11]而可以应有马，而不可以应有白马。[12]是'白马'之非'马'，审矣。"[13]

[校注]

[1]句首原无"曰"字，据文意补，以清眉目。此为开篇设问。问者基于墨家自然语言。众所周知，不但白马是马，黑马、黄马都是马。在这里，马是总名，白马是类名，马包括白马，故有是问。

[2]命形、命色：对形状、颜色的命名、称呼。在公孙龙这里，"命形""命色"是作语言分析。对方问的是对象实体之间的关系，而公孙龙回答的却是词语之间的关系，二者学术立场迥异。

[3]也：读为"邪""耶"，疑问词。《周易·同人·象传》："出门同人，又谁咎也？"《周易·系辞上》："夫易，何为者也？""也"作"耶"，先秦文献习见。

[4]白之非马："白马"与"马"，多一"白"字。因多一"白"字，公孙龙于是说"白马"非"马"。但问方无法理解多一"白"字就说白马不是马的道理，故作是问。

[5]此后一段，公孙龙用生活事实（而非语言事实）论证白马非马。以彼之矛，攻彼之盾，莫妙乎此。这使人误以为名家逻辑与墨家逻辑都立足于生活实践，实则不然。

　　[6]使:假使。谢希深《公孙龙子注》:"设使白马乃为有马者……"是以"使"为假使也。

　　[7]一:相同。是所求一也:是所寻找的白马与马没有区别。

　　[8]白者不异马:白马等同于马。

　　[9]所求不异,如黄、黑马有可有不可:此句有省略。既然白马等同于马,以此类推,黄马、黑马也应等同于马。那么,我要一匹白马,你却只给我白马,而不给我黄马、黑马,你岂不自相矛盾?用如下等式表示更显而易见:

　　　　若:白马=马

　　　　则:黄马=马=黑马

　　　　然:黄马≠白马≠黑马

　　　　故:白马≠马

　　[10]相非:逻辑词,彼此对立、彼此排斥。明:显而易见。

　　[11]黄、黑马一也:黄马、黑马的道理是一样的。

　　[12]谭业谦《公孙龙子译注》:"王琯疑上'而'字为衍文。金受申疑下'而'字为衍文。按:这两个'而'字都和'乃'同义,连用以强调'可与不可'的对比,非有衍文。"(第3页)

　　[13]审:逻辑严谨。

[译文]

　　客问:"'白马非马',这一命题可以成立吗?"

　　主答:"可以成立。"

　　客问:"为什么?"

　　主答:"'马'这个语词,用来命名形状;'白'这个语词,用来命名颜色。命名颜色的语词不是命名形状的语词,所以说'白马'非'马'。"

　　客问:"有白色的马,就不能说没有马。不能说没有马,那不就是有马吗?有白马就是有马,多了一个'白'字就说不是马,为什么?"

　　主答:"我要一匹马,黄马、黑马都会送来。我要一匹白马,黄马、黑马不会送来。假如白马等于马,那我所要的马就没有了区别;没有了区别,'白'这个词与'马'这个词也就没有了区别。要的马没有区别,〔白马〕、黄马、黑马有的送来,有的不送来,那为什么?可以与不可以,显而易见是相非关系。所以,黄马、黑马的道理也一样,可以因应有马,不可以因应有白马。如此,'白马'非'马',逻辑严谨。"

[原文]

曰:"以马之有色为非马,天下非有无色之马也。天下无马,可乎?"[1]

曰:[2]"马固有色,[3]故有'白马'。使马无色,有'马'如已耳,[4]安取'白马'?[5]故'白'者,非'马'也。'白马'者,'马'与'白'也。'马'与'白','马'也〔耶〕?[6]故曰'白马'非'马'也。"

[校注]

[1]问者基于自己的思路进行推理:因为马有颜色,就说不是马;天下的马都有颜色,所以说天下没有马——这样的结论岂不荒谬!

[2]公孙此段,回到名家语言学立场,分析"白马"与"马"两个语词之间的关系。旧注不明此理,遂致众说纷纭。

[3]固:本来。《孟子·梁惠王上》:"臣固知王之不忍也。"

[4]如已:而已。刘禋本、绵眇阁本、且且庵本、明《十二子》本、《正统道藏》本、李瀚本、《子汇》本、《十八子全书》本、欧阳清本、《六子书》本、《十子》本、严可均抄本、《墨海金壶》本、《二十二子全书》本等均作"如已"。谢希深注:"如,而也。"崇文本作"而已",或臆改。

[5]安:疑问词,何,焉。《周易·同人·象传》"三岁不兴,安行也",《正义》曰:"安,语辞也,犹言何也。"《汉书·吴王濞传》"固有死耳,安得不事",颜师古注:"安,焉也。"

[6]也:读为"邪""耶",见本篇前注。在此句中,公孙龙强调"白马"这样的二字词与"马"这样的一字词不同,这不是个例,而是通例。

[译文]

客问:"因为马有颜色就说它不是马,天下没有不带颜色的马。说天下无马,能成立吗?"

主答:"马本来就有颜色,所以有'白马'这个词。假如马没有颜色,说有'马'这个词就行了,还说'白马'这个词干什么? 所以说'白'不是'马'。'白马',由'马'和'白'两个单名构成。'马'和'白'组合起来,难道等于'马'吗? 所以说'白马'非'马'。"

[原文]

曰:"'马'未与'白',为'马';'白'未与'马',为'白'。合'马'与'白',复名'白马'[1]——是相与以不相与为名,未可?[2]故曰'白马'非'马',未可。"[3]

曰:"以有白马为有马,谓有白马为有黄马,[4]可乎?"

曰:"未可。"

曰:"以有马为异有黄马,[5]是异黄马于马也。[6]异黄马于马,是以黄马为非马。[7]以黄马为非马,而以白马为有马,此飞者入池而棺椁异处,[8]此天下之悖言乱辞也。曰'有白马不可谓无马'者,离'白'之谓也。[9]不离者,有'白马'不可谓有'马'也。故所以为有马者,独以马为有马耳,非有白马为有马。故其为有马也,[10]不可以谓'"马","马"也'。[11]曰'白者不定所白,忘之而可也'。[12]'白马'者,言白定所白也。[13]定所白者,非白也。[14]'马'者无去取于色,[15]故黄、黑皆所以应;'白马'者有去取于色,黄、黑马皆所以色去,[16]故唯白马独可以应耳。[17]无去者,非有去也。[18]故曰:'白马'非'马'。"

[校注]

[1]复名:由两个单名构成的复合名词。《荀子·正名》谓为"兼名":"单足以喻则单,单不足以喻则兼。"杨倞注:"单,物之单名也;兼,复名也。""白""马"均为单名,"白马"则为兼名、复名。问者基于墨家辩学立场。兹须明瞭,名家名学否定墨家复名学说。

[2]相与之名,即兼名,如"白马";不相与之名,即单名,如"白""马"。相与以不相与为名:兼名由两个单名构成。王琯《公孙龙子悬解》:"马初不与白

为马,白初不与马为白,马自马,白自白,其名为二,各不相与。今竟以此不相与之名物而相与之,兼名白马。"(第45页)此乃墨家兼名之构词法。未可:表质问,意思是可。若作否定性的"未可",就会变成自我否认,从而陷入自相矛盾。

[3]因为肯定兼名构词法,肯定墨家辩学语言,所以否定公孙龙的"白马"非"马"之说,否定符号语言,故曰"白马"非"马"未可。

[4]以……为……,谓……为……:把……当作……,于是说……就是……。

[5]异有:逻辑词,不同于有,不等于有。

[6]异黄马于马:区别黄马和马,认为黄马与马不同。

[7]这是公孙龙作的类推,是他强加在对方头上的结论:既然你说黄马与马不同,就相当于说黄马非马。

[8]栾星《公孙龙子长笺》:"飞者入池,天上飞的进了水中。棺椁异处,把棺与椁分别放置。椁,外棺。天上飞的非水族,本不应入水;棺与椁本应相函,不应分置。这样说是用来比喻'以黄马为非马,而以白马为有马'于理背谬。"(第23页)是。

[9]离"白":分离并抛弃了"白"字。否则,复名"白马"怎能等于单名"马"呢?

[10]为:认为,以为。故其为有马也:故你认为的有马。

[11]"'马','马'也",这是名家的语言规则,相当于 X=X,A=A。墨家说白马是马,不符合名家的规则,所以公孙龙说"不可以谓'马,马也'"。学界对"马马也"句读不同,理解各异。栾星《公孙龙子长笺》断句为:"故其为有马也,不可以谓'马马'也。"(第20页)谓"马马"为"众马",即"这种马或那种马"。备一说。

[12]这是主方引述客方的话。客方认为,白马、白猫、白虎之白与被修饰之物不是固定的关系,因而可以忘掉。这当然是公孙龙的诬辞。

[13]白定所白:"白"与所白的对象是固定的关系,"白马"一词不能拆开。在名家语言规则中,复名不可拆分为两个单名,复名的角色与单名同。

[14]定所白者,非白也:是"马"这个对象固定了"白",而非"白"自己固定了自己,"白"没有独立性。此句重复兼名不可拆分。

[15]去取:取舍。无去取于色:没有与颜色结合。

[16]所以:以。黄、黑马皆所以色去:黄马、黑马都因颜色而不取,唯取白马。

[17]唯白马独可以应:有省略,完整的句子应该是:唯白马独可以应有白马。

[18]无去者,非有去也:这里省略了主语"白马"。"白马"一词无去于色,就是没有剥离掉白色。"无"与"非有"为对等的逻辑词。

案:在本篇中,名家强调"白马"不等于"马"。其推理是:

如果:

白马 = 马

同理:

黑马 = 马

黄马 = 马

则:

白马 = 马 = 黑马 = 黄马

但在实际生活中,我要一匹白马,马厩里没有白马,但有黑马、黄马,你不会把黑马当白马交给我。显然,你的逻辑思维与现实生活存在冲突。为了解决这一矛盾,名家立足于符号语言的立场,提出了"'白马'非'马'"这一命题。逻辑上的悖论解决了,却陷入了与现实生活的尖锐矛盾,此所谓"可以服人之口,不可以服人之心"者也。

从语言形式上分析,"'白马'非'马'"等价于"'复名'非'单名'"。关于复名与单名的关系,公孙龙在《通变论》中有进一步阐发,此略。

[译文]

客曰:"'马'这个词没有与'白'这个词结合的时候,是'马'这个词;'白'这个词没有与'马'这个词结合的时候,是'白'这个词。把'马'与'白'两个词合在一起,就有了复名'白马'——这是把两个单名合成一个复名,这种构词法难道不可以吗?〔因为可以,〕所以说'白马非马'之论,不能成立。"

主问:"认为有白马就是有马,那么有白马就说有黄马,可以吗?"

客答:"当然不可以。"

主曰:"认为马不同于黄马,就是区别黄马与马。区别黄马与马,就是认为黄马不是马。认为黄马不是马,却说白马是马,这是把飞禽看成水里的动物,把棺与椁置于不同之处,这是极其荒谬的说辞。说'有白马不能说没有马',这是把'白'这个成分弃掉了。若不弃掉'白'这个成分,'白马'这个词就不能等同于'马'这个词。所以我们说的'马',只有'马'才可以说有'马',而不能把'白马'说成'马'。所以你说的有马,不合乎'"马"是"马"'的语言规则。你说'白与所白的对象并非固定的关系,因而白可以忘掉'。但'白马'一词,说的是'白'与'马'是不可拆分的。使'白'不能分开的,不是'白'自己。'马'这个词不涉及颜色,所以黄马、黑马都可以响应;'白马'这个词在颜色上有取舍,所以黄马、黑马都因为颜色而被排除掉了,仅仅白马可以对应。"白马"一词无去颜色,就是没有去掉白色。所以说:'白马'不是'马'。"

[诸说辑要]

傅山《公孙龙子注》:似无用之言,吾不欲徒以言之辨奇之,其中有寄旨焉……若以此义作求才绎之,大有会通。白、黄、黑皆马,皆可乘,故识马者,去白而可已。其义病在一"白"字,必于不黄不黑,而马之道狭矣。

王琯《公孙龙子悬解》:通篇以"白马非马"命题,初视之似涉奇诡,然理殊易明。吾前已云:"马为周延,白马为不周延,两辞之范围不同。"兹再申演其旨:周延者,名辞包含所言事物之全体者也,如本论所称之马,能包括一切马类之外延全体,故为周延。白马为马之色白者,在众马之中仅占一类。除是而外,尚有其他各类之马,白马莫能容焉,故为不周延。辞类既各相别,即不能以异类之物而均等视之,白马之非马明矣。(第40页)

谭戒甫《公孙龙子形名发微》:"白马非马",为形名家所持最大论题之一,其义本至易憭,篇首即已明言;后此云云,徒波澜耳。(第24页)名家(案:指墨家)认"离白",故曰"有白马不可谓无马"。形名家(案:指名家)以为"不离",谓之"守白",故曰"有白马不可谓有马也"。此因有马之称,乃以独白而然……有马不可以谓白马,犹之有马不可以谓马马也。盖白马为色形二指,马马为形形二指,感觉皆二,正与相埒。若独马者仅一形之指,为二之一,岂能等乎?故马马既非马,则白马亦非马矣。(第29—30页)

伍非百《公孙龙子发微》:白马论者,辩白马非马之义,亦即辩"别名""共名"之"谓"也。白马非马,为公孙龙以前名家之说,而龙主之。本篇以"白马马也"与"白马非马"两辩题,设为问答,往复论难,至于八反。大率古人辩白马者,义尽于此矣。(《中国古名家言》,第548页)

陈柱《公孙龙子集解》:龙之意在明"马非马",为下篇"指非指"之例证。欲明"马非马",故先标"白马非马"以起难。白马非马,人所不信也。然白马非黄马,则人人所共信也。黄马非黑马,亦人人所共信也。黑马非赤马,亦人人所共信也。然天下无无色之马,则马皆非马。故《庄子·齐物论》云"以马喻马之非马",盖谓以白马喻马之非马也。(第53—54页)

庞朴《公孙龙子研究》:《白马论》第一章说:"马者,所以命形也;白者,所以命色也。命色者非命形也。故曰'白马非马'。"色不是形,命色的不是命形的,白不是马,这是常识范围内的事。但公孙龙由此出发,却得出了"白马非马"这样一个违背常识的结论,其奥秘在于:他认为,"白马"是"马"加"白",亦即"马"加了一个不是马的东西;马既已加上了一个不是马的东西,难道还能再是马吗?这套歪理,就是第三章所说的那一段使许多注释者为之头痛的话:"故白者非马也。白马者,马与白也。马与白,马也?故曰白马非马也。"这是《白马论》最核心的思想,也是公孙龙的典型思维方式……问题在于,他根本地违反了辩证逻辑,违反了思维辩证法。(第74—75页)

栾星《公孙龙子长笺》:在公孙龙一派辩者看来,"白"是颜色的概念,"马"是形体的概念;白马既不是"白",也不是"马"。不仅白马不是"马",黑马、黄马也不是"马"。公孙龙完全理解这是反常识的,他正是有意识的拿他的见解和常识的见解对立起来,并加以绝对化,以证成其说。也正是在这里,使他的学说流入诡辩。白马与马的问题,实质上是哲学中的"个别"与"一般"的关系问题,应该承认公孙龙从"同"中求"异"洞察到"一般"和"个别"是有区别的,这对古代逻辑学史是一个贡献。但反过来看,他无视"异"中求"同",把"个别"和"一般"的区别加以绝对化,进而认为"一般"不存在于"个别"之中,二者互不联系、互相对立,则使他最终成为一位绝对主义的唯心主义者。(第14—15页)

杨俊光《惠施公孙龙评传》:"白马是马"和"白马非马"这两个命题,各自都只是表述了个别与一般辩证关系的两个不同方面——同一和差异中间的一个方面;离开了另一个的任一个,都是片面的,都不是真理……"白马非马"的命题包含着辩证法思想的因素,也是公孙龙对辩证法作出的贡献……从整体上或就其归宿来说,"白马非马"是一种形而上学的思想。(第204—205页)

谭业谦《公孙龙子译注》:"白马非马"比"白马是马"是一个更带根本性的判断。不承认白马非马,白马是马就没有什么意义了。不认识白马与马的差异,"白马是马"就只能是毫无意义的同语反复。《白马论》的论断从逻辑上讲是正确的。这篇文章也只有从逻辑学方面看,才是有意义有价值的。因为离开逻辑学,一般并不需要证明白马非马……"白马非马"违反"白马是马"这个"常识",但我们无法否定它的正确性。用"白马是马"去否定它,是不合逻辑的。形式逻辑对"白马非马"是从内涵方面肯定它,又从外延方面否定它。《白马论》的确有所不同。它肯定"白马非马",否定"白马是马"。这是符合矛盾律的,是非不两立。但它仍容忍"白马是马"这个"常识"。它提出了"离白"的说法。对于"白马是马",《白马论》的判断是:"以谓马,马也;曰白者不定所白,忘之而可也。"这段话和"有白马不可谓无马者,离白之谓也",包涵着新颖的思想,值得研究……在《白马论》中,白马和马代表种名和类名。它们是相异的概念,却不是对立的概念。马和非马对立却不和白马对立。按照"离白"的说法,忘掉差异,种名就可以等同类名。楚人和人,盗人和人,狗和犬,亲人和人,都存在种名和类名的关系,都可以用《白马论》的理论概括。(第8—9页)

吴兆熊、吴惠勤《公孙龙是中国第一个把符号用于逻辑学的人》:公孙龙是中国第一个把符号用于逻辑学的人。由于他使用汉字作符号,所以迄今未得到人们的注意和承认。是汉字不能作符号吗? 否。古人以三十六个汉字表示三十六个声母,就是明证。汉字既然能作语音学上的符号,当然也能作逻辑学上的符号。公孙龙在《白马论》中提出"白马非马"论。"白马"表示种概念,"马"表示属概念,"非"表示两者间的关系。此论表示种概念与属概念间有部分不相同的关系。可见"白马非马"是现代逻辑学中两项关系的关系命题公式"R(A,B)"的某种雏形。(《齐鲁学刊》1986年第5期)

曾祥云《为公孙龙正名——〈白马论〉新探》:《白马论》之中心论题"白马非马"的本意,既非"白马不是马",亦非"白马不等于马",而是"'白马'不是'马'",它是一个表征名与名之间关系的符号学命题。在《白马论》中,公孙龙通过肯定名与指称对象的对应关系,揭举了作为词项符号的名的确定性以及名与名之间的相对独立性,并严格区分了名的提及与使用。因此,从《白马论》的思想意蕴来看,它实际上是一篇探讨名与名之间关系的符号学专论。(《湖南大学学报》1998 年第 3 期)

邢滔滔《〈白马论〉一解》:本文基于范启德的"任意对象"理论,为公孙龙的《白马论》提供一种新的解释,其主旨是想表明,古文的"马""白马"等词在某些语境中指称相关类的个体。文章通过具体的文本分析,为上说提供论据,并论证公孙龙恰是在这个意义上肯定"'白马非马'可",即在特定的语境中,任意一匹马不等同于任意一匹白马。(《科学文化评论》2006 年第 5 期)

何杨《"正名"视野下的〈白马论〉》:公孙龙区分了物和实,主张名谓实而非谓物,并要求名实严格地一一对应。本文根据这种正名理论表明"白马非马"虽可意指"白马$_w$ 有异于马$_w$",但其真正含义是"白马$_M$ 全异于马$_M$",也即"白马$_s$ 全异于马$_s$",其要点有二:第一,作为白色和马形结合体称谓的白马$_M$ 异于仅为马形称谓的马$_M$;其二,白马$_M$ 中的马$_M$ 与白马$_M$ 不可分离,异于未与白$_M$ 结合的马$_M$。(《逻辑学研究》2010 年第 1 期。案:原文下标符号 w 表示物,$_M$ 表示名,s 表示实)

江向东《〈公孙龙子·白马论〉新诠》:公孙龙此篇之主旨即在对"马""白"与"白马"等具体概念之独立实存性的确证,此亦正反映出公孙龙在形而上思考方面的成绩;而就其逻辑(认识论)问题言,则《白马论》之中心论题"白马非马",仅以一含混之"非"字,以表达对"包含关系"内部之"别名"与"共名"之"差异性"的强调,实则带有"诡辩"倾向,亦常引时人及后世史家误会其本意,故其在逻辑思考方面的正面贡献实不如后期墨家显著;再就体性问题言,虽然公孙龙在《白马论》中已然表现出就"知觉"自身分辨"马"与"白"之倾向,但因其仅仅固守"马"与"白"各具其独立实存性之立场,其未能真正就"知觉"能力之分别问题展开具体论述,故其在体性问题上并无真正的理论建树。(《哲学研究》2015 年第 12 期)

杨少涵《"白马非马"正名》:在公孙龙的这个论证中,马、白、白马不是日常生活中的三种实物,而是三个不同的概念(名):马是一个表示形状的概念,白是一个表示颜色的概念,白马是一个表示形状与颜色的概念。白不再是一个表示修饰的形容词,不再是对马的修饰,而是与马并列的一个独立的概念。或者说,白、马、白马是三个各自具有独立意义的概念,这三者的关系不是种属关系或包含关系,而是并列关系。并列关系就意味着彼此之间具有排斥性与差异性,由此而言,"白马非马"是完全成立的……"白马非马"的论证思维是有意识地将名与实暂时脱离关系,从而斩断了日常思维中名与实的直接联系;并且只关注于名,暂时不思考实,更不关心名与实的关系,不关心名与实是否相符。在这种思维下,白马与马只是两个不同的名,所以都只能从名的角度来思考,而不能从实来思考,更不能将这些名与日常生活中的实物对应起来思考……从以上分析来看,"白马非马"的论证思维可以说完全是一种概念游戏……"白马非马"这种概念游戏能够训练人的抽象思维能力,进而形成一种纯粹思辨活动。(《光明日报》2016 年 3 月 7 日)

周昌忠《"白马论":实质的语言分析哲学思想》:"白马论"表达了公孙龙的实质的语言分析哲学思想。(《自然辩证法通讯》第 39 卷第 3 期,2017 年)

匡钊《先秦哲学对属性与性质的思考——以"白马论"为中心的讨论》:《公孙龙子》中的"白马论"引出了先秦哲学中对事物本质与属性的思考。(《逻辑学研究》2018 年第 3 期)

李巍《性质词语与命名难题——"白马非马"再审视》:《公孙龙子·白马论》的著名论题"白马非马",看似关涉"白马"与"马"的区别,并进一步涉及"白"与"马"的区别;但回到文本,可知此论题真正谈论的只是"白",是这个性质语词的涵义在命名活动中是否发挥限定的差别。(《逻辑学研究》2018 年第 3 期)

指物论第三

　　"指",今作旨,即概念。"物"是概念所指称的实体,广义上指概念所指称的对象。"指物论"者,概念与对象关系之论也。本篇阐明,概念乃人类认识世界之主观意识,没有人类便无概念;物则是客观实在,不依赖于人类而存在。公孙龙认为,人们通常把概念等同于对象物,但实际上概念内涵远远小于对象物的属性。把人为的概念等同于其所指称的对象,这存在严重理论缺陷。有鉴于此,公孙龙提出了"物指"这一概念,用以表示对象物自身的全部属性。"物指"是外在的、客观的,与人类无关。"指"与"物指"是主观概念与客观属性的关系。人类赋予概念的内涵与对象物自身的全部属性,二者之间并不对等,无论是现在还是将来,人们永远也不可能把握对象物的全部属性。当然,人们的概念并非没有意义,概念毕竟反映了对象的部分属性。本篇的宗旨是,墨家的概念论存在严重缺陷,隐含之意是否定概念论。

　　《庄子·天下》所载辩者部分命题正与《指物论》相呼应。"指不至,至不绝",恰好反映了《指物论》的宗旨。这一命题的意思是:概念的内涵不可能完全包摄对象的全部属性,即使人们认为完全包括了,实际上无论如何也不会穷尽对象的全部属性。与此紧密相关的命题有:"'卵'有毛""'鸡'有天下""'马'有卵""'丁子'有尾""龟长于蛇""'白狗'黑"。以"'卵'有毛"为例。古今学者从生活实践出发,试图找出答案,结果无论如何也找不到"卵有毛"之例,于是斥之为诡辩。其实,这一命题的意蕴是:"卵"的概念中包含毛的因素。

详参附录一"《庄子·天下》辩者命题译注"。

该篇乃理解名家与墨家决裂的契机之一,也是名家语言学形成的背景。掌握此篇精髓,便可进一步探索其他各篇,进而系统把握名家学说。至为关键者,乃"指"之一词,得其义则得此篇,不得其义则尽失此篇。前贤时彦索求多端,未见论及此义(参篇末"诸说辑要"),诚所谓"失之毫厘,差之千里"者也。

[原文]

物莫非指,[1]而指非指。[2]天下无指,[3]物无可以谓。[4]物非指者,[5]天下而物,可谓指乎?[6]指也者,天下之所无也。[7]物也者,天下之所有也。以天下之所有,为天下之所无,[8]未可。

[校注]

[1]莫非:逻辑词,双重否定,相当于全称肯定。指,即"旨",战国秦汉,人们常用"指"表示"旨",如司马谈《论六家要指》。这里"指"表示人们关于物的概念。此句之意:人们头脑中的物不过是关于该物的概念。

[2]前一个"指"是"旨",即概念,后一个"指"是概念之所指,即对象物。此句之意:人们关于某物的概念不等于对象物本身。以图示之,甚为直观,见图1。

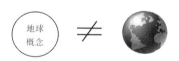

图1 概念与对象关系示意图

"物莫非指,而指非指":此为该篇主旨,全篇围绕这一主旨展开。对这八个字,古今学者诠释种种,大略归为三类。其一,相互是非说。谢希深注:"物我殊能,莫非相指,故曰'物莫非指'。相指者,相是非也。彼此相推,是非混一,归于无指,故曰'而指非指'。"俞樾说:"指,谓指目之也。见牛而指目之曰牛,见马而指目之曰马,此所谓'物莫非指'也。然牛马者,人为之名耳,吾安知牛之非马、马之非牛欤?故'指非指'也。"(《诸子评议》之《公孙龙子平议》)其二,词物有别说。金受申曰:"盖言物皆有名词,故曰'莫非指';但虚指之辞为非是,故曰'指非指'。"(《公孙龙子释》,第23页)谭戒甫说:"指既为物,物名得专,则物非指。物既非指,则指亦非指,故曰'而指非指'。"(《公孙龙子形名发微》,第

19页)陈柱说:"天下之物,皆人所指名者耳,而所被名之物,岂真为所指名者邪? 故曰'物莫非指,而指非指'。易其辞可云'物莫非名,而名非名'也。"(《公孙龙子集解》,第87页)其三,宇宙生成说。杜国庠说:"在《指物论》中,公孙龙概括了他的宇宙观,一开头便说:'物莫非指,而指非指。'这就是说,'物'没有不由'指'化成的,但是,'指'却不是由别的'指'所化成。"(《杜国庠文集》,第538页)栾星谓:"指为存在的第一性,物为第二性,因而说物无非由指化成。"(《公孙龙子长笺》,第102页)针对上述众说纷纭之状,杨俊光指出:"'指'这个字,其解释五花八门,有释为'是非'的,释为'宗指'的,释为'以手指指物'的,释为'方向'的,释为'代名词'的,释为'指定'的,释为'指而谓之'的,释为'名'的。真是五光十色,使人眼花缭乱,却都少得要领。"(《惠施公孙龙评传》,第183页)

[3]指:概念。句意为:如果人们没有关于每一具体之物的概念。

[4]谓:称谓。句意为:如无概念,对象物就无法被称呼、理解和传达。

[5]物非指者:对象物不等于反映该对象物的概念。这是由前述讨论得出的命题。

[6]而:之。《论语·宪问》:"君子耻其言而过其行。"杨伯峻《论语译注》:"而,用法同'之',说详《词诠》。"天下而物,可谓指乎:天下的万物,能等同于相应的概念吗?

[7]指:概念。句意为:自然界不存在概念。此句引申之义为:概念不是客观存在,而是人类的主观存在;人类灭亡了,相应的概念与之俱亡。

[8]以……为……:把……当作……。天下之所无:指人们头脑中的概念。以天下之所有,为天下之所无:把自然界的某物,等同于人们头脑中关于该物的概念。

[译文]

人们头脑中的物不过是人们关于该物的概念,而概念并不等于所指之物。如果没有概念,对象之物就无法称谓。任何对象物都不等于与之相应的概念,天下的万物还能等于人类头脑中的概念吗? 概念这种主观意识,客观世界中并不存在。物,存在于客观世界。把自然界客观存在的万物,当作人们头脑中的概念,这不可以。

[原文]

天下无指,而物不可谓指也。不可谓指者,[1]非指也。非指者,[2]物莫非指也。[3]天下无指,而物不可谓指者,非有非指也。[4]非有非指者,物莫非指也。[5]物莫非指者,而指非指也。[6]

[校注]

[1]不可谓指者:主语省略,完整的句子应为:物不可谓指者。意思是:对象物不能被等同于概念的原因。

[2]非指者:主语省略,完整的句子应是:物非指者。意思是:对象物不等于概念。

[3]物莫非指也:墨家莫不把对象物等同于概念。需要注意的是,在这句话中存在主语转换:"非指者",是公孙龙或名家的立场;"物莫非指也",是被批评者的立场,墨家的立场。

[4]有非:非也,否定也。非有非:并非要否定。非有非指也:并非要否定人们使用的概念。

[5]非有非指者,物莫非指也:不是名家要否定概念,而是墨家把对象物等同于概念。需注意者,此句中同样存在主语转换。

[6]此句中有三个"指",前两个"指"为概念,第三个"指"为对象。物莫非指者,而指非指也:对象物都被墨家等同于概念,而概念并不等于它所指之对象。此句为重复申述之。

[译文]

自然界不存在概念,对象物不能被等同于概念。对象物不能被等同于概念,因为它不是概念。对象物不是概念,可是墨家却把它等同于概念。客观世界不存在概念,对象物不能被等同于概念,不是名家要否定概念。不是名家要否定概念,是墨家把对象物等同于概念。墨家把对象物等同于概念,可是概念不等于它所指称的对象。

[原文]

天下无指者,生于物之各有名,[1]不为指也。[2]不为指而谓之指，[3]是兼不为指。[4]以有不为指，之无不为指，[5]未可。

[校注]

[1]生于物之各有名：有省略，完整的句子应是：指生于物之各有名。意思是：人们关于万物的概念产生于为万物命名的需要。

[2]不为指也：有省略，完整的句子应是：名不为指也。意思是：名称不等于概念。"名不为指"，这是一个重要的学术观点，以往未被学界注意。在公孙龙的学说中，概念被否定，而名称则被肯定。否定概念，因为概念不等于对象物；肯定名称，因为名称是对象物的指号。详细的解说见《名实论》。

[3]不为指而谓之指：有省略，完整的句子应是：名不为指而谓之指。此句的意思是：名称不等于概念，墨家却把名称等同于概念。

[4]兼：二，两。《仪礼·聘礼》："兼执之以进。"郑玄注："兼，犹两也。"这里指对象物、名称。指：概念。句意为：对象物和名称都不等于概念。

[5]以：由也。《大戴礼·子张问入官》："忿数者，狱之所由生也；距谏者，虑之所以塞也。""所由""所以"并列，是"以"通"由"。《汉书·刘向传》载刘向上书曰："窃推《春秋》灾异，以救今事一二，条其所以。"颜师古注："以，由也。"之：至，到。《孟子·滕文公上》："滕文公为世子，将之楚，过宋而见孟子。"《孟子·告子下》："宋牼将之楚，孟子遇于石丘。曰：'先生将何之？'"以有不为指，之无不为指：从对象物不等于概念，演变为对象物、名称都被等同于概念。以上一段，否定对象物、名称与概念完全对等。此段文字，学者诠释纷纭，不赘列。

[译文]

自然界原本没有概念，概念产生于人类给万物命名的需要，而名称并不等于概念。名称不等于概念，墨家却把名称等同于概念，如此一来对象物和名称都不等同于概念。从对象物不等于概念，演变为对象物和名称都被等同于概念，这不可以。

[原文]

且指者，天下之所兼。[1]天下无指者，[2]物不可谓无指也。[3]不可谓无指者，[4]非有非指也。[5]非有非指者，物莫非指。[6]指非非指也。[7]

［校注］

[1]天下：天下万物。兼：兼有。指者,天下之所兼：概念,与天下万物相关。此从正面说。

[2]天下无指：自然界不存在概念。

[3]物不可谓无指：事物不能说没有形成概念的客观属性。这里的"指"是物之指,即对象物的客观属性,故后文直接使用了"物指"这一概念,以表示客观的物质属性,与人类的"指"——概念相对。

[4]不可谓无指者：有省略,完整的句子应为：物不可谓无指者。意思是：不能说对象物没有构成概念的属性。换言之,概念仅反映了对象物的部分属性。

[5]非有非：表示否定之否定,相当于说"并非没有"。非有非指也：对象物并非没有对应概念内涵的属性。

[6]莫非：逻辑词,全称肯定。在现代生活中,这一词语仍在使用。物莫非指：物无不被人们等同于概念。

[7]非非：逻辑词,双重否定,相当于肯定。第一个"指",概念。第二个"指",对象物。指非非指：概念并非与对象物无关。以上一段,有条件地肯定了指物关系。在生活中,人们之所以能够利用概念识别对象物,是因为人们的概念中包含了对象物的部分属性。

［译文］

况且就概念来说,天下万物皆与之相关。自然界不存在概念,但不能说对象物没有与之对应的客观属性。不能说没有与之对应的客观属性,就是说存在与之对应的客观属性。存在与之对应的客观属性,对象物却被墨家等同于概念。概念与对象物有关。

［原文］

指与物,[1]非指也〔耶〕?[2]使天下无物指,[3]谁径谓非指?[4]天下无物,谁径谓指?[5]天下有指、无物指,[6]谁径谓非指、[7]径谓无物非指?[8]且夫指固自为非指,[9]奚待于物而乃与为指?[10]

[校注]

[1]指与物:概念与对象物的关系。

[2]也:读为"邪""耶",疑问词,见《白马论》第一部分校注[3]。非指耶:难道一定要否定概念吗?

[3]使:假使,假如。物指:事物的客观属性。在公孙龙的学说中,有两个相互呼应的概念:"指"与"物指"。指是人们头脑中的概念;物指,是对象物的构成要素或属性。人类关于物的概念并不覆盖对象物的全部属性,人不可能把握对象物的全部属性。华夏先民关于"水"的概念是"润下",现代科学关于"水"的概念是"H_2O",万年之后科技又有天翻地覆的进步,人们关于"水"的概念还不得而知,但可以肯定比现在更微观、更接近于本质。我们既可以说人类的认识在不断深化,也可以反过来说人类既有的概念仅仅反映了对象物属性的一个层面,永远也不会等于对象物本身。这便是我们对"指"与"物指"之间关系的理解。使天下无物指:假如自然界不存在事物的客观属性。有学者将"物指"诠释为物、指。《公孙龙子》谢希深注:"设使天下无物无指,则寂然矣。谁谓指为非指乎?谁谓指为指乎?"但后文有"天下无指、无物指",明"物指"是一个专门术语,二字不宜分开。此义甚为重要,未见前贤发覆。

[4]径:直截了当。《汉书·枚乘传》:"石称丈量,径而寡失。"颜师古注:"径,直也。"谁径谓非指:谁要断然否定概念。之所以否定概念,是因为概念没有反映对象物的全部属性,是因为存在着使概念相形见绌的对象物的客观属性。

[5]天下无物,谁径谓指:天下没有对象物,人们怎会形成概念、使用概念?

[6]天下有指、无物指:假如生活中存在概念,但不存在对象物的客观属性。

[7]非指:否定概念。谁径谓非指:谁要断然否定概念。

[8]无……非:双重否定,表示逻辑肯定。径谓无物非指:断然说有物指。

[9]且夫:况且,进一步说。指固自为非指:概念本来就不等于它所指称的对象。

[10]奚:疑问词,何。《孟子·梁惠王下》:"君奚为不见孟轲也?"乃与为指:成为物指,即客观概念。奚待于物而乃与为指:怎会因为有了对象物就成

为等同于对象物的客观概念呢？

[译文]

在概念与对象物的关系上，能完全否定概念吗？假如天下之物没有客观属性，谁能否定概念？假如天下没有对象物，谁会说有概念？假如天下有概念而不存在对象物的客观属性，谁断然否定概念、肯定对象物的客观属性？况且，概念本来就不等于所指称的对象，怎会因为有了对象物就成为客观性的概念？

[诸说辑要]

傅山《公孙龙子注》：岂不回复幽杳，本是无用之辨。然不能释者，顾读之者之不无用其言也。旨趣空深，全似《楞严》。

王琯《公孙龙子悬解》：今按"指"字，当作常义之"指定"解，即指而谓之；如某也山，某也水，其被指之山、水，标题所谓"物"者是也。执此以绳，全篇豁解。（第48页）

金受申《公孙龙子释》：欲知公孙正名方法，《指物论》实其主要之论文也。无论一切名，均由物、指、物指造成。故欲知本篇之义者，先须知物、指、物指之义……指，虚指也，汝、我、他、彼、此者是，即代名词也。物，实物也，有形如花、木、虫、鱼等者是，无形如声、光、空气等者是。但均为直觉，若仅言其名，则为物指耳。物指者，名词也，用以称物之用。（第22页）

吕思勉曰：指字当作一方向解。《庄子》"指穷于为"四字当断句，言方向述于变化耳。此篇之指字，亦当如此解。言人认识空间，乃凭借实物，天下只有实物，更无所谓空间，破常人实物自实物、空间自空间之谬想耳。（载陈柱《公孙龙子集解》，第82页）

谭戒甫《公孙龙子形名发微》：物，即后《名实论》"天地与其所产焉物也"之物。指字，自来未有定诂……盖指义有二，即"名""谓"之别。其指目牛马之指，谓也；因而所指目牛马之形色性亦曰指，名也……然则形色性三者可称为德，亦即此所谓指耳。（第18页）

伍非百《公孙龙子发微》：本篇意指谓天下之所谓物者，其本体不可径而知也。可得而知者，皆"指"而已。故曰"物莫非指"。然指非物也。指为"能指"，物为"所指"。所指虽藉能指而显，然能指究竟不是所指。故曰"而指非指"。(载《中国古名家言》,第 521 页)《指物论》之所由作,大恉谓名实不能密合。名者,实之宾也。名非是实,然无名则实不喻。任名太过,则必有失其实而忘其所以为名之患。(载《中国古名家言》,第 523 页)

陈柱《公孙龙子集解》:公孙之意,欲破除一切之名。《白马论》则以"白马非马"起论,以证马非马,以破除马名者也。此篇则以《白马论》之结论,而推至于一切名者也。夫名,人所指名也,故谓之指。(第 85 页)

庞朴《公孙龙子研究》:《公孙龙子》是诸子书中最难读的一本,而《指物论》又是《公孙龙子》中最难读的一篇。它除去具有其他各篇共有的诡辩特点因而难读外,自己还有两个特殊的难点:一个是,它也是对辩体,却未用"曰"字标明双方的界限;文中客难主答,一气呵成,稍不留心,难免张冠李戴。另个是,它的论辩过程一波三折,层出不穷,在这个意义上肯定了的东西,到另一意义上又把它否定,为的是最后再把它肯定,愈转愈深,如走龙蛇,偶一疏忽,便觉不知所云。《指物论》也是全书中最重要的一篇,它是公孙龙思想的理论基础,回答的是物质与意识的关系问题。所谓"物",就是物质或存在;所谓"指",就是意识和思维。(第 19—20 页)

栾星《公孙龙子长笺》:本篇所论实即公孙龙的宇宙观……公孙龙所谓物,与我们一般所说的物,并无不同,又不全同……在公孙龙看来,物由"指"转化而成,"指"是第一性的。公孙龙所谓指,乃物的属性的抽象化,即我们所说的共相……指用以指物时,就构成"物指",由"物指"显现为具体的物——这是由指化物的过程……本篇名为《指物论》,乃论指与物的关系,即指化物的意思。指与物的关系,实即心物关系。不管以什么方式否认物为存在的第一性,终是哲学上的观念论者。(第 100—101 页)

孙中原《中国逻辑史(先秦)》:《指物论》的论证方式是运用演绎式的连锁推理,其前提的转换、过渡,是运用"偷换概念"和"窃取论点"的手法。他的论证表面上看来环环相扣,貌似严谨,实际上是武断、跳跃,丝毫也没有说服力。《指物论》通篇是在物、指、物指、非指这几个概念上兜圈子,再加上多用否定词"莫""非""无""不""未"等和疑问词"乎""也""奚"等,读来令人如堕云雾,莫名其妙,其实不过是作者卖弄机智、故弄玄虚而已。(第 181—182 页)

杨俊光《惠施公孙龙评传》:关于《指物论》本身的学术研究,历来亦都很不充分……就如"指"这个字，其解释五花八门，有释为"是非"的，释为"宗指"的，释为"以手指指物"的，释为"方向"的，释为"代名词"的，释为"指定"的，释为"指而谓之"的，释为"名"的。真是五光十色，使人眼花缭乱，却都少得要领。对于指物关系的解释，则是更加纷乱了。（第183页）《指物论》全文所表现的，正好是一个十分明确的唯心主义体系。（第187页）

谭业谦《公孙龙子译注》：《指物论》有一个明确的中心命题："物莫非指而指非指。"它对这个命题进行了反复论证，其逻辑推理也是层次分明。所论的是指称和事物的变化关系，纯粹属于逻辑学范畴。（第11页）

李树琦《以数理逻辑解析〈指物论〉的一个尝试》：本文以现代数理逻辑的演算系统为依据，对中国古典逻辑名著《公孙龙子·指物论》的内在逻辑结构尝试作了解析。文章认为，从《指物论》的逻辑结构中可以发现"物莫非指"命题具有广泛内在含义。《指物论》在逻辑上很好地运用了假言连锁、归谬法、反证法等推理形式，从而阐述出了深刻的哲理。从中可以看出我国古代学者具有高超的逻辑思维水平。（《学习与思考》1984年第3期）

朱前鸿《以符号学析公孙龙子的〈指物论〉》：一、公孙龙子作《指物论》的主要目的是为了解决先秦名学的一个焦点问题："符号与对象"（亦即"指物""名实"）的关系问题；二、"物莫非指，而指非指"，公孙龙子成功地解决了符号与对象的关系问题，其《指物论》可以说是我国最早的一篇符号学专论，其内蕴的丰富的符号学意义理论对当今语义学的研究具有指导意义和推动作用；三、借用符号学这门跨学科的方法论，进行史学研究，有利于继承和弘扬我国古代宝贵的文化遗产。（《学术研究》1997年第2期）

曾祥云《〈公孙龙子·指物论〉疏解》：《指物论》的思想素材突出于墨，它是针对墨家的指物观而作的，其文体不是客难主答式对辩体，而是立、破相间的驳论体式。在对《指物论》作解的同时，从现代符号学的角度，提出了对于《指物论》的新认识，指出《指物论》乃是一篇论述名物关系的符号学专论。（《湖南大学学报》1999年第3期）

周山《解读〈指物论〉》：如果老子关于"名可名，非常名"的思想、庄子关于"以指喻指之非指，不若以非指喻指之非指"的思想，确实是公孙龙《指物论》的学术源头之一，那么，关于先秦哲学的研究方法，关于老庄思想在先秦哲学尤其是先秦逻辑史上的地位与影响,恐怕也要作相应的调整和定位……当然,公孙龙对"指"与"物指"的区分研究,源自于老、庄的"名""指"论述,这还只是我个人的近期研究结论。历史的真实是否如此,还有待学术界更深入的研究。(《哲学研究》2002 年第 6 期)

成中英、理查德·斯万《公孙龙〈指物论〉中的逻辑和本体论》:公孙龙的《指物论》是一篇研究指称性质和功能的文章。《指物论》中的"指"有两种不同的意义:一是指称行为,二是指称对象。"物"也有两种不同的意义:一是指潜存的不可判分的存在之场(混沌),二是指具体有形之物。公孙龙又进一步区分了指称行为的两个方面:作为可观察到的指向动作与作为不可观察的分殊行为。当我们指向潜存的不可判分的存在之场,被指的那个域就与其他东西区分开来,成为具体有形之物,这便是作为分殊行为的指称行为。很显然,凡具体有形之物,都是指称对象。作为分殊行为的指称行为不是指称对象,而是具体有形之物成为可能的条件。但作为可观察到的指向动作的指称行为却是指称对象。(《浙江大学学报》2009 年第 3 期)

江向东《〈公孙龙子·指物论〉新诠》:公孙龙在此篇中对"指"与"物"之认知关系、对"指"之独立实存性与对"指"与"名"之差异性的确认,这些都反映出公孙龙为探讨一种"知识理论"而在逻辑与形而上学思考方面所做出的成绩;然而,公孙龙在《指物论》中并未真正深入阐述像"'指'与'物'之认知关系何以可能"之类具有更大难度系数之理论问题,如若以康德《纯粹理性批判》中之"知识理论"视角衡量之,则公孙龙《指物论》对"知识理论"所做的此种探讨尚属于初始阶段,故其在理论思考上的成绩还远未达到像康德《纯粹理性批判》那样的深度。(《中国哲学史》2011 年第 1 期)

李巍《物的可指性》:公孙龙论"指"乃是从动作上"具体指出"某物,并将"可被具体指出"看作经验对象的普遍性质,即事物的可指性。(《哲学研究》2016 年第 11 期)

通变论第四

[解题]

　　通变论者,通达变化之论也。变化者何? 略有二端。其一,论二字词(复名,或曰兼名)的独自性。复名不包含作为其构成元素的单名,若"左右"一名,既不包括"右",也不包括"左";若"白马"一词,既不包括"马",也不包括"白"。"白马"非"马",是为案例。故,此乃基于自然语言的符号语形论。此一论断之根由,则在《名实论》之名实指称论。其二,论二字词之构词法。复名之构成,以类相近、共性多者为先。此有两种情形。第一种情形基于形体,若羊、牛、马三者,则"羊牛"先于"羊马";若牛、羊、鸡三者,则"牛羊"先于"牛鸡"。第二种情形基于颜色,若青、白、黄三色,"青白"先于"青黄";若白、青、碧三色,"白青"先于"白碧"。综观之,本篇属名家逻辑之语言学,其根由则在于汉语的字与词之间的交错关系。

　　全篇分三部分:第一部分,论复名不包含作为其构成元素的单名,即复名是与任何单名毫无关涉的名称;第二部分,论基于形体的二字词的构词法,并把外延数量归入形体因素;第三部分,论基于颜色的二字词的构词法,阐述了颜色归类原则。

　　此篇文字,于龙书中最为难读,二千年来得其旨者几希。学者皆知此篇论变,然孰变? 如何变? 有以"变非变"论之,以物质不灭解之者;有谓其目的在于弄通变化之道理者;有谓"二无一"是就质变而言者;有谓名实之变者;有谓同异问题者;有谓概念类属变化方法者。值得注意的是,张长明指出:"《通变论》之中心论题'二无一'命题的本意,是指在一个兼名中不存在任何具有独立符号性质的单名。"兹具重要学术意义。详参篇末"诸说辑要"。

[原文]

曰:"二有一乎?"

曰:"二无一。"[1]

曰:"二有右乎?"

曰:"二无右。"

曰:"二有左乎?"

曰:"二无左。"[2]

曰:"右可谓二乎?"

曰:"不可。"

曰:"左可谓二乎?"

曰:"不可。"[3]

曰:"左与右,可谓二乎?"

曰:"可。"[4]

曰:"谓变非不变,可乎?"[5]

曰:"可。"

曰:"右有与,可谓变乎?"[6]

曰:"可。"

曰:"变只?"[7]

曰:"右。"

曰:"右苟变,安可谓右?"[8]

〔曰:〕"苟不变,安可谓变!"[9]

[校注]

[1]一:一字词,墨家谓之单名。据《通变论》,"左""右""羊""牛"诸词,就形式言,皆为一字词。二:二字词,墨家谓之兼名。据《通变论》,"左右""羊

牛"诸词,就形式言,皆为二字词。无:没有,不包含。二无一:二字词不包含构成该词的一字词,如"白马"不包括"白"和"马","白马"是一个具有完全独立意义的指号,类似于一个代码(code)。此一辩题,乃由汉语多字词造成。若无多字词,则此篇可弃。

关于"二""一"之义,前贤训释种种。有形色不可合一说:《公孙龙子》谢希深注:"如白与马为二物,不可合一以为二。"谭戒甫《公孙龙子形名发微》:"盖所谓通变者,假分形色为二:即一专以形证;一专以色证也。以形证者,如云'羊和牛非马,牛和羊非鸡';以色证者,如云'青以白非黄,白以青非碧'是矣。"(第32页)有物质不变说:王琯《公孙龙子悬解》:"'二无一'一义,必以'变非变'之原则证之,乃能彻底也。"(第57页)"任何二物,无真纯合一之结果,故曰'二无一'。"(第58页)有共性、个性说:冯友兰说:"共相,不变者也;个体,常变者也……二之共相只是二,非他一切。故非一,非左,非右……共相不变,个体常变,变非不变也。"(第124页)有二一相分说:伍非百《公孙龙子发微》:"二,为两一之合,既谓之二,不得又谓之一也。所谓'二与一亡,不与一在'者是也。若二有一,则二既为二矣,又有一焉,岂非三乎?如是则于诡辩。与'一与一为二,二与一为三,过此以往,巧历不能得'之指相合。"(第537页)有诡辩说:栾星《公孙龙子长笺》曰:"'二无一'应是公孙龙一派辩者乐道的另一辩题,就构成形态上来说,和白马、坚白的辩题一样,是违反常识的。使人闻见,莫不骇怪……'二无一'辩题所以令人骇怪,主要由于它违反人们日用常识里的数理逻辑。按最基础的数学知识,一加一等于二;反过来说二等于一加一。是二中既包含这个一,也包含那个一;这个一或那个一缺少一个,就不能构成二。而在对事物辨析极严的公孙龙看来,这不是事物的实质。他从两个角度来否定它:首先,事物的实质是,这个一与那个一相'与'(他惯用这个词,意为结合或融合),出现二的新质('变'),比之原来任何一个一的旧质,已有不同;既不是原来的这个一,也不是原来的那个一。所以说'二无一'。"(第58—59页)有整体与部分关系说:孙中原《中国逻辑史(先秦)》说:"在《通变论》中,公孙龙把他对'白马非马'、'离坚白'的诡辩概括为'二无一'的公式。关于'二无一'的辩论,是从整体和部分关系的角度来为'白马非马'和'离坚白'的诡辩作论证。关于'二无一'的整个论证是形而上学的、诡辩式的,但其中也透露了公孙龙的某些正确的逻辑思想,这主要是关于整体和部分的区别以及类概念的认识。"(第169页)杨俊光《惠施公孙龙评传》指出:"'二无一',是《通变论》全篇论述的中心。但是,对于这个'二无一'以及'二无右'、'二无左'的解释,几乎人与人异。"(第206页)

[2]右:表示"左右"(二字词)中的"右"(第二个一字词)。左:表示"左右"(二字词)中的"左"(第一个一字词)。上面两句问答的意思是:二字词既不包括构成它的第二个一字词,也不包括构成它的第一个一字词。明乎此,则"'白马'非'马'"之惑顿解:"白马"一词既不包含"马"这个词,也不包含"白"这个词;"白马"既不是"马",也不是"白"——"白马"仅仅是一个完全独立的二字词或特定的指号。

[3]这两句问答表明的是一字词与二字词之别:任何一个一字词都不是二字词,一字词与二字词彼此之间无关。

[4]左与右,可谓二乎:"左"这个一字词加上"右"这个一字词,可以说是二字词吗?上面几对问答,阐明二字词的构词形式及其内部关系,中心思想是"二无一",即二字词不包含构成该词的两个一字词,与这两个一字词完全无关。这与墨家辩学所谓"兼名"截然不同。在墨家为代表的语言理论中,"国家"(兼名)包含"国"(单名)和"家"(单名)的意义,即兼名内涵等于构成该兼名的两个单名内涵之和。

[5]非不:逻辑词,双重否定,相当于肯定。前一个"变"字,表示构词形式的变化;后一个"变"字,表示所指对象的变化。变非不变:构词形式变了,所指对象也变。

[6]右:"右"这个一字词。与:亲附,结合。《荀子·王霸》:"约结已定,虽睹利败,不欺其与。"杨倞注:"与,相亲与之国。"右有与:"右"这个一字词加上另一个一字词。

[7]只:繁体字作"隻"。《说文》卷四隹部:"隻,鸟一枚也。"若作疑问词,则表示"哪一个"。王琯《公孙龙子悬解》:"'只'者,单也,谓变而为一也。俞荫甫曰:'"变只"无义,"只"疑"奚"字之误。"变奚"者,问辞也,犹言当变何物也。问者之意,以为右而变,则当为左矣;乃仍答之曰"右"。此可证明上文"变非变"之义。'按:'只'字,为'右有与'所变之量,必变而仍合为一,方定为

左。'只'者,一也;若无此量为准,而任变为他项方式,或不成其为右矣。但俞说改'只'为'奚',绳与上下文气亦极凑合。未敢确定,两存之。"(第60—61页)

[8]右苟变,安可谓右:假如"右"这个一字词变了,还可称它为"右"吗?这是基于墨家辩学立场发问。对于墨家来说,"右"这个单名与"手"这个单名结合之后,成"右手"这个兼名。但在公孙龙的名学中,"右手"一词是一个符号,与构成它的"右"没有任何关系。所以,原来的"右"这个一字词变了,消失了。但是,这不被问方理解,故有是问。

[9]此句原无"曰"字,据上下文补,以清眉目。王琯《公孙龙子悬解》、谭戒甫《公孙龙子形名发微》、伍非百《公孙龙子发微》、栾星《公孙龙子长笺》皆作"右苟变,安可谓右?苟不变,安可谓变"。这是把此句作为客方之问,并据此认为后文脱主方之答。清人陈澧《公孙龙子注》早已指出:"客言:如右亦变,则安可仍谓之右。今主云:右是未尝变也。'苟不变,安可谓变。'主答也。"庞朴《公孙龙子研究》承陈澧之说,亦云:"各家多以此二句属上读,并疑下缺主答之文;唯陈澧分上二句为客问,此二句为主答,丁鼎丞更谓应于此补'曰'字。从之。"(第29页)谭业谦《公孙龙子译注》亦从之。陈澧之说甚是,故校补"曰"字。此句有省略,完整的句子应为:右苟不变,安可谓变。意思是:右这个一字词如果不变,如果仍有"右"的痕迹,怎么能说是变!《通变论》之主旨,就是阐述两个一字词构成二字词之后,一字词消失,故作肯定之语。不过,公孙龙在这里并没有进一步阐明"为什么",其答案则在《名实论》。

以上为第一部分,论二字词之独立性,即二字词与构成该词的两个一字词完全无关。这意味着,二字词与一字词一样,乃作为完全独立的语词而存在。这与墨家辩学语言大相径庭。

[译文]

客问:"二字词包含构成该词的一字词吗?"

主答:"不包含。"

客问:"二字词'左右'包含'右'这个一字词吗?"

主答:"不包含。"

客问:"二字词'左右'包含'左'这个一字词吗?"

主答:"不包含。"

客问:"'右'可以说是二字词吗?"

主答:"不可以。"

客问:"'左'可以说是二字词吗?"

主答:"不可以。"

客问:"'左'加上'右',可以说是二字词吗?"

主答:"可以。"

客问:"说词的形式变了,词的指称对象也随之改变,这可以吗?"

主答:"可以。"

客问:"一字词'右'与别的一字词结合之后,就可以说它变了吗?"

主答:"可以说它变了。"

客问:"变的哪一个?"

主答:"'右'这个一字词。"

客问:"假如'右'这个一字词变了,怎么还是原来的'右'字?"

〔主答:〕"如果不变,怎能说它变!"

[原文]

曰:"二苟无左又无右,二者,左与右奈何?"[1]

〔曰:〕"'羊'合'牛',非'马';'牛'合'羊',非'鸡'。"[2]

曰:"何哉?"

曰:"羊与牛唯〔虽〕异,[3]羊有齿,牛无齿,[4]而牛之非羊也,羊之非牛也,[5]未可,[6]是不俱有,[7]而或类焉。[8]羊有角,牛有角,牛之而羊也,[9]羊之而牛也,未可,是俱有,而类之不同也。[10]羊、牛有角,马无角;马有尾,羊、牛无尾。[11]故曰:'羊'合'牛',非'马'也。[12]非'马'者,无马也。[13]无马者,[14]'羊'不二,'牛'不二,而'羊牛'二,[15]是而羊而牛非马可也。[16]若举而以是,犹类之不同。[17]若'左右',犹是举。"[18]

"牛、羊有毛,鸡有羽。[19]谓鸡足,[20]一;数足,[21]二;二而一,[22]故三。谓牛、羊足,一;数足,四;四而一,故五。'牛羊足'五,'鸡足'三。[23]故曰:'牛'合'羊',非'鸡'。[24]非有以非鸡也，[25]与马以鸡，[26]宁马。[27]材不材，[28]其无以类，[29]审矣。举是谓乱名，[30]是狂举。"[31]

[校注]

[1]苟：如果。奈何：怎么办，是何关系。句意为：如果二字词"左右"既不包含"左"，也不包含"右"，那么对于"左右"这个二字词来说，两个词素之间是怎样的关系呢？问题深入一步。

[2]句前原无"曰"字，据上下文补，以清眉目。"羊"合"牛"，非"马"："羊"与"牛"构成二字词"羊牛"，而不是"羊"与"马"构成二字词"羊马"。"牛"合"羊"，非"鸡"："牛"与"羊"构成二字词"牛羊"，而不是"牛"与"鸡"构成二字词"牛鸡"。

[3]唯：通"雖"，简体字作"虽"，说见《迹府》第三部分校注[11]。此句之意：羊与牛虽然不同。

[4]齿：门牙。古人谓"唇亡齿寒"，而不谓"唇亡牙寒"。《公孙龙子》谢希深注："牛之无齿不为不足，羊之有齿而必于牛为有余矣。"辛从益曰："羊牛之异者，一有齿，一无齿，此小不类者耳。"（《公孙龙子注》）陈澧曰："主言牛羊之异，在有齿无齿。"（《公孙龙子注》）可见，古人关于"齿"的概念明确。时变境迁，现代人于此生异，有谓牛无上齿者，有谓牛有齿者，不足为训。

[5]本句《正统道藏》本原作"而羊牛之非羊也，之非牛也"。孙诒让《公孙龙子札迻》曰："'而羊牛之非羊也，之非牛也'，《子汇》本及钱本并作'而羊之非羊也，牛之非牛也'，与谢注似合。然以文义校之，疑当作'而牛之非羊也，羊之非牛也'。下文云'羊有角，牛有角，牛之而羊也，羊之而牛也，未可，是俱有而类之不同也'，文义正相对……明刻与钱校皆非其旧。"王琯《公孙龙子悬解》作"而牛之非羊也，羊之非牛也"，并曰："一本作'而羊牛之非羊也，之非牛也'。《子汇》本及钱熙祚本并作'而羊之非羊也，牛之非牛也'。孙诒让校如本文。"（第62页）在后来所作的"斠补"中，他再次说："'而牛之非羊也，羊之非牛也'，《道藏》本作……严铁桥校《道藏》本作'而羊之非羊也，牛之非牛也'。陈本与严校同。案：《道藏·公孙龙子》为颠字三号，严校亦云从该号录出，而兹据各异，容或所据本不同，俟再考正。又细绎全段文句，仍以原文为长。"（第63页）钱基博《公孙龙子校读记》曰："'而羊牛之非羊也，之非牛也，未可'，马

骈《绎史》'而'字下作'羊之非羊也,牛之非牛也',严可均校《道藏》本亦同。《百子全书》本作'牛之非羊也,羊之非牛也'……玩其词意,当以作'羊之非羊,牛之非牛也'为是。"谭戒甫《公孙龙子形名发微》作"而牛之非羊也,羊之非牛也",并曰:"各本多作'而羊之非羊也,牛之非牛也',与旧注所据本相同;《道藏》本作'而羊牛之非羊也,之非牛也'更误。兹据崇文《百子》本。"(第35—36页)陈柱《公孙龙子集解》:"'而羊牛之非羊也,之非牛也',《道藏》本、守山阁本如此。陈仁锡本、傅本、严可均校《道藏》本、陈澧本均作'而羊之非羊也,牛之非牛也'。"(第131页)栾星《公孙龙子长笺》:"'而羊牛之非羊也、之非牛也'句,《说郛》本、崇文本作'而牛之非羊也,羊之非牛也',《子汇》本、陈仁锡本、傅山本、《绎史》本、守山阁本、《备要》本皆作'而羊之非羊也,牛之非牛也'。考之谢注,与《子汇》等本合,疑《子汇》等本系据谢注改。以各本相校,仍觉《道藏》本义优,兹从《道藏》本未改。"(第69页)案:从前后文内容看,以孙诒让、王琯、谭戒甫之说为宜,故校改。

[6]此句大意是:羊与牛虽有差异,羊有门齿,而牛无门齿,于是说牛与羊无关,羊与牛无关,这不可以。

[7]不俱有:不都有。句意为:并非羊和牛都有门齿(羊有,牛没有)。

[8]或类:有的部分相似。如羊和牛都有角、偶蹄等。

[9]而:乃。《礼记·檀弓下》:"孔子过泰山侧,有妇人哭于墓者而哀……而曰……"郑玄注:"而,犹乃也。"牛之而羊也:把牛、羊归为一类。

[10]意为羊与牛虽都有角,但不为同类。

[11]尾:会意字,躯干末端之长毛,马尾属此。羊、牛则不同,羊、牛之尾皆有骨骼,其与马尾异,故公孙谓羊、牛无毛尾。

[12]"羊"合"牛",非"马":羊之名可与牛之名合为"羊牛"这个二字词,而羊之名不与马之名合为"羊马"这个二字词。

[13]非"马"者,无马也:羊之名不与马之名合为二字词,是因为在羊身上找不到马的特征。当然,这是基于狭义的比较。

[14]无马者:羊身上没有马的特征。

[15]"羊"不是二字词,"牛"不是二字词,但"羊牛"是二字词。

[16]而:乃也,说见校注[9]。而羊而牛:乃羊乃牛也。乃羊乃牛者,此羊

此牛也。此句大意:因为羊牛之共性多于羊马之共性,所以相对而言应该构成"羊牛"这个二字词,不应构成"羊马"这个二字词。

[17]若举而以是,犹类之不同:就此而言,乃由于类别不同。

[18]若"左右":比如"左右"这个二字词。"左"与"右",二者都是方位词,有共性。犹是举:也是这样的道理。以上论"'羊'合'牛',非'马'"。

[19]此后论"'牛'合'羊',非'鸡'",为逻辑清晰,故分段。此句之意:牛、羊身上生毛,鸡生羽。这是比较之一。

[20]谓:称谓。谓鸡足:鸡足的称谓。

[21]数足:鸡足的数量。这是从"鸡足"之名的外延说。名家逻辑不考虑内涵,但考虑外延。

[22]而:加。二而一:二加一。

[23]这是比较之二。此处涉及两个问题。第一个问题,鸡足三。《庄子·天下》记后期辩者命题有"鸡三足"。于是,古今学者绞尽脑汁,献说种种,以求融通。据《通变论》,此乃讹传,正确的命题应为"鸡足三"。第二个问题,"牛羊足五"和"鸡足三"这样的命题,到底意味着什么?一些学者基于墨家辩学立场,认为概念内涵与外延不能相加,公孙龙这样做不合逻辑。这里的问题是,科学研究的任务是解释对象,不是否定对象。我们认为,名家逻辑从根本上否定概念,名家逻辑语言基于名,而外延是唯名逻辑的重要因素。

[24]"牛"合"羊",非"鸡":"牛"之名与"羊"之名构成"牛羊"这个二字词,而不是"牛"之名与"鸡"之名构成"牛鸡"这个二字词。理由有二:牛、羊生毛,鸡生羽;牛、羊足五,鸡足三。在这里,对象的外延也是归类、建构二字词的时候应该考量的因素之一。总之,牛与羊之间的共性多于牛与鸡之间的共性。

[25]非有以非鸡也:不是主观上要否定牛与鸡的共性。

[26]与马以鸡:基于牛的立场,在马和鸡之间作选择。

[27]宁马:宁可将马与牛归到一起,而不是将鸡与牛归到一起。因为牛足五,马足五,而鸡足三,马与牛的共性更多,类型更接近。

[28]材不材:可用为材,不可用为不材。《庄子·徐无鬼》有"不材之木",《庄子·山木》谓"此木以不材得终其天年"。在《通变论》中,有可比性为材,无可比性为不材。

［29］其无以类：鸡与牛不类。

［30］是：指牛鸡这样的归类，以及由此归类而构成的二字词"牛鸡"。这些是不伦不类之名，故谓之乱名。

［31］狂举：疯狂的归类，不合逻辑的归类。

此为第二部分，论构词法之一，涉及对象实体形态的比较与归类。

［译文］

客问："如果二字词'左右'既不包括'左'也不包括'右'，构成二字词的两个一字词之间是何关系？"

〔主答：〕"'羊'之名与'牛'之名构成二字词'羊牛'，而不是'羊'之名与'马'之名构成二字词'羊马'；'牛'之名与'羊'之名构成二字词'牛羊'，而不是'牛'之名与'鸡'之名构成二字词'牛鸡'。"

客问："为什么？"

主答："羊与牛虽有差异，羊有门牙，牛无门牙，但说牛与羊无关，羊与牛无关，这不可以，因为它们虽有差异，也有类似部分。羊有角，牛也有角，把牛归入羊，把羊归入牛，也不可以，因为它们虽有共性，却不同类。羊、牛都有角，马没有角；马有毛尾，羊、牛没有毛尾。所以说：'羊'之名可与'牛'之名构成二字词'羊牛'，而非与'马'之名构成二字词'羊马'。'羊'之名不与'马'之名构成'羊马'，是因为羊身上没有马的部分特征。羊身上没有马的部分特征，'羊'不是二字词，'牛'不是二字词，但'羊牛'是二字词，因而'羊'之名与'牛'之名可以构成二字词，而不是'羊'之名与'马'之名构成二字词。依此判断，这是类别不同的缘故。再如'左右'这个二字词，也是同样的道理。"

"牛、羊身上长毛，鸡身上生羽。鸡足的名称为一，鸡足的数量是二，二加一得三。牛、羊的足，名称为一，数量都是四；四加一得五。'牛羊足'这一语词的定量为五，'鸡足'这一词语的定量为三。所以说：'牛'可以与'羊'构成二字词'牛羊'，而'牛'不可以与'鸡'构成二字词'牛鸡'。这不是主观上要否定牛与鸡的共性，若选马或鸡来与牛归为一类，宁可选马。可比或不可比，鸡与牛不同类，这毫无疑义。'牛鸡'这样的二字词是乱名，是不合逻辑的例子。"

[原文]

曰:"他辩。"[1]

曰:"'青'以'白',非'黄'[2]。'白'以'青',非'碧'。"[3]

曰:"何哉?"

曰:"青白不相与而相与,[4]反对也。[5]不相邻而相邻,[6]不害其方也。[7]不害其方者,反而对,各当其所。[8]若左右不骊,[9]故一于青不可,[10]一于白不可。恶乎其有黄矣哉?[11]黄其正矣,[12]是正举也〔耶〕?[13]其有〔犹〕君臣之于国焉,[14]故强寿矣。[15]而且青骊乎白,[16]而白不胜也。[17]白足之胜矣而不胜,[18]是木贼金也。[19]木贼金者碧,[20]碧则非正举矣。[21]青白不相与而相与,不相胜则两明也。[22]争而明,其色碧也。[23]与其碧,宁黄。[24]'黄'其'马'也,其与类乎;[25]'碧'其'鸡'也,其与暴乎![26]暴则君臣争而两明也。[27]两明者,昏不明,非正举也。[28]非正举者,名实无当,[29]骊色章〔彰〕焉,[30]故曰两明也。两明而道丧,[31]其无有以正焉。"[32]

[校注]

[1]他辩:讨论其他方面。上段言有形之物构成二字词之规则,此段论有色之物构成二字词之规则。

[2]以:与。《康熙字典》引《礼记·燕礼》"君曰'以我安'"注云:"犹'与'也。"《诗经·邶风·击鼓》:"不我以归。"《诗经·大雅·桑柔》:"不胥以谷。"均用此义。"青"以"白",非"黄":"青"之名可与"白"之名构成二字词"青白",而不与"黄"之名构成二字词"青黄"。

[3]"白"以"青",非"碧":"白"之名可与"青"之名构成二字词"白青",而不可与"碧"之名构成二字词"白碧"。

[4]青白不相与而相与:中国古代有五色说:青、赤、白、黑、黄;有五方说:东、南、西、北、中;有五行说:木、火、土、金、水。统一于五行说,则为:

东—青—木;

南—赤—火;

西—白—金;

北—黑—水;

中—黄—土。

青居东,白居西,不相比邻,故谓之"不相与"。

[5]反对也:青居东,白居西,两相对峙,故曰"反对"。古人认为青、白两种颜色彼此对峙,为色之两极。

[6]不相邻而相邻:青位于东,白位于西,故不相邻。不相邻之色使之组合,是相邻矣。

[7]不害其方:彼此一东一西,互不相害。

[8]各当其所:各处其位,不改变各自的位置,喻不改变各自的颜色。

[9]骊:读为"丽",附丽、亲附之义。《文选》卷六载左思《魏都赋》:"子大夫之贤者,尚弗曾庶翼等威,附丽皇极。"李善注:"言不曾与众庶翼戴上者,等其威仪,而附着于大中之道也。"若左右不丽:像左与右相互对峙,互不附和。《公孙龙子》谢希深注:"骊,色之杂者也。"于此非。

[10]一于青不可:无法统一于青。

[11]恶乎:疑问词,怎么会。恶乎其有黄矣哉:怎么会与黄色结合构成二字词呢?

[12]黄其正矣:黄色居"东西南北中"之"中",乃君位,故谓之正。东西南北为臣位。

[13]也:读为"邪""耶",疑问词,见《白马论》第一部分校注[3]。是正举耶:若"青"之名与"黄"之名结合构成"青黄"这个二字词,难道是正当的构词吗?

[14]有:读为"犹"。黄色居中犹君,青赤白黑居于四方如臣,故曰"其犹君臣之于国焉"。

[15]故强寿矣:所以国家才会强盛、长久。《公孙龙子》谢希深注:"国强君寿。"亦可通。

[16]骊:读为"丽",附丽、亲附,见前释。青骊乎白:青色加于白色之上。

[17]白不胜:白色浅,青色深,故白不胜也。

［18］白足之胜矣而不胜：青居东属木，白居西属金，金克木则白胜青。然白色不胜青色，是金不克木，故曰"白足之胜矣而不胜"。王琯曰："青属木，白属金，白不胜青者，木贼金故也。"是。

［19］木贼金：依五行说，金克木则白克青，然白不克青，则金不克木，青反克白，是木克金，故有是谓。

［20］木贼金者碧：木贼金，即青色战胜了白色，于是产生碧色。

［21］碧为间色，故非正举。既非正举，则不宜与正色相配矣。兹须了然者，中国古代之五正色（青赤白黑黄）之说源于古代生活实践，现代之七色（赤橙黄绿蓝靛紫）之说源于现代光学实践，时代不同，各具道理。

［22］此后论"'白'以'青'，非'碧'"。不相胜：青白不相胜。两明：青色、白色俱存俱在。

［23］争而明：彼此相争而俱存。其色碧：青色、白色相盈于是产生碧色。

［24］与其碧，宁黄：青若选择与者，与其选择碧色，进而构成"青碧"这个二字词，毋宁选择黄色，进而构成"青黄"这个二字词，因为青、黄皆正色。此句略显突兀。

［25］"黄"其"马"也："'青'以'白'，非'黄'"之"黄"，犹如"'羊'合'牛'，非'马'"之"马"。其与类乎：二者的情形类似吧。

［26］"碧"其"鸡"也："'白'以'青'，非'碧'"之"碧"，犹如"'牛'合'羊'，非'鸡'"之"鸡"。其与暴乎：类、暴二词，义正相反，"白碧""牛鸡"之名，"乱名""狂举"者也。

［27］正色为君，间色为臣；正间相争，若君臣相争。臣与君争，各自彰显，得无暴乎？

［28］两明者，昏不明，非正举也：各自彰显，结果颜色昏暗不明，因而是不合逻辑的结合，不合逻辑的构词。

［29］非正举者，名实无当：间色与正色结合违背规则，造成名实不当，名不当实。

［30］骊色：间色，杂色。章：同彰。骊色彰焉：中间色得以彰显。

［31］两明：间色乃由两色构成，两色皆显，是为两明。两明而道丧：两色相争，丧失道理，不合天道。

〔32〕正：天道、天理。其无有以正焉：这是没有遵循正道呀。

［译文］

客曰："分析构词法的其他方面。"

主曰："'青'可以与'白'构成'青白'这个二字词，而不与'黄'构成'青黄'这个二字词。'白'可以与'青'构成'白青'这个二字词，而不与'碧'构成'白碧'这个二字词。"

客问："为什么？"

主答："青居东而白居西，本不在一处却结合到一起，彼此对峙。青白二色不相邻近，把它们安排到一起，不会影响各自的位置。不会影响各自的位置，彼此对峙，它们各居其所。犹如左与右互不亲附，故它们彼此之间统一于青色不行，统一于白色也不行。怎么会与黄色结合呢？黄色居中处于正位，青黄结合生成的二字词"青黄"难道正当吗？黄色居中犹如国中之君居于他色之上，这样的国家才会强盛、长久。而且青色与白色相接，白色不能战胜青色。〔依照五行学说〕白色应该战胜青色却未能战胜青色，青色反而战胜了白色，这是木贼金。青色战胜白色产生碧色，碧色不是正色，故无正当性。青色与白色本不相接却同在一处，青色和白色彼此不相胜则两色并存。彼此相争而并存，产生了碧色。青若选择碧、黄二色，与其选择碧色，构成二字词'青碧'，毋宁选择黄色，构成二字词'青黄'。黄之名与'羊合牛非马'中的马之名，同为一类吧；碧之名与'牛合羊非鸡'中的鸡之名，同样暴乱吧。暴乱则君臣相争，各自显耀。各自显耀，结果是颜色昏暗不彰，无正当性。所谓没有正当性，是因为名实不当，间色彰显，所以说是两色显耀。两色显耀丧失天道，这是没有遵循正道呀。

［诸说辑要］

王琯《公孙龙子悬解》：本篇撢究变化之谊，而明其所通，故名"通变"。原文讹夺过甚，胡适谓已经后人窜改，须与《墨子·经下》《经说下》参看。按篇中辞句暨所用字训，固与《墨经》多相吻合，但造论主旨则大相背反。（第56页）本篇主旨在开首之"二无一"一义……"二无一"一义，必以"变非变"之原则证之，乃能彻底也。（第56—57页）今按物质不灭定律，一物体之消灭，仅变换形式，其原质仍在。若炭质焚化，可谓变矣。然焚化之后，仍与空气中之气素化合,成为碳酸气体。此碳酸气体之原有炭质数量依然如故,不加增减,是虽变而不变也。故物体之变化在其形式,而不变在其原质。公孙之"变非变"一词,第一"变"字作指形式而言,第二"变"字作指原质而言。(第56—57页)

谭戒甫《公孙龙子形名发微》:本论亦问答体,首揭"二无一"三字为全篇脉络,立意在证明上篇"白马非马"之一辞,以冀于形名之学而益坚其壁垒者也。盖所谓通变者,假分形色为二:即一专以形证,一专以色证也……全篇文体,备极深玄,猝然读之,如堕烟雾。苟明乎此,层层若抽茧剥蕉,自觉謋然而解。(第31—32页)

伍非百《公孙龙子发微》:通变者,通名实之变也。其意与《名实论》相互发明……大致以"实"变则"名"与之俱变,不得复以"故实"与"今实"同一加减。譬如"二"之为名,指两"一"之合而言,既谓之"二",不复谓之"一"也。他日分二得一,但当言其一,又不得以曾经为二之一体,而冒二之名也。此名实通变之大例也。(《中国古名家言》,第531页)

陈柱《公孙龙子集解》:天下之物皆原子、电子之所结合,在人目视之则混然为一,其实则各各相邻,以同一空间不能同时容两物体也。既是相邻,则必有间。任何密实,不能无间。如玻璃,能通以太,则有间可知,故曰"二无一"。(第116页)

庞朴《公孙龙子研究》:公孙龙在《通变论》中建立了自己的方法论原则,表达了他的变化观……通变论,即通达变化之论,其目的在于弄通变化的道理。他的变化观或方法论,概括在"二无一"这个命题里。所谓"二无一"包含有两个意思:一是说,两个东西不能合成一个东西;一是说,由两个要素合成的东西,不再含有其所由形成的要素。这两个意思,似乎不能并存。既然说"两个东西不能合成一个东西",为什么又承认有"由两个要素合成的东西"存在?这个难题,在公孙龙是不存在的。他并不认为"由两个要素合成的东西"是"一个"新东西,而只不过是两个要素的复合物而已,所以他称之为"二"。复合物的存在,在他看来,正是"二无一"的铁证,正好证明了"两个东西不能合成一个东西"。(第26—27页)

栾星《公孙龙子长笺》:本篇也是对话体裁,全文包括主客十四对问答,约可分为四节。文章一开始提出的"二无一",是本篇的中心论题……"二无一"

辩题所以令人骇怪,主要由于它违反人们日用常识里的数理逻辑。按最基础的数学知识,一加一等于二;反过来说二等于一加一。是二中既包含这个一,也包含那个一;这个一或那个一缺少一个就不能构成二。而在对事物辨析极严的公孙龙看来,这不是事物的实质。他从两个角度来否定它:首先,事物的实质是,这个一与那个一相"与",出现二的新质,比之原来任何一个一的旧质,已有不同;既不是原来的这个一,也不是原来的那个一。所以说"二无一"……公孙龙的这一学说,如用今天哲学上的命题来解释,那就更容易明了。譬如说数学上的一加一等于二,是就量变言,公孙龙所说"二无一"是就质变言。(第58—60页)

杨俊光《惠施公孙龙评传》:"二无一"是《通变论》全篇论述的中心。但是,对于这个"二无一"以及"二无右""二无左"的解释,几乎人与人异。(第206页)这种认为两个事物不可能有一个统一体、任何一个事物与其他事物之间没有丝毫联系而自身又没有组成部分和矛盾的思想,就是对辩证法的联系和矛盾思想的否定,同样也是绝对分离思想的延伸,是典型的形而上学。把它放到辩证法和形而上学两条路线的对立中去考察,应该对他作出什么样的解释,就是十分清楚的事情了。(第210页)

谭业谦《公孙龙子译注》:《通变论》是一篇构思精密、论证谨严,最能表现公孙龙的博辩无碍的文字。它讨论的是中国古逻辑学中的同异问题和同类异类问题。对同和同类、异和异类的区别进行了逻辑分析。这又是一篇纯粹逻辑学的论文。(第21页)

胡曲园、陈进坤《〈通变论〉是公孙龙的逻辑分类理论》:我们认为,所谓通变者,就是通晓概念类属变化的方法,通达逻辑分类的规则及据其正确思维的基本规律。(《学术月刊》1983年第12期)

吴兆熊、吴惠勤《公孙龙是中国第一个把符号用于逻辑学的人》:在《通变论》中,公孙龙提出了"左与右谓二"这一命题。"二"表示某类事物的整体,"左""右"表示某事物中某个特定的部分。"二""左""右",都是关系项。这个命题是讲整体与部分的某种关系,可以说是现代逻辑学中三项关系的关系命题公式"R(A,B,C)"的某种雏形。(《齐鲁学刊》1986年第5期)

张长明《〈公孙龙子·通变论〉的现代解读》:《通变论》之中心论题"二无

一"命题的本意,是指在一个兼名中不存在任何具有独立符号性质的单名。在《通变论》中,公孙龙深刻阐明了兼名的独立性,正确揭示了兼名的合成规律、特点。因此,从《通变论》的思想意蕴来看,它实际上是一篇探讨兼名问题的符号学专论。(《湘潭大学学报》2007年第4期)

曾祥云《从符号学观点看公孙龙的兼名独立性思想》:兼名是指两个以上音节或字符组成的事物名称。公孙龙是先秦兼名思想的集大成者,他在其《白马论》和《通变论》中,较系统地探讨了兼名与构成它的单名之间的关系,揭示了兼名的独立性和不可替代性。(《湖北大学学报》2013年第3期)

坚白论第五

［解题］

　　坚白论者,离坚白之论也。本篇主旨,论坚、白二名不可并存于石者也。公孙龙曰:你可以说这是一块"坚石",也可以说这是一块"白石",是为"二可";但不可以说这是一块"坚白石",是为"三不可"。故,"二可"意为"二字词可","三不可"意为"三字词不可"。

　　为何二字词可、三字词不可? 公孙龙给出的理由是:事物的不同特征,乃人类通过不同感官而感知,比如眼睛感知颜色——白,手感知硬度——坚,不同感官功能之间各自独立,彼此分离。因为感官功能彼此分离,所以公孙龙"离坚白",从语词上说是"三不可"。换言之,"二可"是因为二字词所反映的实体属性仅仅与单一感官相对应,只需一个感官作出反应。由此可知,实体的单一属性对应以二字词为表征的一元语言,实体的两种属性对应以三字词为表征的二元语言。一元语言与单名相同,二元语言类似于两个单名。在公孙龙的逻辑语言学中,仅仅允许单一语义,是为"独而正"。故,《坚白论》属于一元语义论,服务于名家逻辑。与此相呼应,《庄子·天下》载有辩者命题"飞鸟之影,未尝动也""镞矢之疾,而有不行不止之时"。可参看。

　　公孙龙离坚白之说,及所以离坚白之感官因由,学人尽知。然为何感官只可反应其一,不可反应其二,古今学者揣测多端。有从心理机能与认知角度分析者;有认为公孙龙主张现象不可知,一切事物均离开现象世界藏于彼岸者;有认为公孙龙抽空万物属性者;有认为公孙龙的宇宙观属于多元客观唯心主义者;有认为该篇揭示了"以通称随定形"的兼名合成法则者;有认为该篇文字错乱,应该存疑者。诸如此类,详参篇末"诸说辑要"。

[原文]

〔曰:〕"'坚白石',三,可乎?"[1]

曰:"不可。"

曰:"二,可乎?"[2]

曰:"可。"

曰:"何哉?"

曰:"无'坚'得'白',其举也二;[3]无'白'得'坚',其举也二。"[4]

曰:"得其所白,[5]不可谓无白。得其所坚,[6]不可谓无坚。而之石也,[7]之于然也,非三也〔耶〕?"[8]

曰:"视不得其所坚而得其所白者,[9]无坚也。拊不得其所白而得其所坚,[10]得其坚也,[11]无白也。"

[校注]

[1]原文无"曰"字,据文意补。坚白石:这里指语词,故加引号。三:三字词。此句之意:"坚白石",这样的三字词可以吗? 名家之得名,乃在于名家讨论的主要是名或语词,很少讨论对象物。名家之名学,乃名家逻辑之语言学。《坚白论》所谓"三""二"、《通变论》所谓"二",都是针对语词而言,即三字词、二字词,此至为关键。古今学者多将讨论对象指向实物,墨者发其端。《墨经》第67条:"坚白,不相外也。"第138条《经说》:"石,一也;坚、白,二也,而在石。"这是唯实主义。后人踵之,不绝于途。宋人谢希深《公孙龙子注》:"坚也,白也,石也,三物合体而不谓之三者,人自视石,但见石之白,而不见其坚,是举所见名〔石〕与白二物,故曰'无坚得白,其举也二'矣。人手触石,但知石之坚,而不知其白,是举石与坚二物。故曰'无白得坚,其举也二'。"王琯《公孙龙子悬解》:"石之中涵坚与白,自常识视之,坚也白也,合而成石,初无疑义。公孙则言白与石可合,以目察石,而能得白也。坚与石可合,手抚石而能得坚

也。坚白石三者不可合,因目得其白,不得其坚,手得其坚,不得其白。目察手抚,前属视觉,后属触觉,共为二事,混而成一,则失其真。"(第73页)伍非百《公孙龙子发微》:"《坚白论》者,辩'坚白离'之论也。古代坚白有盈离二派,公孙则属于离派。此文以'坚白石三'与'坚白石二'对诘。而要其旨归,在'盈''离'二点。知盈离之义者,可与进而谈坚白矣。"(《中国古名家言》,第564页)栾星《公孙龙子长笺》:"就客的盈派立场来说,'坚、白、石三'的三,只能解作三者同体,不能解作三者互离。这本是常人的常识,客意主人必不作正面回答,不料被断然否定。下一客问,已是揣度语气,'二,可乎?'犹如说:'总不能说是二吧?'其意还在三(三者一体)。又不料却得到了论主的首肯。细察论主本意,其实也不在'二',而所以首肯,只是暂以'二'作为立足点,或作为过渡的桥,由这里开始便于把自己的学说体系展开。按公孙龙一派学说,坚、白、石既非三,也不是二,应该是'一、一、一';进而连这'一、一、一'也非实有,只不过是'无、无、无'罢了。论主先在这里找个立足点,待起步之后,随手就把这个起步点否定掉。有如蝉蜕,真身已遁。这是一切观念论者惯用的隐身术,公孙龙深知此中三昧。"(第33页)杨俊光《惠施公孙龙评传》说:"公孙龙把坚、白等等事物的属性,从具体事物中割裂出来,当作脱离具体事物而独立自存的;这样的思想,决不是唯物主义,而只能是唯心主义。"(第169页)总之,基于唯实主义,公孙龙的主张不可思议,必被否定。

[2]二:二字词。此句之意:二字词,可以吗?

[3]举:名之举,即举词。此句意为:去掉"坚"字,保留"白"字,于是有"白石"这个二字词。

[4]去掉"白"字,保留"坚"字,于是有"坚石"这个二字词。

[5]得其所白:得其所白之物,指白石。这是客方讨论实。

[6]得其所坚:得其所坚之物,指坚石。

[7]之:是,指事之词,见王引之《经传释词》。之石:这石,此石。

[8]之于然也:对于这样的情况。非三也:"也"读为"耶",见前释。

[9]视:眼睛观察。此句意为:眼睛观察对象物看不到坚硬,只能看到白色。主方开始讨论对象实体与人类感知的关系。

[10]抚:轻轻敲击。《辞源》:"抚,轻击。《书·益稷》:'予击石抚石,百兽

率舞。'《左传》襄公二十五年：'公拊楹而歌。'"前贤多释"拊"为"抚"，然后文云"坚以手，而手以捶"，知"拊"非"抚"也。此句意为：手用锤敲击对象物感觉不到白色，但能感觉到坚硬。

［11］得其坚也：此四字重复，或复述前义，或为注文掺入。

［译文］

〔客问：〕"'坚白石'，这样的三字词可以吗？"

主答："不可以。"

客问："二字词，可以吗？"

主答："可以。"

客问："为什么？"

主答："没有'坚'字，只有'白'字，于是有'白石'这个二字词；没有'白'字，只有'坚'字，于是有'坚石'这个二字词。"

客问："感觉到白色之物，不能说没有白色。感觉到坚硬之物，不能说没有坚硬。对于这石头来说，对于它的属性来说，难道不是三项吗？"

主答："眼睛观察不到对象物的坚硬，观察到的是白色，此时没有坚硬。手敲击对象物感觉不到白色，感觉到的是坚硬，感觉到坚硬，此时没有白色。

［原文］

曰："天下无白，不可以视石。天下无坚，不可以谓石。[1]坚、白、石不相外，[2]藏三，可乎？"[3]

曰："有自藏也，非藏而藏也。"[4]

曰："其白也，其坚也，而石必得以相盛盈。[5]其自藏奈何？"[6]

曰："得其白，得其坚，见与不见。[7]与不见离，[8]一一不相盈，[9]故离。离也者，藏也。"[10]

曰："石之白，石之坚，见与不见，二与三，[11]若广、修而相盈〔撄〕也。[12]其非举乎？"[13]

曰："物白焉，不定其所白。[14]物坚焉，不定其所坚。[15]不定

者兼,^[16]恶乎其石也?"^[17]

[校注]

[1]谓:称呼。没有坚硬,就无法称呼石头。《说文》卷九石部:"石,山石也,在厂之下,口象形。"这个象形的"口",本身就有坚硬之义。所以,"石"这个字形本身就包含坚硬的意思,说"石"的时候已然包含坚硬之义。王琯曰:"坚为石之质,无坚不可以得石。"(第79页)栾星曰:"在一般人常识中,石头总是硬的。"(第36页)未尽公孙之意。

[2]不相外:坚、白、石各自不在对方之外,这三者彼此融合在一起。但在后文中,客方又谈到坚、白是石头的两种属性,而非三种实在。所以,这里是随机之说,不必作机械式理解。

[3]藏三,可乎:隐藏、遮蔽第三项,怎么可以呢? 即是说,当说"坚石"的时候,把第三项"白"遮蔽了;当说"白石"的时候,把第三项"坚"遮蔽了,这不可以。王琯曰:"今以'白石'并举,'坚石'并举,仅及其二,藏其第三者,可乎?"(第79页)是。

[4]有自藏也,非藏而藏也:是自然而然隐藏的,不是人为故意隐藏的。

[5]盛:读为 chéng,被装入,被注入。《说文》卷五皿部:"黍稷在器中以祀者也。从皿,成声。"盈:注入,充满。《说文》卷五皿部:"满器也。从皿、及。"前者基于容器,表被动;后者基于容器中物,表主动。在此句中,基于石头是盛,基于坚、白是盈。

[6]自藏奈何:怎样自藏的呢?

[7]见与不见:这里的"见",应作广义的理解,相当于感觉。此句之意:感觉到与感觉不到而已。

[8]与不见离:有省略,当作"见与不见离",意思是感觉到的与感觉不到的彼此分离。

[9]一一不相盈:视觉与触觉,彼此之间互不相容,在特定情境下,只能有一种感觉。我现在感觉到白色,便无法感觉到坚硬;我现在感觉到坚硬,便无法感觉到白色。

[10]离也者,藏也:视觉与触觉彼此分离,就是彼此隐藏。

[11]二与三:二者,白石、坚石也;三者,坚白石也。

[12]盈:读为"撄"。《墨子·经说》第 106 条:"广、修不相撄。"撄:相得,相依。《墨经》第 68 条:"撄:相得也。"若广、修而相撄也:犹如一个物体的宽与长相互依存,彼此不离。

[13]其非举乎:这样的例子不对吗?

[14]物白焉,不定其所白:有省略,当作"物白焉,白不定其所白",意思是:此物是白色的,但白色却不仅仅属于此物,也可与别的东西相结合。

[15]物坚焉,不定其所坚:有省略,当作"物坚焉,坚不定其所坚",意思是:此物是坚硬的,但坚硬却不仅仅属于此物,也可与别的东西结合。

[16]不定者兼:白、坚两种元素都不固定于石。主方之意,白色、坚硬都不是石头独有的属性。

[17]恶乎其石也:"其",《正统道藏》本原作"甚",形近而讹。王琯曰:"'恶乎其石也','其',《道藏》《守山阁》及陈氏各本均作'甚'。陈兰甫曰:'甚,当作其。'"(第 82 页)谭戒甫、庞朴、栾星皆从之,是,故校改。此句之意:怎能确定这是石头呢?

[译文]

客问:"自然界没有白色,就看不见石头。自然界没有坚硬,也不能称作石头。坚硬、白色、石头这三种元素各自不在对方之外,把第三种元素隐藏起来,怎么可以呢?"

主答:"是自己隐藏的,并非有人将其隐藏。"

客问:"白色、坚硬,石头必须得到这两种元素以充满自己。它们是怎样自己隐藏的呢?"

主答:"目得其白,手得其坚,这就是感觉到与感觉不到。感觉到与感觉不到彼此分离,彼此之间不相交汇,所以说是分离的。所谓的分离,就是隐藏。"

客问:"石头的白色,石头的坚硬,只是人能否感觉到而已,两种元素还是三种元素,犹如一个物体的宽与长相互依存。这个例子不对吗?"

主曰:"此物是白色的,但白色却不属于此物。此物是坚硬的,但坚硬也不属于此物。白色、坚硬都不必然属于此物,怎能确定这是石头呢?"

[原文]

曰:"循石,[1]非彼无石。[2]非石,无所取乎白。[3]石不相离者,[4]固乎,[5]然其无已?"[6]

曰:"于石一也,[7]坚、白二也,[8]而在于石。故有知焉,有不知焉;有见焉,有不见焉。[9]故知与不知相与离,见与不见相与藏。藏故,[10]孰谓之不离?"[11]

[校注]

[1]循:顺行。《说文》卷二彳部:"行顺也。从彳,盾声。"循石:走在石头上,感触石头。陈澧《公孙龙子注》:"客言以手循石,思天下非有此物,则天下无石矣。"谭戒甫《公孙龙子形名发微》:"'循石'之循,当与上文'抚不得其所白'之'抚'同义。古书每抚、循二字连文。"(第50页)近之。也有学者解为思路上的因循。《公孙龙子》谢希深注:"因循于石,知万物亦与坚同体,故曰循石也。"王琯《公孙龙子悬解》:"'循',通楯。今抚楯字以'循'为之。"(第83页)伍非百《公孙龙子发微》:"循,读若《庄子·秋水》'请循其本'之循。循,为反本索源之论也。"(《中国古名家言》,第573—574页)亦通。

[2]非……无:并非没有。并非那里没有石头,石头就在那里。

[3]没有石头,就感觉不到石头的白色。

[4]此句有缺省,当作"坚白石不相离者":坚硬、白色、石头三者不相分离。

[5]固乎:固然如此,本来如此。

[6]已:王引之《经传释词》谓"语终之词",通常表示肯定。但是,在此句的语境中,有质问之义,故应作疑问词。然其无已:难道它们不存在吗?

[7]于石一也:石头为一物。

[8]坚、白二也:坚硬、白色为二重属性。

[9]有不见焉:《正统道藏》本无此四字。陈柱《公孙龙子集解》引钱基博《公孙龙子校读记》曰:"马骕《绎史》《百子全书》本'有见焉'句下多'有不见焉'一句,依上文'有知焉,有不知焉'观之,明系此脱。"陈柱案:"钱说是也,今据增。"(第109页)后之学者多从之,故校补。有知焉,有不知焉;有见焉,有不

见焉:手有触而无见,目有见而无触。

[10]藏故:因为隐藏的原因。

[11]孰谓之不离:谁能说坚硬与白色不可分离。

[译文]

客问:"走在石头上,石头就在那里。没有石头,就感觉不到石头的白色。白色、坚硬与石头互不分离,本来如此,白色、坚硬不存在吗?"

主答:"石头为一物,坚、白为两种属性,这两种属性依存于石头。只不过我们的感官有的感知到了,有的感知不到;有的见到,有的见不到。所以说感知到的与感知不到的分离,见到的与见不到的彼此隐藏。因为它们彼此之间相互隐藏,谁能说坚与白不分离?"

[原文]

曰:"目不能坚,手不能白,不可谓无坚,不可谓无白。[1]其异任也,[2]其无以代也。[3]坚、白域于石,[4]恶乎离?"

曰:"坚未与石为坚,而物兼。[5]未与为坚,而坚必坚。[6]其不坚石、物而坚,[7]天下未有若坚,而坚藏。[8]白固不能自白,[9]恶能白石、物乎?若白者必白,[10]则不白物而白焉。黄、黑与之然。[11]石其无有,[12]恶取'坚白石'乎![13]故离也。离也者,因是。[14]力与知〔智〕,果不若因是。[15]且犹白,以目以火见而火不见,[16]则火与目不见而神见,[17]神不见而见离。[18]坚以手,而手以捶〔棰〕,[19]是捶〔棰〕与手,知而不知,[20]而神与不知。[21]神乎,是之谓离焉。[22]离也者天下,[23]故独而正。"[24]

[校注]

[1]虽然眼睛不能感觉到坚硬,手不能感觉到白色,但不能因此说不存在坚硬,不存在白色。

[2]任:承负,引申为功能。其异任也:眼睛和手的功能不同。

[3]代:替代。其无以代:眼睛和手的功能彼此无法替代。

[4]域:表示存在的空间,引申为存在于。《康熙字典》:"邦也,区域也,界

局也。"坚白域于石:坚硬和白色存在于石头。王琯《公孙龙子悬解》:"坚白统域一石。"(第84页)谭戒甫《公孙龙子形名发微》:"域,犹言局限。"(第52页)栾星《公孙龙子长笺》:"域,犹寓。"(第45页)可参考。

[5]兼:兼有。此句之意:坚硬未与石头结合之时,亦与其他诸多物体结合。

[6]未与为坚:有省略,当作"未与物为坚"。未与物为坚,而坚必坚:即便坚这种因素没有与任何物体结合的时候,它本身也具有坚硬的属性。

[7]其不坚石、物而坚:它没有使石头、其他物体坚硬的时候。

[8]天下未有若坚:自然界中感受不到坚硬的时候。坚藏:坚硬隐蔽了起来。这里强调坚硬是独立的存在。

[9]固:虚词,起强调作用。此句之意:如果白色自己不白的话。

[10]若白者必白:如果白色本来就是白的,不依赖于它物而存在。王琯《公孙龙子悬解》:"白而果能自白,则不借他物,可单独自白。"(第84页)

[11]与之然:也是如此道理。黄、黑与之然:黄色、黑色也是同样的道理,即都是独立的存在。

[12]完整的句子应该是:石其无有坚白。意思是:石头本身未必包含坚硬、白色,坚硬、白色未必存在于石头当中。

[13]恶取"坚白石"乎:怎么会有"坚白石"这样的三字词。王琯《公孙龙子悬解》:"白既外石而立,天下未有无色而能见之石,则石复何有?又安取于坚白石乎?"(第84页)此立足于物而言,亦通。

[14]是:代词,上述分离的道理。因是:因为这样的道理。

[15]力与知:力,竭尽心力;与,用;知,读为"智",《墨经》习见。果,终究。此句之意:费尽心机,不如根据上面的道理。陈澧《公孙龙子注》:"言欲以知力争,必谓不离者,不若因其本是离,即谓之离。"陈说是。《公孙龙子》谢希深注:"果,谓果决也。夫不因天然之自离,而欲运力与知,而离于坚白者,果决不得矣。"不若陈说。

[16]且犹白,以目以火见而火不见:况且再拿白色来说,需要眼睛、光亮两种因素才能看见,光亮自己不能见物。

[17]火与目不见:上句已言光亮自己不能见物,这里隐晦地说,若无光亮,

眼睛也不能见物。神见：光亮不能单独见物，眼睛也不能单独见物，实际上是心神见物。陈柱《公孙龙子集解》："此节'神'字，作心神解。"（第203页）

[18]神不见而见离：单独心神也不能见物，所以人们所见的因素是分离的。谢希深注："火、目犹且不能为见，安能与神而见乎？则神亦不能见矣。推寻见者，竟不得其实，则不知见者谁也。"近之。

[19]棰：读为"棰"，后同。坚以手，而手以棰：坚硬是通过手感知的，手是通过棰子感知的。

[20]是棰〔棰〕与手，知而不知：棰子和手，它们既知道坚硬，又不单独知道坚硬。这与前文所说"以目以火见""火与目不见"相同。

[21]而神与不知：心神参与并感知到坚硬，但人们并不知道心神的参与。"神与不知"之"与"字，学者多不释。王琯《公孙龙子悬解》："'与'字无义，应系语助。"（第86页）栾星《公孙龙子长笺》："与，犹同样。"（第52页）案：与，亲与，参与。《荀子·王霸》："约结已定，虽睹利败，不欺其与。"杨倞注："与，相亲与之国。"《荀子》用作名词，公孙用作动词，含义相同。上句言白之感知通过眼睛和光亮，是心神能知但人不知心神参与其中；此句言坚之感知通过手和棰，是心神能知但人不知心神参与。

[22]神乎，是之谓离焉：神奇呀，这就叫做离。"力与知，果不若因是"以下文字，公孙龙未能给出有力证据，似强词。

[23]离也者天下：当作"离也者天下万物"。谢希深注："推此以寻天下，则何物而非离乎？"是。此句大意：天下万物的不同属性都是分离的。

[24]独而正：天下万物的属性都是单一的、单独的，这才正确。王琯《公孙龙子悬解》："末言上述离旨为天下事物所同，故独以此为正。"（第86页）似谓以"离"为正。谭戒甫《公孙龙子形名发微》："故独而正者……意谓吾所举者白石，则必独指其白而不兼指其坚；吾所举者坚石，亦必独指其坚而不兼指其白也。"（第56页）是。

这里需要进一步追问的是，为什么"独而正"？为什么二字词有合理性、三字词没有合理性？此问题未见公孙龙给出进一步的阐述，似乎是硬性规定。稍作分析可以发现，二字词所表达的对象属性是一个（如白石、坚石），三字词所表达的对象属性是两个（坚白石——又坚又白的石头）。因而，二字词的语言形式是"二",所指对象属性却是"一"、是"独",这才是公孙学说的微妙之处。因而,名家对二字词合理性的强制性规定,以及对象属性的单一性,反映在逻辑语言方面具有一元语言的性质,名家逻辑当属于一元语言逻辑。这与墨家辩学有所不同。一般说来,墨家辩学属于一元对象逻辑。《墨经》第75条:"辩,争彼也。"一个人说这是牛,另一个人说这不是牛,二者只可一对一错。这是墨家给出的例子。但是,墨家辩学有宽容性,容忍"坚白石"这样的具有二重属性的对象。《墨经》第139条:"有指于二,而不可逃。说在以二累。"但是,这不被名家接受。在《名实论》中,公孙龙旗帜鲜明地提出名家语言与单一对象呼应——"唯乎彼"。这是公孙龙"独而正"的奥妙所在。墨家反对名家的做法,《经说》第139条:"若曰:'必独指吾所举,毋举吾所不举。'则者,固不能独指。"墨家辩学语言容忍三字词,是因为墨家辩学植根于生活实践;名家逻辑语言排斥对象的二重属性,可视为建立严格的一元语言逻辑的努力。当然,我们未见名家关于一元语言的进一步阐述。

[译文]

客问:"眼睛不能感觉到坚硬,手不能感觉到白色,但不能因此说不存在坚硬,也不能因此说不存在白色。眼睛和手的功能不同,彼此之间不能替代。坚硬、白色依存于石头,二者之间怎会分离?"

主答:"坚硬即便没有与石头结合,也会与其他物体结合。即便没有与其他物体结合,它独自也是坚硬的。当它没有使石头、其他物体坚硬时,人们感知不到坚硬的存在,这是坚硬隐藏了起来。若白色自己不能白的话,怎能使石头、其他物体白呢? 假如白色必定是白的,那么它不是使物体白了以后自己才存在的。黄色、黑色也是同样的道理。石头本身并没有坚硬、白色的属性,哪里来的'坚白石'这样的词语! 所以说坚、白是分离的。坚、白分离,道理如此。费尽心机探问究竟,真的不如依照上面的道理。况且再拿白色来说,依赖于眼睛、光亮显现,单独的光亮不能见物;光亮不能单独见物,眼睛也不能单独见物,它们依赖于心神才可以见物;但心神自己也无法见物,因而见物的因素是支离破碎的。再如对坚硬的感知依赖于手,而手借助于棰子,因此是棰子与手,它们既能够感知也不能够感知坚硬,心神参与其中,但心神自己也无法感知。神奇呀,这就叫分离。天下万物的属性都是分离的,所以对象物只有单一属性才是正当的。"

[诸说辑要]

胡适《中国哲学史大纲》:《坚白论》的大旨是说,若没有心官做一个知觉的总机关,则一切感觉都是散漫不相统属的;但可有这种感觉和那种感觉,决不能有连络贯串的知识。所以说"坚白石二"。若没有心官的作用,我们但可有一种"坚"的感觉和一种"白"的感觉,决不能有"一个坚白石"的知识。(第210页)

王琯《公孙龙子悬解》:公孙龙子之谈坚白,可二不可三……何以龙许言二,而不许言三乎?盖龙以石为主位,而石之或坚或白,又重在独指,是以无论如何举之,得其二而不及三焉。(第76页)

伍非百《公孙龙子发微》:《坚白论》者,辩"坚白离"之论也。古代坚白有盈离二派,公孙则属于离派。此文以"坚白石三"与"坚白石二"对诘。而要其旨归,在"盈""离"二点。知盈离之义者,可与进而谈坚白矣。(《中国古名家言》,第564页)

陈柱《公孙龙子集解》:此篇之意在欲明人之视与抚均不能得石。先言不能有坚白石,以坚与白离也。次言白与石离,又次言目与白离,则视不能得石明矣。抚亦准此。(第166页)

庞朴《公孙龙子研究》:他们认为,一块"坚白石",其"坚"、其"白"、其"石",都是各自分离的,不可同时被感知的。这样,他们就将"白马说"的观点,作了进一步的发挥……在"坚白石"问题上,则进而认为色、性、质互不相关,人的各种感觉一一分离,现象也不可知,感性认识也不可靠,一切事物均各自独立而且离开现象世界藏于彼岸。"坚白石"使"离"派的观点得到充分表现。所以,公孙龙以"白马说"成名,却以"离坚白"成家。(第38—39页)

栾星《公孙龙子长笺》:在公孙龙一派辩者看来,白与坚,只是由于人类的不同感官所引出来的共相,他们各自独立,互不联系,因被称作"离"派……本文论主的主要论据是,人的眼睛(视觉)只能看到石的白色,手(触觉)只能感触到石的硬度,目不见坚,手不得白,故坚与白"离"。由这里向前推论一步,宇宙中具有坚与白这种属性的物体,并不限于石块。坚与白是脱离开石块而各各独立自在的,也是脱离开一切有形体的物而各各独立自在的。由这里再向前推论一步,既然坚白不仅离"石",而且也离"物",那就是说,可以用同样的办法,抽空石与万物的一切属性。既然石与万物的属性可以被抽空,石也就不成其为石,物也就不成其为物,归根结蒂,是石也没有了,物也没有了。偌大一个世界,四大(物)皆空。(第30—32页)

杨俊光《惠施公孙龙评传》:公孙龙的宇宙观,是多元的客观唯心主义。这个结论,是杜国庠早在半个世纪以前得到的。他做了精辟的分析:"公孙龙的哲学是一种多元的客观唯心主义","他所称为'指'的东西,其实只是事物的共相;由他在思辨上认为它是实在的,所以是观念论的;由他认为它也离开精神而存在,所以是客观观念论的;又由他认为它们各各互离而自藏,所以又是多元的。"这个结论,总的说来是完全正确的,虽然对一些具体问题的解释还不尽恰当。(第163页)

谭业谦《公孙龙子译注》:《坚白论》论"坚""白""石"三概念的关系。原文文字颇有错乱。有些有疑点的字句只能存疑……坚白石三,未可;坚白石二,可。这是十分明白的论点,也是合理的论点。可以根据这个论点通解《坚白论》。《坚白论》已有明显缺损错乱,已不能完整显示坚白之辩的全貌……《坚白论》从目见、手知讨论坚白石的二与三。在篇末还涉及"神知",也就是对客观存在作人的主观认识的分析。可以说它具有认识论的意义。(第37页)

王煦华《公孙龙〈坚白论〉评说》:《坚白论》是公孙龙论述分析事物属性的一篇哲学论文。他通过分析石的坚性和白色两种属性来说明事物的各种属性虽同存于物体之中,但并不是互相包含不可分解的,人们的不同感觉可以把存在于同一物体中的许多属性予以分解而区别开来。(《社会科学》1982年第4期)

曾祥云《"坚白石二"立论之谜——〈公孙龙子·坚白论〉新探》:公孙龙"坚白石二"命题的本意,是指由"坚""白""石"三个单名只能生成"坚石"和"白石"两个兼名。在《坚白论》中,公孙龙从认识论的角度阐明了表征事物特性的名称之间的相离性、独立性,深刻揭示了"以通称随定形"的兼名合成法则。因此,从《坚白论》的思想意蕴来看,它实际上是一篇探讨名称符号之间关系的符号学专论。(《长沙电力学院学报》2001年第1期)

黄克剑《公孙龙"离坚白"之辩探赜》:用以命名、摹状的"名"或语言与天下实存的森然万象并不存在一一对应的关系,而人却不能不借助它去辨识人生存其中因而总会打上人的或此或彼烙印的世界。"名"或语言靠了"离"的性状而自成一个独立于经验实存的系统;人处在"名"或语言系统中,人也处在与其生存际遇的践履性关系中。人在这两重关系中如何赢得更大程度的自由,这有赖于人对自己既处其中的境域达到相当的自觉,其中当然包括人对"名"或语言的自觉,而公孙龙"离坚白"之辩的意义正在于他从一个独特的运思向度上把这一重自觉启迪给了人们。(《哲学研究》2009年第6期)

名实论第六

[解题]

　　名实论者,名实指称论也。公孙龙名实指称论之宗旨,是确立一名对一实的原则。其一,强调名的唯一性,即名必须是唯一的、排他的,不允许相同之名存在。其二,不允许变相的相同之名存在,比如"狗"与"犬"。其三,名实对应的唯一性。名称与实体必须严格一一对应,既不允许一实二名,也不允许二实一名。简言之,名与实各处其位,对号入座。因此,《名实论》乃名家语言学之指称论。指称论的确立,奠定了名家逻辑的语言学基础。

　　诸子时代,言名实者凡四家。儒家注重身份与名号相应,强调"名不正,则言不顺"。法家注重权利与义务对等,强调"循名责实"。儒法两家的名实论立足于政治。墨家的名实论立足于生产生活实践,强调"以名举实",以实践为根本依据。名家更进一步,立足于名(语词),强调名与实的唯一性,以名为逻辑基础。由此可知,先秦时期言名实者虽多,然其旨趣迥异。上述四家之学术分野,儒法与墨名之别是其巨,墨家与名家之别是其细。

　　对本篇学术性质的判断,早期学者泛论"正名实"者多,中期学者以"唯心"与"唯物"论之者多,近期学者始论其符号学意义。详参篇末"诸说辑要"。

[原文]

　　天、地与其所产焉,物也。[1] 物以物其所物而不过焉,实也。[2] 实以实其所实不旷焉,位也。[3] 出其所位,非位。位其所位焉,正也。以其所正,正其所不正。以其所不正,疑其所正。[4] 其正者,正其所实也。[5]正其所实者,正其名也。[6]

[校注]

[1]"天"是一物,"地"是一物,"其所产焉"又是一物。《道德经》曰:"道生一,一生二,二生三,三生万物。"龙说与之类。此句大意:天、地以及天地变化所产生的东西,都是物。此言何为"物",用排列之法:以天为一,以地为二,以日为三,以月为四。有学者说:"由于'物'已是一个最普遍的名称,无法用'属+种差'的方法给它下定义。公孙龙是以列举定义的方法来解释什么是'物'。'天''地'以及天地间所产生的各种各样的东西,是人们最直观地感受到的东西,这些都可以称之为'物'。"①此说颇具启发意义。在《指物论》中,公孙龙已然指出概念定义法的缺陷,故不取焉。

[2]句中有三个"物"字,第一、第三个为名词,第二个为动词。物其所物:造生了随后之物。这句话的意思是:一物衍生了随后之物,但此二物各处各位,这便是"实"。"实"者,名之偶也。有学者谓:"'实'是'物'的某种具体形态。"②这有启发意义。

[3]实其所实:即实其所实之位,一个实体居于独自特定的位置。这句话的意思是:一个实体居于它应该所在的位置,而不离开这个位置,这便是"位"。"位"者,位置也。"位"的概念极为重要,墨家以概念内涵识别对象物,名家以位置识别对象物。

[4]"以其所不正"五字原脱。王琯《公孙龙子悬解》最初取胡适说,曰:"近人胡适之于'疑其所正'之上加'不以其所不正'六字。释云:'旧脱此六字,马骕《绎史》本有"以其所不正"五字。今按《经说下》……据此,似当作"不以其不正"。'其说最审。据以补正,文义自瞭。"后发现番禺陈兰甫注本与马骕《绎史》本同,遂取马本、陈本之说,曰:"陈本'以其所正'下,有'以其所不正'五字,与马氏《绎史》正同……胡适之校此句……终不如马、陈二本之确。应据此订补。"(第88—89页)谭戒甫曰:"'以其所不正'五字,诸本皆缺;兹据《子汇》本、《绎史》本增。据旧注,似亦有此五字。"(《公孙龙子形名发微》,第59页)这是以新证据支持五字说。伍非百《公孙龙子发微》补"不以其所不正"六

①李先焜:《公孙龙〈名实论〉中的符号学理论》,《哲学研究》1993年第6期。
②李先焜:《公孙龙〈名实论〉中的符号学理论》,《哲学研究》1993年第6期。

字,其说与胡适同。但伍注提到"明万历四年《公孙龙子》刊本有此五字,与马骕《绎史》同"(《中国古名家言》,第514页)。学者们同时注意到,增补"以其所不正"五字之后,正与宋人谢希深旧注相合。根据以上情况,故校补"以其所不正"五字。以其所不正,疑其所正:人们根据不正确位置的实,就会怀疑原本正确的实。

[5]正其所实:正其所实之位,使每一实体各居其位。

[6]正其所实者,正其名也:每一实体各处其位,名随其实,实正则名正。这与儒家、法家的正名学说殊旨,也与墨家的正名学说略异。墨家只是泛泛讲名实对应,没有强调实的唯一性和名的唯一性。有学者说:"事物不仅具有某种属性,而且这种属性是处于一定的时空条件之下而不超越这些条件。换句话说,'位'就是处于一定时空条件之下的具体的'实'……'实'处于其应处的外延之中,就是'正'。"①这有参考意义。

[译文]

天、地和它们所产的东西,都是"物"。物衍生了新物而各处其位,此之谓"实"。实体各居其处而不离开,此之谓"位"。离开各自位置,这是"非位"。处在各自位置,这是"正"。根据正确的位置,人们就可纠正不正的实。处于不正确的位置,人们就会质疑原本正确的实。所谓的正,就是实体各处其位。实体各处其位,就是正名。

[原文]

其名正,则唯乎其彼此焉。[1]谓彼,而彼不唯乎彼,[2]则彼谓不行;[3]谓此,而此不唯乎此,则此谓不行[4]——其以当不当也。[5]不当而当,乱也。[6]故:彼、彼当乎彼,则唯乎彼,其谓行彼;此、此当乎此,则唯乎此,其谓行此——其以当而当也。以当而当,正也。[7]故:彼、彼止于彼,[8]此、此止于此[9],可。彼此而彼且此,[10]此彼而此且彼[11],不可。[12]

①李先焜:《公孙龙〈名实论〉中的符号学理论》,《哲学研究》1993年第6期。

[校注]

[1]唯:唯一,唯独。王引之《经传释词》:"惟,独也,常语也。或作'唯'
'维'。"后文"当不当"之"当",与"唯"义相呼应。在本篇中,"唯"字至关紧
要,得其旨则得此篇,失其旨则尽失此篇矣。宋人谢希深注曰:"应辞也。"后之
学者踵之。王琯《公孙龙子悬解》曰:"'唯',《广雅·释诂一》'膺也',谢释
'应辞'。《经说下》'惟是,当牛马','惟'通唯,与此均取相应之意。"(第89
页)谭戒甫《公孙龙子形名发微》曰:"旧注:'唯,应辞也。'"(第60页)伍非百
《公孙龙子发微》曰:"唯,应也。"(《中国古名家言》,第515页)栾星《公孙龙子长
笺》:"唯,应辞。乎,助辞。是说,如果名正,那么彼此事物的名与彼此事物的
实就能够相与呼应。"(第93页)亦有不同者。庞朴《公孙龙子研究》说:"公孙
龙主张名和谓都要'唯乎其彼此',即专用于其所指。"(第49页)谭业谦《公孙
龙子译注》曰:"'唯',《广雅·释诂》:'唯,独也。''唯乎其彼此',指彼物独有
彼名、此物独有此名。"(第49页)其译文曰:"名称正确了,那末,彼事物就仅有
彼名,此事物就仅有此名。"近乎其义。彼此:"彼"谓实,"此"谓名。唯乎其彼
此:彼实是唯一的,此名也是唯一的;彼无重实,此无重名。

[2]谓彼,而彼不唯乎彼:称呼那个实体,但对象实体却不止一个。

[3]彼谓不行:对那个实体的称谓失效。

[4]"而此不唯乎此",第一个"此"字,《正统道藏》本原作"行",《子汇》
本、马骕《绎史》本作"此",据前文"谓彼,而彼不唯乎彼",与之对应,可知当作
"此",故校改。此:名也。谓此,而此不唯乎此,则此谓不行:说出这个名称,但
这个名称却不止一个,则此名称失效。《庄子·天下》载辩者命题曰"'狗'非
'犬'",意谓狗、犬二名一实,不能成立,正与此呼应。

[5]以:因为……的缘故,由于……的缘故。《辞源》:"以:缘故。"《诗经·
邶风·旄丘》:"何其久也? 必有以也。"其以当不当也:这是由于它当了不该
当的缘故,即名与实没有唯一对应。

[6]"不当而当",后"当"字,《正统道藏》本无,《子汇》、马骕《绎史》本有。
后文"以当而当,正也",与此对应,故据校补。不当而当,乱也:名与实没有一
一对应,结果造成名实之间错位,导致混乱。

以上"谓彼……乱也"一小段,凡三十八字,论名实不一一对应之乱。已有

学者指出:"一个正确的名称与其所指对象之间只能具有一一对应关系,而不能具有一多或多一关系……在数学或逻辑学所特别制造的人工语言中,符号的单义性是其必具的条件,否则就无法进行正确的演算和推理。"①这对于理解公孙之说,具有重要启发意义。

[7]以上"故彼……正也"一小段,凡三十九字,论名实一一对应,就不会混乱。此三十九字一段,与前三十八字一段,乃对比性的论述。前一段从反面说,此一段从正面说,句式完全相同,故不再注。

[8]"故:彼、彼止于彼",《正统道藏》本原作"故彼故彼止于彼",《子汇》本、马骕《绎史》本、崇文本作"故彼彼止于彼"。王琯《公孙龙子悬解》曰:"《道藏》本该句下多一'故'字,严铁桥校为衍字,盖沿上文而误。"(第91页)钱基博曰:"'故彼故彼止于彼。'马骕《绎史》无第二'故'字。严可均校衍下'故'字,《百子全书》本依改。"(《公孙龙子校读记》)故校删"故"字。彼、彼:一个实、又一个实。止于彼:仅有一个实。彼、彼止于彼:重复的对象只保留一个,只允许一个。

[9]此:名。此,此止于此:重复的名称只保留一个,只允许一个。

[10]且:又,及。王引之《经传释词》:"且,犹'又'也。"《春秋》文公五年:"王使荣叔归含且赗。"《穀梁传》释曰:"含一事也,赗一事也。兼归之,非正也。其曰且,志兼也。"此一"且"字,亦甚重要,未见前贤之察。彼此而彼且此:彼实对应此名,同时又对应另一个名,即一实多名的对应关系。比如:彼犬之"实"对应此"犬"之名,又对应此"狗"之名,一实二名,故谓"且"也。

[11]此彼而此且彼:此名对应彼实,同时又对应另一实,即一名对二实。比如"璞"之名对应璞、鼠二实,详后文。

[12]此一大段文字,申述名实之间一一对应之绝对性。起首一句,"其名正,则唯乎其彼此焉"是纲领,即实体和名称都必须是唯一的,必须一实对一名。如果一名二实,或一实二名,就会造成逻辑上的混乱。在日常生活中,由于种种原因,偶尔会出现一名多实现象。据《尹文子·大道下》记载:"郑人谓玉未理者为璞,周人谓鼠未腊者为璞。周人怀璞,谓郑贾曰:'欲买璞乎?'郑贾曰:'欲之。'出其璞视之,乃鼠也,因谢不取。"又据《尹文子·大道下》:"庄里

---

①李先焜:《公孙龙〈名实论〉中的符号学理论》,《哲学研究》1993年第6期。

丈人,字长子曰盗,少子曰殴。盗出行,其父在后追呼之曰:'盗!盗!'吏闻,因缚之。其父呼殴喻吏,遽而声不转,但言'殴!殴!'吏因殴之,几毙。"有时也会出现一实多名现象。《庄子·天下》记先秦名家命题有"'狗'非'犬'"。为什么名家强调"'狗'非'犬'"?因为原本一个实却有两个名称,既称之为"犬",又称之为"狗",对名家来说这不可以。上述两种情形,可以图2示之。

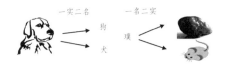

图2 名实不偶示意图

上述两种情形,墨家辩学允许,因为墨家辩学以生活实践为原则,但名家名学不允许,因为名家名学基于"名"。《名实论》之学术背景,正在于此。前贤多将《名实论》与墨家、儒家、法家之名实学说相提并论,失其本旨矣!

[译文]

称名正确,就应该彼实和此名唯一对应。称呼一个实体,但那个实体却不止一个,则对那个实体的称谓失效;说出此名,但此名却不止一个,则此称谓失效——这是由于当了不该当的缘故。当了不该当的,会导致混乱。所以,对应一个名称的两个对象,应该仅有一个,这样的话它才有效;对应同一个对象的两个名称,应该只有一个,这样的话它才有效——这叫名实对应。名实对应,就正确。因而,所有的实体独居其位,所有的名称独居其位,这可以。一个实体对应这个名称又对应那个名称,或一个名称指向那个对象同时又指向另一个对象,这不可以。

[原文]

夫名,实谓也。[1]知此之非也,[2]知此之不在此也,[3]则不谓也。[4]知彼之非彼也,[5]知彼之不在彼也,则不谓也。至矣哉,[6]古之明王!审其名实,慎其所谓。[7]至矣哉,古之明王![8]

[校注]

[1]夫名,实谓也:名称,是对实体的称呼。

[2]知此之非也:知道此名不精确。《子汇》本、《绎史》本作"知此之非此

也",学者据之而补"此"字,亦可通。

[3]知此之不在此也:知道此名之外还有并行之名。如:"乙醇"与"酒精","土豆"与"马铃薯","山楂"与"红果"。

[4]"则",《正统道藏》本作"明",刘禩本、绵眇阁本、《且且庵》本、《十二子》本、《说郛》本、《子汇》本、《绎史》本等皆作"则",参后文"则不谓也",可知"明"乃"则"之讹,故校正。则不谓也:就不这样称呼。

[5]知彼之非彼也:知道那个实不仅仅是一个。

[6]至:深邃,精当。

[7]审其名实,慎其所谓:洞察名实关系,慎重地使用称谓。

[8]《名实论》通篇讨论指称论,与政治没有丝毫关系。但是,这里先后两次赞美古代明王,难免给人造成错觉,从而与儒法两家的名实论牵连到一起。有学者指出,此乃"画蛇添足",是"生硬附加的政治赘词"。① 其实,与其说是赞美古代明王,毋宁说是公孙龙标榜自己。

[译文]

名称,是对实体的称呼。知道此名不精确,知道此名不应该在这个位置,就不要这样称呼。知道那个实不是那个实,知道彼实不应该在那个位置,就不要那样称呼。这道理深邃呀,古代的明王!洞察名实关系,慎重地使用称谓。这道理深邃呀,古代的明王!

[诸说辑要]

王琯《公孙龙子悬解》:通篇大旨即在正名正实,二者使求相符。命定界说,科律最严。《经说》曰:"名实耦,合也。"公孙造论,殆同此恉。盖不特全书关键,正名家精神之所寄也。(第87页)

伍非百《公孙龙子发微》:《名实论》者,论正名实之方法也……谓正之目的,在正其实。如何正实?在正其名。如何正名?在唯乎其谓。如何唯乎其谓?在唯乎其彼此。何谓唯乎其彼此?……所谓"彼彼止于彼,此此止于此,可"者也。何谓不唯乎其彼此?……所谓"彼此而此且彼,此彼而彼且此,不可"者也……名之用在于静,谓之用在于动。凡辩者所用之名,皆动而非静者

也。(《中国古名家言》,第510—511页)

陈柱《公孙龙子集解》:公孙龙之意,盖谓名与实必适相符合,方为得位,得位方可以谓之正,于是以正者为标准,而使天下不正者正焉。此全篇之大恉也。由是则世俗以白马为马非正矣,以坚白石三非正矣。进一步言之,则马亦非马,石亦非石,而天下竟不能有名矣。公孙龙之学,盖欲据名实以打倒名实者也。(第206页)

庞朴《公孙龙子研究》:《名实论》是公孙龙哲学的纲领性文章。在这里,他表明自己哲学的基本任务在于"审其名实,慎其所谓",即考察事物的名和实,慎重地给它们以称呼。在当时,这叫做"正名"的功夫。当时各家各派都主张正名,使名和实、实和名一致起来,只是由于政治利益的不同,大家所谓的正与不正的标准也不一样,因而"正名"的内容与方法也互有差异,甚至根本对立。名家是从哲学上来解决"正名"问题、研究名实关系的,这是他们同其他学派的最大区别。名家各派学说的背后,当然也隐藏着一定的政治利益。《名实论》也可说是《公孙龙子》全书的绪论,这里给一些基本范畴都下了定义,提出了"正名"的原则,同其他几篇共同构成了一个学说体系。秦汉人写书喜欢把叙放在最后,这一篇因而也被编在末尾。(第46—47页)

栾星《公孙龙子长笺》:这是公孙龙谈名实问题仅存的一篇。是只有二百五十字的短文,然公孙龙名实观的基本论点已包括在里面……正名的问题,在我国古代哲学上,基本属于"别同异"问题的范畴。因而就基本态度来看,龙与墨辩并无歧异。本文诡辩意味很淡,与《墨经》思辨逻辑亦无抵牾。只是龙把"物"的变化,视为"指"的离合,仍不能不染上他的世界观的色彩。同中求异,如此罢了。(第88页)

孙中原《中国逻辑史(先秦)》:《名实论》表达了公孙龙的概念论和他对思维规律的见解……正名是中国古代逻辑中概念论的重要内容。从孔丘提出"正名"的问题以后,墨翟、尹文等各家都涉及到正名问题。《公孙龙子·名实论》总结了春秋末到战国中期正名问题的见解,对概念论的理论基础,物、实、位、正诸范畴作了接近于规范的界说。(第182页)

杨俊光《惠施公孙龙评传》:《名实论》所持的名实关系论是唯心主义的……在公孙龙看来,第一性的不是实,而倒是名;名不是实的称谓,而倒是实之为实的根据,是实应该去充实不欠缺而使自己成其为实的范型。这无异是说,实是由名产生出来的;不是因为有了实才有名,而是因为有了名才有实的。(第194—195页)

谭业谦《公孙龙子译注》:《名实论》论述"名"与"实"的关系,规定"物""实""位""正"等概念的含义,完整地表达了公孙龙的正名学说。"实"是诸子学术中的重要概念,公孙龙给"实"作出了一个逻辑学的规定。"名实当"也是一种逻辑关系。"名"的正与不正决定于"实",公孙龙的"正名"是有客观标准的。《名实论》用"彼""此"进行表述。"彼""此"无实义,是用为逻辑符号。它用"彼""此"所作的表述,明显地等同形式逻辑的基本规律:同一律、矛盾律、排中律。从逻辑学方面看,《名实论》自然十分重要,它保留了先秦逻辑学的重要部分。(第47页)

李先焜《公孙龙〈名实论〉中的符号学理论》:公孙龙所说的"名"(包括先秦诸子所说的"名"),就是一种符号,因为"名"是用来代表另一事物的东西。"马"这个名称就是用来代表马那个东西,"白马"这个名称就是用来代表白马那个东西。符号与它所代表对象之间的关系,称之为语义关系,语义关系属于符号学研究的范围。因此,公孙龙的《名实论》具有重大的符号学意义……在公孙龙现存的五篇著作中(《迹府》除外),《名实论》应该占有一个特殊的地位,实际上它可以说为其它诸篇提供了符号学的理论基础,因为其它诸篇都涉及一个名实关系问题,都为了解决现实生活中的名实散乱问题,这些也都是符号学的问题。(《哲学研究》1993年第6期)

张长明、曾祥云《〈公孙龙子·名实论〉的现代解读》:公孙龙的"名"即事物的名称。他提出的"正名"原则,正确地揭示了语词符号(名)与指称对象之间的确定性,而其所论名实关系,已不限于语义学方面,而且涉及到了语用学问题。(《湖南大学学报》2001年第2期)

曾祥云《〈公孙龙子·名实论〉疏解》:《名实论》由对"物""实""位""正"四个基础性术语的界定,论及到正名方法问题,并由此进入到正名标准的探讨,最后落于有关名称使用问题的论述,脉络清楚,主题鲜明,层次清晰,连贯一体,对于名学研究的基础性问题,阐发详尽,奠定了"专决于名"的公孙龙思想的理论基础。(《中南林业科技大学学报·社会科学版》第6卷第5期,2012年)

  刘体胜《公孙龙子〈名实论〉新诠》：公孙龙以"物"和"实"为阐述其思想的初始概念，强调对"具体可感之物的实"的认知和推断必须满足"位其所位"的要求。这一"名实论"和庄子、荀子及墨家学派的皆有不同，具有非常独特的哲学意蕴。(《现代哲学》2018 年第 3 期)

参校版本

1.《公孙龙子》三卷,明弘治九年,李瀚《新刊五子书》本。简称"李瀚本"。

2.《公孙龙子》三卷,明嘉靖三十年,刘禩刊本。简称"刘禩本"。

3.《公孙龙子》一卷,明万历四年,《十八子全书》本,冯梦祯校。简称"《十八子》本"。

4.《公孙龙子》,明万历六年,崇德书院《二十家子书》本。简称"崇德本"。

5.《公孙龙子》一卷,明万历二十三年,欧阳清《五子书》本。简称"欧阳清本"。

6.《公孙龙子》一卷,明万历三十年,绵眇阁刊《先秦诸子合编》本。简称"绵眇阁本"。

7.《公孙龙子》一卷,明万历年间,南京国子监刊《子汇》本。简称"《子汇》本"。

8.《公孙龙子》,明天启五年,《诸子汇函》本。简称"《诸子汇函》本"。

9.《公孙子》一卷,明天启五年,横秋阁刊《杨升庵先生评注先秦五子全书》本。简称"横秋阁本"。

10.《公孙龙子》一卷,明天启年间,花斋刊本。简称"花斋本"。

11.《公孙龙子》一卷,明天启年间,武林堂策槛刊《合诸名家批点诸子全书》本。简称"《诸子全书》本"。

12.《公孙子》一卷,明书林龚宏源刊《金卫公汇选权譎秘书》本。简称"龚宏源本"。

13.《公孙龙子》一卷,明刊《且且庵初笺十六子》本。简称"且且庵本"。

14.《公孙子》一卷,明刊《十二子》本。简称《十二子》本"。

15.《公孙龙子》一卷,明刊《十二子》,江藩批校本。简称"《十二子》江藩批校本"。

16.《公孙龙子》一卷,明刊《六子书》本。简称"《六子书》本"。

17.《公孙龙子》一卷,明刊《十子》本。简称"《十子》本"。

18.《公孙龙子》三卷,明佚名刊本。简称"佚名本"。

19.《公孙龙子》三卷,清嘉庆七年,严可均抄本《子书六种》,严可均跋,沈宗畤批校。简称"严可均抄本"。

20.《公孙龙子》一卷,清嘉庆十四年,《墨海金壶》本。简称"《墨海金壶》本"。

21.《公孙龙子》一卷,清道光十三年,王氏棠荫馆《二十二子全书》本。简称"棠荫馆本"。

22.《公孙龙子》一卷,清道光二十四年,钱熙祚刊《守山阁丛书》本。简称"《守山阁》本"。

23.《公孙龙子》一卷,清光绪元年,湖北崇文书局刊《子书百家》本。简称"崇文本"。

24.《公孙龙子》一卷,民国二十五年,上海中华书局排印《四部备要》本,此本据守山阁本校刊。简称"《四部备要》本"。

引用书目

本书参阅文献甚多。兹所列者,乃本书所引书目;未引者,虽阅而不录也。又,今人论文采用脚注,于此不录。

一、学术著作

1. 谢希深:《公孙龙子注》,明《正统道藏》本。

2. 傅山:《公孙龙子注》,清宣统三年山阳丁氏刊《霜红龛集》本。

3. 俞樾:《公孙龙子平议》,民国十一年双流李氏念劬堂《诸子平议补录》本。

4. 孙诒让:《公孙龙子札迻》,清光绪二十年瑞安孙氏刊本。

5. 辛从益:《公孙龙子注》,清光绪年间刊本。

6. 陈澧:《公孙龙子注》,民国十四年番禺汪氏微尚斋刊本。

7. 章炳麟:《论诸子学》,收入《国学概论》,北京:中华书局,2009年。

8. 王琯:《公孙龙子悬解》,中华书局,1928年初版,1992年新版。

9. 金受申:《公孙龙子释》,商务印书馆《国学小丛书》本,民国十七年。

10. 钱基博:《公孙龙子校读记》,载《名家四子校读记》,民国二十年油印本。

11. 谭戒甫:《公孙龙子形名发微》,科学出版社 1957 年初版。本书引用据中华书局 1963 年版。[①]

12. 伍非百:《公孙龙子发微》,1949 年石印,后收入《中国古名家言》。北京:据中国社会科学出版社,1983 年。[②]

13. 冯友兰:《中国哲学史》上,1931 年初版,上海:华东师范大学出版社,2011 年新版。

14. 陈柱:《公孙龙子集解》,商务印书馆 1937 版,上海书店1996 年影印。

15. 杜国庠文集编辑小组编:《杜国庠文集》,北京:人民出版社,1962 年。

16. 庞朴:《公孙龙子研究》,北京:中华书局,1979 年。

17. 栾星:《公孙龙子长笺》,郑州:中州书画社,1982 年。

18. 孙中原:《中国逻辑史(先秦)》,北京:中国人民大学出版社,1987 年。

19. 杨俊光:《惠施公孙龙评传》,南京:南京大学出版社,1992 年。

20. 谭业谦:《公孙龙子译注》,北京:中华书局,1997 年。

二、工具书

1. 许慎:《说文解字》,北京:中华书局,1963 年影印本。

[①]据《原序》和《后记》,书稿成于 1928 年,陈柱 1937 年出版的《公孙龙子集解》多有摘录。
[②]陈柱 1937 年出版的《公孙龙子集解》多有摘录。

2. 段玉裁:《说文解字注》,上海:上海古籍出版社,1981 年影印本。

3. 张玉书等:《康熙字典》,上海:同文书局线装本。

4. 王念孙:《广雅疏证》,上海:上海古籍出版社,1983 年影印本。

5. 王引之:《经传释词》,北京:中华书局,1956 年。

6.《辞源》(合订本),北京:商务印书馆,1988 年。

附录一 《庄子·天下》辩者命题译注

[解题]

《庄子·天下》载辩者命题三十有一,曰:"惠施多方,其书五车,其道舛驳,其言也不中。历物之意,曰……"随列命题有十。又曰:"惠施以此为大,观于天下而晓辩者,天下之辩者相与乐之……"复列命题二十有一。末了云:"辩者以此与惠施相应,终身无穷。"学界通常把前十个命题称为"历物十事",后二十一个命题称为"辩者二十一事"。

这三十一个命题,对破解名家学说至为关键。古今学者大多认为,《公孙龙子》一书之所以难解,乃因该书只讲理论,没有实例。其实,名家学说有实例,这三十一个命题大多是名家逻辑学说的实例:不但包括《指物论》的实例,也包括《名实论》的实例,此外还包括名家逻辑定性分析、定量分析的实例。因此,"辩者命题"与《公孙龙子》互为表里,对理解名家学说至关重要。然而,到目前为止,学界对这三十一个命题中的绝大多数命题缺乏清晰的认识,至于其与《公孙龙子》的关系,更是莫知所以。下面,对这些命题逐一分析,①先校注后翻译。

---

① 对这些命题的先期研究,见拙作《〈天下篇〉辩者命题研究》,《南开学报》2017 年第 1 期。这里稍有修订。

一、惠施十题

命题 1

[原文]

　　至大无外,谓之"大一";至小无内,谓之"小一"。

[校注]

　　字面之义,学者已释。① 此与墨家辩学唱对台戏,不无调侃之意。墨家辩学基于实践,几乎不讨论脱离实践的问题。名家反其道而行之,名家之学基于名,"大一""小一"就是纯粹的复名,指向无限大、无限小,命题 2 和命题 31 可参。这一命题的蕴意:与墨家辩学实践理性唱对台戏,属纯粹思维理性,亦有极限词之义。

[译文]

　　所谓"大一",指称无限大;所谓"小一",指称无限小。

命题 2

[原文]

　　"无厚",不可积也,其大千里。

[校注]

　　字面之义,学者已释。② 无厚:没有厚度,指无限薄。积:体积。大:这里指面积。"无厚"与"大一""小一"等词语同类,均属思维层面,而非实践层面。这一命题的蕴意,同命题 1。

[译文]

　　所谓"无厚",就是没有体积,但面积无限大。

---

①冯友兰谓:"依逻辑推之,则必'无外'者,方可谓至大;'无内'者,方可谓之至小。"(冯友兰:《中国哲学史》上,上海:华东师范大学出版社,2011 年,第 116 页)孙中原说:"惠施把最大的没有外边,叫做大一;最小的没有内边,叫做小一。"(孙中原:《中国逻辑史(先秦)》,北京:中国人民大学出版社,1987 年,第 80 页)
②冯友兰谓:"无厚者,薄之至也。薄之至极,至于无厚,如几何学所谓'面'。无厚者不可有体积。然可有面积,故可'其大千里'也。"(冯友兰:《中国哲学史》上,第 116 页)孙中原说:"没有厚度,没有体积,但有广度,可绵延扩展至千里那样大。"(孙中原:《中国逻辑史(先秦)》,第 80—81 页)

命题 3

[原文]

"天"与"地"卑;"山"与"泽"平。

[校注]

此一命题,学者聚讼。有基于"道"的立场作解者,[①]有基于相对主义作解者。[②] 名家之学既非道学,亦非相对主义哲学,而是名学——唯名逻辑学说。在名家对象语言中,汉字就是符号,仅具代号意义。当陈述"'山'与'泽'平"的时候,相当于说 X 与 Y 地位平等;但绝不是说,巅峰与川流在相同的海拔高度。此立名家唯名语言,亦破墨家唯实语言。这一命题的意蕴是,名学的立足点在名(名称、语汇),所有的名词地位平等。不无调侃墨家之意。

[译文]

"天"与"地"这两个名词同样卑下,"山"与"泽"这两个名词相互平等。

命题 4

[原文]

"日",方中方睨;"物",方生方死。

[校注]

此一命题,学者聚讼。有从日与影的运动作解者,[③]有从不同认知主体立场差异作解者。[④] 此立名家唯名语言。方,正在。万物存在于时空之中,此乃

①成玄英疏:"今以道观之,则山、泽均平,天、地一致矣。"(郭庆藩:《庄子集释》,北京:中华书局,1961 年,第 1103 页)

②冯友兰谓:"因其所高而高之,则万物莫不高;因其所低而低之,则万物莫不低。"(冯友兰:《中国哲学史》上,第 117 页)孙中原说:"天和地一样高,山和水一样平。这是讲空间高低差别的相对性。"(孙中原:《中国逻辑史(先秦)》,第 81 页)

③李曰:"谓日方中而景已复昃,谓景方昃而光已复没……凡中昃之与升没,若转枢循环。"(陆德明:《经典释文》,北京:中华书局,1983 年,第 404 页下)冯友兰:"天地万物,无时不移。"(冯友兰:《中国哲学史》上,第 117 页)孙中原说:"惠施和其他辩者当时讨论的许多命题都涉及到了如何在概念和判断中表达运动的问题。"(孙中原:《中国逻辑史(先秦)》,第 82—83 页)杨俊光说:"这样描述的,正好就是运动的矛盾性。"(杨俊光:《惠施公孙龙评传》,第 54 页)

④成玄英疏:"居西者呼为中,处东者呼为侧,则无中侧也。"(郭庆藩:《庄子集释》,第 1104 页)

基于唯实语言。名家基于名,仅讨论名(语词),名是一个代号,没有任何内涵,中与睨之于"日"这一语词,生与死之于"物"这一语词,皆无谓也。诚调侃墨者,笑傲学林。这一命题的意蕴是,名家语言不涉及概念内涵问题。

[译文]

"日",既在正空,也在地平线;"物",既处于生的状态,也处于死的状态。

命题5

[原文]

大同而与小同异,此之谓"小同异";万物毕同毕异,此之谓"大同异"。

[校注]

此一命题,学者聚讼。有从世界运动与人类认知作解者,①有从生命各异、生死不异作解者,②有从相对主义作解者,③有从现代逻辑集合论思考者。④ 诸如此类,不赘引。此破墨家逻辑。同异问题,乃墨家逻辑颇受困顿之难题。《墨经》第88条:"同:重、体、合、类。"《经说》曰:"二名一实,重同也。不外于兼,体同也。俱处于室,合同也。有以同,类同也。"此"小同异"耶?《墨经》第104条:"物尽同名:二与斗;爱;食与招;白与视;丽与暴;夫与履。"此"大同异"耶? 或针对于此,名家尖刻讽刺,讥墨家概念之间纠缠不清也。

[译文]

墨家所谓重同、体同、合同、类同之同异,此为"小同异";墨家所谓"物尽同名",此为"大同异"。

---

① 陆德明谓:"同体异分,故曰小同异。死生祸福,寒暑昼夜,动静变化,众辨莫同,异之至也。众异同于一物,同之至也。"(陆德明:《经典释文》,第404页下)

② 成玄英疏:"死生交谢,寒暑递迁,形性不同,体理无异,此大同异也。"(郭庆藩:《庄子集释》,第1104页)。

③ 冯友兰谓:"天下之物,若谓其同,则皆有相同之处,谓万物毕同可也;若谓其异,则皆有相异之处,谓万物毕异可也。"(冯友兰:《中国哲学史》上,第117页)

④ 孙中原谓:"从集合论的观点看,万物可以看成一个大的集合——'万物一体'。而宇宙中的每一个事物,都是这一集合中的元素。其元素的数量是不胜枚举的。就万物这个集合来说,我们是把它考虑成一个单一的整体。"(孙中原:《中国逻辑史(先秦)》,第85页)

命题 6

[原文]

"南方",无穷而有穷。

[校注]

前贤有从"无穷"作解者,①有从"至大无外"作解者,②有融合名墨两家之说作解者。③ 此破墨家概念论。如无极点,"南方"这一概念无法表述;④如有极点,"南方"这一概念就会失效——因为它还会成为极点之南某处的北方。例:北京人说:"南方就是南京方向。"辩者质疑:"我在杭州,南京不是南方!"北京人纠正:"南方就是海南岛方向。"辩者又质疑:"我在澳洲,海南岛在我的北方!"如此而无穷。这一命题的意蕴是,概念的定义有相对性,墨家概念论不严谨。

[译文]

"南方"概念之内涵,既无极点,也有极点。

命题 7

[原文]

"今日适越",而"昔来"。

[校注]

此一命题,一些学者从时空相对性作解,⑤非。此为名家逻辑定性推理之

---

①李曰:"四方无穷,故无四方上下,皆不能处其穷、会有穷耳。"(陆德明:《经典释文》,第 404 页下)成玄英疏:"知四方无穷,会有物也。"(郭庆藩:《庄子集释》,第 1104 页)

②冯友兰谓:"若从'至大无外'之观点观之,则南方之无穷,实有穷也。"(冯友兰:《中国哲学史》上,第 117 页)

③孙中原说:"从惠施'大一''万物毕同'和'天地一体'的观点看,世界是无限大的……在这个无限大的空间中,无论在长、宽、高这三维的哪一个方向上,都是可以无限延伸的。""《墨经》的'盈'和'尽'的说法,为我们理解这一问题提供了钥匙……尽即穷尽,也就是有穷。"(孙中原:《中国逻辑史(先秦)》,第 85—86 页)

④《辞海》"南"字条:"方位名。与'北'相对。""北"字条:"方位名。与'南'相对。"显然,这是相对性定义,属于循环定义。墨家辩学用实质性定义,必具内涵。

⑤成玄英谓:"夫以今望昔,所以有今;以昔望今,所以有昔。而今自非今,何能有昔! 昔自非昔,岂有今哉! 既其无昔无今,故曰'今日适越而昔来'可也。"(郭庆藩:《庄子集释》,第 1104—1105 页)金岳霖说:"此条义亦或系指出所谓去来之为相对的……此条之意,似系指出所谓今昔之为相对的。"(冯友兰:《中国哲学史》上,第 117 页注)

例。此句有省略,完整的句子应该是:"'今日适越'而'昔日来越'。"这个复合命题包含两个子命题:"今日适越"与"昔日来越"。两个子命题通约,则为:"今适"而"昔来"。"而"相当于犹如、等于。《经传释词》:"而:犹'如'也。""而:犹'若'也。""而"字用等号替换,则有:

今适＝昔来

不难看出,"今"与"昔"相反,"适"与"来"相对。如用两组相反的符号表示,▲▼表示子命题 A 的主谓结构,△▽表示子命题 B 的主谓结构,则有如下公式:

▲▼＝△▽

在这个公式中,▲与△,▼与▽,表示词义完全相反。根据此式,就可进行定性推理。先看谓项推理的例子。假设已知:"今好",求"昔"的谓项,如下式:

今好＝昔▽

根据前式,"好"的反义词是"坏",则:

今好＝昔坏

可知,某人说"当今的生活真好",相当于说"过去的生活不好"。再看主项推理之例。假设已知条件句:"中国南方天气热",求"不热"的主项,即:

中国南方天气热＝△天气不热

根据前式,"中国南方"的反义词是"中国北方",则:

中国南方天气热＝中国北方天气不热

可知,某人说"中国南方天气热",相当于说"中国北方天气不热"。其实,在日常生活中人们时常使用这种潜台词式的定性推理,只是人们从不思考其逻辑学原理罢了。由上可知,"'今日适越',而'昔来'"这一命题与"▲▼＝△▽"这一公式等价,具有定性推理公理的性质,差异仅仅在于采用了自然语言而非符号的形式。

[译文]

　　"今天回了越国",相当于说"此前〔从越国〕来"。

命题 8

[原文]

　　"连环",可解也。

[校注]

此一命题,学者聚讼。有以形灭为连者,① 有以空贯为连者,② 有以存亡为连者,③ 有存疑者。④ 此破墨家概念论。"环"这一概念,表示完全闭锁的圈形;"连"这一概念,表示两个原本并非一体的东西结为一体。说两个各自闭锁的环套在一起,这自相矛盾,故"连环"作为墨家语言的兼名概念自我矛盾,自我消解。这一命题的意蕴是,在墨家的兼名概念中,相互冲突的要素导致兼名概念失效。

[译文]

"连环"这一概念,自我消解。

命题 9

[原文]

我知:"天下之中央",燕之北、越之南是也。

[校注]

关于此一命题的解释,有自无穷大视燕越为无穷小者,⑤ 有从自我中心作解者,⑥ 皆属揣测。此破墨家概念论。"中央"这一概念,表示一个平面的中心点,类似于圆心,它以明确的边界为前提;"天下"这一概念,无明确边界。没有边界,何来中央! 可见,"天下之中央"这一集合概念自相矛盾,语义不清。惠施调侃讥讽,不亦妙乎! 这一命题的意蕴,同命题8。

---

① 司马谓:"夫物尽于形,形尽之外,则非物也。连环所贯,贯于无环,非贯于环也。若两环不相贯,则虽连环,故可解也。"(陆德明:《经典释文》,第404页下—405页上)

② 成玄英疏:"夫环之相贯,贯于空处,不贯于环也。是以两环贯空,不相涉入,各自通转,故可解者也。"(郭庆藩:《庄子集释》,第1105页)

③ 冯友兰曰:"'日方中方睨,物方生方死。'连环方成方毁;现为连环,忽焉而已非连环矣。故曰'连环可解也'。"(冯友兰:《中国哲学史》上,第118页)

④ 杨俊光说:"惠施根据什么而认为连环是可解的,由于文献不足,很难得其确解。"(杨俊光:《惠施公孙龙评传》,第60页)

⑤ 司马曰:"燕之去越有数,而南北之远无穷,由无穷观有数,则燕、越之间未始有分也。天下无方,故所在为中;循环无端,故所行为始也。"(陆德明:《经典释文》,第405页上)孙中原说:"从惠施大一即宇宙空间无限大的思想中能必然引申出宇宙中心的相对性的观点。"(孙中原:《中国逻辑史(先秦)》,第91页)

⑥ 成玄英疏:"夫燕、越二邦,相去迢递,人情封执,各是其方。故燕北、越南,可为天中者也。"(郭庆藩:《庄子集释》,第1105页)

[译文]

我知道："天下的中央"这一集合概念,表示燕国之北、越国之南。

命题 10

[原文]

"泛爱万物",天地一体也。

[校注]

此题前贤聚讼,莫定一是。有以泯灭物我之别作解者,①有基于相对主义作解者,②有基于道德主义作解者。③ 此破墨家概念论。"泛"这一概念,表示普遍的、没有差别的;"爱"这一概念,表示情感对象有亲疏之别。"泛爱"表示没有差别同时又有差别之爱——自相矛盾,失效之语。"泛爱"无爱,万物无别,天地一体也。故孟轲斥为"禽兽",惠施讥为"一体"。这一命题的意蕴,同命题8、命题9。

[译文]

"泛爱万物"一语,表示既有差别又无差别地爱天地万物。

二、后期辩者二十一题

命题 11

[原文]

"卵"有毛。

---

① 成玄英疏:"万物与我为一,故泛爱之;二仪与我并生,故同体也。"(郭庆藩:《庄子集释》,第1105页)

② 冯友兰谓:"'自其异者视之,肝胆楚越也;自其同者视之,万物皆一也。''泛爱万物,天地一体',自万物之同者而观之也。"(冯友兰:《中国哲学史》上,第118页)张岱年曰:"一切毕同,莫不有其统一,故可以说是一体。"(张岱年:《中国哲学大纲》,北京:中国社会科学出版社,1982年,第154页)

③ 孙中原谓:"大一本身即整个宇宙,是一个伟大的和谐的整体。所以要无差别地爱万物。这比墨氏'兼爱'的范围更广,于人之外还要及于物。"(孙中原:《中国逻辑史(先秦)》,第92页)

[校注]

此一命题,前贤解说不一。有以佛道空观作解者,① 有以禽鸟之卵包含羽毛因素作解者。② 此破墨家概念论。卵作为实体没有毛,但"卵"的概念一定包含毛的因素。比如,"卵"可定义为:球状的、外面是一层薄壳、里面是一层蛋清、内核是蛋黄、可孵化成带羽毛的禽鸟或带甲的龟或带鳞的蛇的有机体。③ "卵"的概念中含有毛。当然辩者还可以说:"'卵'有鳞。"由此可见,"卵"的定义中是否包含毛的因素,取决于人们所下定义的广度和深度。名家这里揭示的道理是,墨家辩学对概念的定义不严谨。《公孙龙子·指物论》所谓"物莫非指,而指非指",后文第 21 条"指不至,至不绝",直斥此弊。这一命题乃具体案例,揭示墨家概念内涵是开放的、无限的,墨家的概念定义方法不严谨。④

[译文]

"卵"概念的内涵一定包含毛。

命题 12

[原文]

"鸡足"三。

[校注]

原作"鸡三足"。前贤之说纷纭,不赘。此乃讹传命题,无解。《公孙龙子·通变论》:"谓鸡足,一;数足,二。二而一,故三……牛、羊足五,鸡足三。"

---

① 成玄英疏:"有无二名,咸归虚寂,俗情执见,谓卵无毛。名谓既空,有毛可也。"(郭庆藩:《庄子集释》,第 1106 页)

② 司马曰:"胎卵之生,必有毛羽。鸡伏鹄卵,卵不为鸡,则生类于鹄也。"(陆德明:《经典释文》,第 405 页上)冯友兰曰:"鸟类之毛谓之羽;兽类之毛谓之毛。今曰'卵有毛',是卵可以出有毛之物也。"(冯友兰:《中国哲学史》上,第 127 页)杨俊光说:"鸿雁的毛就称'鸿毛',可见卵生亦可称毛……卵中已经包含有成毛的可能性。"(杨俊光:《惠施公孙龙评传》,第 252 页)

③ 今人对卵的定义:"特指动物的蛋。"(《辞海》缩印本,上海:上海辞书出版社,1980 年,第 1982 页)蛋的定义:"鸟类或龟、蛇类的卵。"(《辞海》,第 1807 页)《辞源》所释同。卵、蛋互释,循环论证,丝毫不及概念内涵,与墨家定义之法不同。

④ 关于墨家的概念定义方法,参阅温公颐《先秦逻辑史》(上海:上海人民出版社,1983 年)第五章第五节对墨辩"概念论"的阐述。作者指出:"概念的内涵和外延是密切结合着的,它是整个概念的不可缺的元素。内涵表示概念的质,外延表示概念的量。"(第 48 页)作者还指出,荀子所说的"大别名""是外延最小、内涵最多的概念"(第 281 页)。亦可参见本书"墨家辩学要义"关于"名"的阐述。

可知:公孙龙的命题是"鸡足三",而非"鸡三足",故校正。"谓"表示称谓。"鸡足"这一名词包含三个元素:称谓元素1个,外延元素2个。由于共3个元素,故谓"'鸡足'三"。《通变论》说"'牛、羊足'五",同义。此立名家名学语言,涉及语词之定量与构词法,参《通变论》。

[译文]

"鸡足"这一名词有三个量化元素。

命题 13

[原文]

"郢"有天下。

[校注]

此一命题,学者见解不一。有从以小喻大角度作解者,①有从"部分与全体的同一性"作解者,②有以王天下为解者。③ 此破墨家概念论。基于墨家概念论,郢是楚国都城,天下虽无明确边界,但肯定大于郢,郢是天下的一部分,即"天下有郢"。表面上,辩者反其道而言之,实质上,这一命题与"'卵'有毛"同例。"郢"可定义为:位于天下中央的中原地区南部的楚国的首都。"郢"之定义,包含天下。这一命题的意蕴,同命题11。

[译文]

"郢"概念的定义必会包含天下。

命题 14

[原文]

"犬"可以为"羊"。

---

① 李曰:"若各指其所有而言其未足,虽郢方千里,亦可有天下也。"(陆德明:《经典释文》,第405页上)成玄英疏:"夫物之所居,皆有四方,是以燕北越南,可谓天中,故楚都于郢,地方千里,何妨即天下者耶!"(郭庆藩:《庄子集释》,第1107页)
② 杨俊光:《惠施公孙龙评传》,第253—254页。
③ 孙中原曰:"从另一角度看,也可以说郢有天下。如楚称王,则郢有天下。"(孙中原:《中国逻辑史(先秦)》,第96页)

[校注]

此一命题,前贤言之凿凿。① 此属名家逻辑之语言学。这一命题的意蕴是,名称是一个语言符号,乃特定人群所赋予。

[译文]

"犬"这一名称原本可以称呼羊。

命题 15

[原文]

"马"有卵。

[校注]

此一命题,有基于佛家空观作解者,②有基于道家之道作解者,③有基于现代进化论作解者。④ 此破墨家概念论。马未必有卵,但"马"的概念一定包含卵的因素。辩者或许认为墨家不得不这样给"马"下定义:面长、耳小直立、雄性有二卵……的陆地动物。这一命题的意蕴,同命题 11。

[译文]

"马"的概念一定包含卵。

命题 16

[原文]

"丁子"有尾。

①司马曰:"名以名物,而非物也;犬、羊之名,非犬、羊也。"(陆德明:《经典释文》,第 405 页上)成玄英疏:"名实不定,可呼犬为羊。郑人谓玉未理者为'璞',周人谓鼠未腊者亦曰'璞'。故形在于物,名在于人也。"(郭庆藩:《庄子集释》,第 1107 页)宣颖曰:"犬、羊之名皆人所命,若先名犬为羊,则为羊矣。"(王先谦:《庄子集解》,上海:上海书店,1986 年,第 223 页)孙中原说:"这说的是最初约定名称时的人为性。"(孙中原:《中国逻辑史(先秦)》,第 97 页)

②李曰:"形之所托,名之所寄,皆假耳,非真也。故犬、羊无定名,胎、卵无定形,故鸟可以有胎,马可以有卵也。"(陆德明:《经典释文》,第 405 页上)

③成玄英疏:"夫胎、卵、湿、化,人情分别,以道观者,未始不同。"(郭庆藩:《庄子集释》,第 1107 页)

④孙中原谓:"胎生动物包含卵生动物的要素,高级的事物包含着某种低级事物的因素。"(孙中原:《中国逻辑史(先秦)》,第 97 页)

[校注]

前贤多释"丁子"为虾蟆,虾蟆幼者为蝌蚪,蝌蚪有尾。① 这是典型的墨家思路。其实,"丁子"乃甲乙丙丁、子丑寅卯之随意组合,表示任意一个概念,"尾"当然表示尾巴,但也可表示任何其他东西。此破墨家概念论。这一命题的意蕴与"'卵'有毛""'郢'有天下""'马'有卵"等相同,但更极端,把人们的思维引入绝途,进而从根本上反省墨家概念论的缺陷。

[译文]

"丁子"的概念必会涉及到尾。

命题 17

[原文]

"火"不热。

[校注]

前贤之说种种,皆入于实。② 此立名家符号语言论。辩者命题常见两种句式:一种是肯定式,若"'卵'有毛""'马'有卵""'丁子'有尾"等,用来揭露墨家概念论的缺陷;另一种是否定式,若"'火'不热",以及后文的"'目'不见""'矩'不方"等,用以阐明名家符号语言论。前一类命题指斥墨家语言不同概念之间相互交涉,后一类命题申明名家语言不同名称之间绝不相涉。墨家说"火"有热的属性,③辩者反其道而行之,何意? 因为在名家语言学中,"火"是一个名,是一个指号,没有内涵,与"热"没有任何瓜葛。④ 这一命题的蕴意:名是一个指号,没有内涵,与其他词汇绝无关系。

---

①成玄英疏:"楚人呼虾蟆为'丁子'也。"(郭庆藩:《庄子集释》,第1107页)
②或曰:"有处火之鸟,火生之虫,则火不热也。"(陆德明:《经典释文》,第405页上)成玄英疏:"火加体而热发于人,人热火不热也。"(郭庆藩:《庄子集释》,第1108页)冯友兰说:"若从形上学方面立论,则火之共相为火,热之共相为热。二者绝对非一……若从知识论方面立论,则可谓火之热乃吾人之感觉。"(冯友兰:《中国哲学史》上,第128页)
③《墨子·经说》第148条:"谓火热也,非以火之热我有。若视日。"
④与此类似,莱布尼茨认为,对于"炉子是热的"这一命题,我们无法从"炉子"这一主语中分析出它是热的,因为"炉子"这一主语并未包含"热的"这一谓语。名家与莱氏,时悬千年,地隔万里,同举一例,为巧合乎!

[译文]

"火"之名与热无关。

<h2 style="text-align:center">命题 18</h2>

[原文]

"山"出口。

[校注]

此一命题,前贤已释。[①] 此立名家符号语言。名称出于人类之口,人类赋予万物名称。"山"乃物名之一,没有人类,就没有"山"这一称呼,所以说"'山'出口"。墨家说"声出口",名家说"山出口",此其同也。这一命题与"'犬'可以为'羊'"意蕴相近:名称乃人类所赋予。

[译文]

"山"这一名称出自人类之口。

<h2 style="text-align:center">命题 19</h2>

[原文]

"轮"不蹍〔辗〕地。

[校注]

前贤所释种种,皆入于实。[②] 此立名家符号语言。"车轮辗地"与"火是热的"一样,均基于墨家概念论。反之,"'轮'不辗地"与"'火'不热"一样,讨论的是"轮"这一名称,意思是"轮"是一个指号,没有内涵,与辗地无关。这一命题的意蕴,同命题 17。

---

① 《墨子·经说》第 79 条:"声出口,俱有名,若姓、字俪。"成玄英说:"山本无名,山名出自人口。"（郭庆藩:《庄子集释》,第 1108 页）

② 司马曰:"地平轮圆,则轮之所行者迹也。"（陆德明:《经典释文》,第 405 页上）成玄英疏:"夫车之运动,轮转不停,前迹已过,后途未至,除却前后,更无蹍时。是以轮虽运行,竟不蹍地。"（郭庆藩:《庄子集释》,第 1108 页）冯友兰说:"'轮不辗地'者,轮之所辗者,地之一小部分耳。地之一部分非地,犹之白马非马也。"（冯友兰:《中国哲学史》上,第 128 页）孙中原说:"轮在行进过程中既碾地又不碾地,这是全面的说法。"（孙中原:《中国逻辑史（先秦）》,第 99 页）亦有从现代物理学角度作解者,参见邹大海:《"轮不蹍地"诸说考评与新解》,《哈尔滨工业大学学报（社会科学版）》2000 年第 4 期。

[译文]

"轮"这个名称与辗地无关。

命题 20

[原文]

"目"不见。

[校注]

有人解释说光线是眼睛见物的条件,①有人据《公孙龙子·坚白论》认为见物依赖于光亮、眼睛和神经的所用。② 此立名家符号语言。"'目'不见"与"'火'不热""'轮'不辗地"等命题同类,均强调名的指号性。这一命题的意蕴,同命题17、命题19。

[译文]

"目"这一词语与看见东西无关。

命题 21

[原文]

指不至,至不绝。

[校注]

王先谦谓:"有所指则有所遗,故曰'指不至'。"③孙中原说:"以手指指物,或以抽象概念表达事物,总有达不到的地方,总有所遗漏。"④均有所是,但于义未尽。此破墨家概念论。指,今作"旨",⑤即概念。《公孙龙子·指物论》:"物莫非指,而指非指。"意思是:人们思想中的某物,不过是人们关于该物的概

①司马曰:"目不夜见,非暗;昼见,非明。有假也,所以见者,明也。"(陆德明:《经典释文》,第405页上)
②冯友兰说:"吾人之能有见,须有目及光及神经作用。有此三者,吾人方能有见。"(冯友兰:《中国哲学史》上,第128页)《公孙龙子·坚白论》曰:"且犹白,以目、以火见,而火不见,则火与目不见而神见,神不见而见离。"公孙龙之说乃冯氏之说的依据。
③王先谦:《庄子集解》,第223页。
④孙中原:《中国逻辑史(先秦)》,第100页。
⑤众所周知,司马谈作《论六家要指》,讨论了儒、法、道、墨、阴阳、名六家的学术宗旨,战国秦汉时期以"指"代"旨",习见。

念,而人们头脑中的概念并不等于所指对象物。《指物论》乃此命题之根源,此命题乃《指物论》之凝练概括。在墨家辩学中,人们对概念的定义仅仅包含对特定时空的人群来说重要的内涵,却遗漏了更多的内涵。比如"木"的定义,周代《尚书·洪范》的定义是"曲直",东汉许慎《说文》的定义是"冒地而生",现代《辞源》的定义是"木本植物的通称",①其说各不相同,均有遗漏。所谓"指不至",正是此意。这一命题的蕴意:概念不等于所指之物,概念内涵永远无法涵盖所指对象的全部属性。这是墨家概念论的根本缺陷。

[译文]

概念无法涵盖所指对象的全部属性,即便人们认为完全涵盖了,实际上也不可能完全涵盖。

命题 22

[原文]

龟长于蛇。

[校注]

司马曰:"蛇形虽长而命不久,龟形虽短而命甚长。"②甚是。此破墨家概念论。蛇比龟长,此乃习以为常的、基于形体的比较,却忽略了其他属性的比较。若从生命周期着眼,则龟的生命周期比蛇的生命周期长,故曰"龟长于蛇"。此非脑筋急转弯,而是警示人们概念内涵的多重性,以及概念之间相互比较的多重性,以及墨家命题的缺陷。这一命题的意蕴,同命题11、命题13、命题15。

[译文]

龟的寿命比蛇长。

命题 23

[原文]

"矩"不方,"规"不可以为圆。

---

① 《辞源》(合订本),北京:商务印书馆,1995 年,第 807 页。
② 陆德明:《经典释文》,第 405 页下。

[校注]

司马曰:"矩虽为方而非方,规虽为圆而非圆,譬绳为直而非直也。"①此解似是而非。矩是方形的、画方的工具,方是四边、四角相等的形状——工具当然不等于形状。规与画圆的关系同理。不过请注意:这仍然是墨家的思路,故吾谓司马之说非。此立名家符号语言。名家唯名,名为指号,没有任何内涵。不要在"矩"的名称中找画方的意思,也不要在"规"的名称中找画圆的意思。这一命题与"'火'不热""'轮'不辗地""'目'不见"相类,其意蕴同命题17。

[译文]

"矩"之名与方无关,"规"这一语词也与画圆无关。

命题 24

[原文]

"凿"不围枘。

[校注]

凿,卯眼;枘,榫头;围枘,包住榫头。司马氏、成玄英、冯友兰、孙中原等皆从实际作解,不合名家之意。此立名家符号语言。这里阐明的不是卯眼能否围住榫头,而是"凿"这一语词与围住榫头没有关系,"凿"没有内涵,只是一个指号。这一命题的意蕴,同命题17、命题20。

[译文]

"凿"这一语词与围枘无关。

命题 25

[原文]

"飞鸟之景〔影〕",未尝动也。

[校注]

有学者以胶片电影原理作解,②有学者用运动的间断性诠释,③皆非。此

---

① 陆德明:《经典释文》,第405页下。
② 胡适说:"影处处改换,后影已非前影。前影虽看不见,其实只在原处。若用照相快镜一步一步的照下来,便知前影与后影都不曾动。"(胡适:《中国哲学史大纲》,北京:中华书局,2015年,第206页)
③ 孙中原说,这一命题"表达的是运动的间断性(每一瞬间在一个地方)"(孙中原:《中国逻辑史(先秦)》,第102页)。

申名家一元语义论。《公孙龙子·坚白论》强调"独而正",即在名家语言中,仅允许一元语言——一个语词包含一个义项,不允许二元语言——一个语词包含两个义项。在此命题中,"飞鸟"处于运动状态,"影"处于静止状态,[1]在辩者看来,"飞鸟之影"这一复合词汇包含动和不动两种矛盾要素,所以使用了"未尝"这样的两可之辞,[2]表示既否定又肯定。"'飞鸟之影',未尝动也",既不等于"'飞鸟之影',动也",也不等于"'飞鸟之影',不动也",而是包含动与不动两种因素。这虽符合生活经验,却不符合名家一元语言和二值逻辑的要求,故被否定。这一命题的蕴意是:由动和止两种矛盾词素构成的复合词汇不被名家语言允许,因它不适于名家二值逻辑。

[译文]

　　"飞鸟的影子"这一语汇,表示既动也不动。

命题 26

[原文]

　　"镞矢之疾",而有不行、不止之时。

[校注]

　　前贤所释种种,不罗列。此申名家一元语言论。"镞矢之疾"与上条"飞鸟之影",均为二元语言词汇,但结构不同:"镞矢之疾"的结构为"名词+动词","飞鸟之影"的结构为"动词+名词"。"不行""不止"与上例"未尝"类似,均为两可之辞。这一命题的意蕴,同命题 25。

[译文]

　　"箭头疾飞"这一复合词语,表示既静止又运动的状态。

命题 27

[原文]

　　"狗"非"犬"。

---

①《墨经》第 119 条:"景〔影〕不徙。"此乃当时社会共识。

②晋人鲁胜说:"是有不是,可有不可,是名两可。"(《晋书·隐逸传》,北京:中华书局,1993 年,第 2434 页)

[校注]

司马曰:"狗、犬同实异名。名实合,则彼所谓狗,此所谓犬也;名实离,则彼所谓狗,异于犬也。"成玄英疏同。① 此二说均非名家之意。据《名实论》之名实对应唯一性原则,在名家语言中,名必须是唯一的,重名被禁止。"狗"与"犬",二名一实,虽在社会生活中默认,但不被名家符号语言学允许,故有此命题。

[译文]

"狗"这个名称不应等于"犬"这个名称。

命题 28

[原文]

"黄马骊牛"三。

[校注]

三者何? 前贤解说不一。② 参照《通变论》"'鸡足'三""'牛、羊足'五"之例,可知这涉及对象物形状和颜色及其归类。"黄马骊牛"称谓是一,"黄马骊牛"外延是二(黄马、骊牛),故"黄马骊牛"这一词汇包含三个量化元素,定量为三。这一命题的意蕴,同命题 12。

[译文]

"黄马骊牛"这一词汇包含黄马、骊牛、黄马骊牛三个量化要素。

命题 29

[原文]

"白狗"黑。

---

① 陆德明:《经典释文》,第 405 页下;郭庆藩:《庄子集释》,第 1110 页。
② 司马曰:"曰牛、曰马、曰牛马,形之三也;曰黄、曰骊、曰黄骊,色之三也;曰黄马、曰骊牛、曰黄马骊牛,形与色为三也。"(陆德明:《经典释文》,第 405 页下)

[校注]

古今学者多从白狗这一实物对象入手,圆融其说。^① 亦有学者从"语言哲学"角度展开讨论,^②与名家之旨相去甚远。此破墨家概念论。所谓"'白狗'黑",是说"白狗"这一概念包含黑的因素。例如,白狗的定义:皮毛白色、眼睛黑色的犬科动物。辩者同样可以说"'黑狗'白",因为黑狗的眼球、牙齿是白色的。这一命题与"'卵'有毛""'马'有卵""'丁子'有尾"等命题相类,意蕴亦同。

[译文]

"白狗"这一概念包含黑色。

命题 30

[原文]

"孤驹",未尝有母。

[校注]

古今学者落于生活实际之窠臼,^③不合名家学理。"未尝",两可之辞,既否定又肯定,说见命题 25"'飞鸟之影',未尝动也"。"孤"者无母,"驹"必有母,"孤驹"是矛盾型词汇,与"飞鸟之影""镞矢之疾"类同,蕴意亦同,申明名家一元语言。

[译文]

"孤驹"这一词汇,表示此驹既有母亲又无母亲。

---

①司马曰:"白狗黑目,亦可为黑狗。"(陆德明:《经典释文》,第 405 页下)孙中原说:"白狗的眼睛黑,可以说白狗黑。这里推理的前提是正确的,而推理的结论却是错误的。"(孙中原:《中国逻辑史(先秦)》,第 104 页)傅奠基说:"'白'这一颜色特性,只是物体'有待'于光的一种表面现象,而物体'无待'于光照的'固有颜色'只有一个——黑色。仿此,'白狗'不变的颜色并非是'白'色,'白狗'的固有颜色应该是'黑'色,所以'白狗黑'……'白狗黑'这一命题的提出,反映了先秦时代辩者对颜色现象的一种深刻洞见,其达到的认识深度与同时代的西方自然哲学家当属同一水平。"(傅奠基:《"白狗黑"是诡辩,还是真知?》,《西南大学学报》2012 年第 3 期)
②刘利民《先秦"辩者二十一事"的语言哲学解读》:"'颜色本身有颜色吗?'若有,那么颜色是什么颜色?若无,颜色又是一个什么概念,其所指之'实'是什么?显然,辩者们的思考已经涉及到了本体论的根本性问题。"(《哲学研究》2009 年第 9 期)
③李曰:"驹生有母,孤则无母,孤称立则母名去也。"(陆德明:《经典释文》,第 405 页下)孙中原说:"正确命题是:'孤驹曾经有母而现在无母。'……这是混淆时间模态所导致的诡辩。"(孙中原:《中国逻辑史(先秦)》,第 105 页)

命题 31

[原文]

　　一尺之捶，日取其半，万世不竭。

[校注]

　　冯友兰说："此谓物质可无限分割……然此分割只能对思想中之捶，于思想中行之。"孙中原说："每日将其一分为二，永无分完之时。"杨俊光曰："一尺长的棍子，每天取去它的一半，永远也取不完。"[①]其说均是，然义有未尽。在这个命题中，"一尺之捶，日取其半"是常量，"万世"是自变量，"不竭"是因变量。若用 n 表示自变量，L 表示因变量，这一命题可用公式表示如下：

$$L = \frac{1}{2^n}$$

　　若自变量 n 的值为 2，则因变量 L = 1/4，可知第二天捶的长度为一尺的四分之一，即 0.25 尺；若自变量 n 的值为 10，则因变量 L = 1/1024，即 0.0009765625 尺。因为墨家辩学基于实践经验，而这一命题无法完全验证，故不认可名家这一命题："前后取，则端中也。斯必半，毋与非半，不可斯也。"（《墨子·经说》第 161 条。）这一命题的重要学术意义，不仅在于名家可以推出万年之后捶的长度而墨家不能，而且在于名家借用这一命题实现了符号演绎的功能，表明名家逻辑具有中国古典符号逻辑的性质。所谓符号逻辑，就是符号运算，利用符号之间的定量关系，从已知推未知。名家使用的对象语言虽是自然语言，是古代汉语，但是基于指称论的原则，以最简单的案例实现了符号运算。要之，"一尺之捶，日取其半，万世不竭"这一命题与前述公式等价，具有定量推理公理的性质，其差异仅仅在于名家使用的是自然语言而已。

[译文]

　　一尺长的捶，每天从中截断，永远截不完。

---

①冯友兰：《中国哲学史》上，第 129 页；孙中原：《中国逻辑史（先秦）》，第 105 页；杨俊光：《惠施公孙龙评传》，第 268 页。

附录二　诸说辑要

　　名家学说，究为何物？二千年来，其说不一。至于近世，更滋新惑。略举其要，以备稽览焉。

　　《庄子·天下》：惠施多方，其书五车，其道舛驳，其言也不中。历物之意，曰："至大无外，谓之大一；至小无内，谓之小一。无厚，不可积也，其大千里。天与地卑，山与泽平。日方中方睨，物方生方死。大同而与小同异，此之谓小同异；万物毕同毕异，此之谓大同异。南方无穷而有穷，今日适越而昔来。连环可解也。我知天下之中央，燕之北、越之南是也。泛爱万物，天地一体也。"惠施以此为大，观于天下而晓辩者，天下之辩者相与乐之。卵有毛。鸡三足。郢有天下。犬可以为羊。马有卵。丁子有尾。火不热。山出口。轮不蹍地。目不见。指不至，至不绝。龟长于蛇。矩不方，规不可以为圆。凿不围枘。飞鸟之景未尝动也。镞矢之疾而有不行不止之时。狗非犬。黄马骊牛三。白狗黑。孤驹未尝有母。一尺之捶，日取其半，万世不竭。辩者以此与惠施相应，终身无穷。桓团、公孙龙辩者之徒，饰人之心，易人之意，能胜人之口，不能服人之心，辩者之囿也。惠施日以其知与人之辩，特与天下之辩者为怪，此其柢也。然惠施之口谈，自以为最贤，曰："天地其壮乎！"施存雄而无术。南方有倚人焉，曰黄缭，问天地所以不坠不陷、风雨雷霆之故。惠施不辞而应，不虑而对，遍为万物说，说而不休，多而无已，犹以为寡，益之以怪。以反人为实，而欲以胜人为名，是以与众不适也。弱于德，强于物，其涂隩矣。由天地之道观惠施之能，其犹一蚊一虻之劳者也。其于物也何庸！夫充一尚可，曰愈贵道，几矣！惠施不能以此自宁，散于万物而不厌，卒以善辩为名。惜乎！惠施之才，骀荡而不得，逐万物而不反，是穷响以声，形与影竞走也。悲夫！（郭庆藩：《庄子集释》，北京：中华书局，1982 年，第 1102—1112 页）

《荀子·非十二子》：不法先王，不是礼义，而好治怪说，玩琦辞，甚察而不惠，辩而无用，多事而寡功，不可以为治纲纪；然而其持之有故，其言之成理，足以欺惑愚众——是惠施邓析也。（梁启雄：《荀子简释》，北京：中华书局，1983 年，第 62 页）

《荀子·解蔽》：案直将治怪说，玩奇辞，以相挠滑也；案强钳而利口，厚颜而忍诟，无正而恣睢，妄辨而几利；不好辞让，不敬礼节，而好相推挤。此乱世奸人之说也，则天下之治说者，方多然矣。传曰：“析辞而为察，言物而为辨，君子贱之。”（梁启雄：《荀子简释》，第 306 页）

《荀子·正名》：“山渊平。”“情欲寡。”“刍豢不加甘，大钟不加乐。”——此惑于用实以乱名者也……“有牛马非马也。”——此惑于用名以乱实者也。（梁启雄：《荀子简释》，第 316—317 页）

《韩非子·问辩》：“坚白”“无厚”之词章而宪令之法息。（梁启雄：《韩子浅解》，北京：中华书局，1960 年，第 401 页）

《淮南子·齐俗训》：公孙龙折辩抗辞，别同异，离坚白，不可与众同道也。（《淮南子》，陈广忠译注，北京：中华书局，2012 年，第 611 页）

《史记·太史公自序》：名家使人俭而善失真，然其正名实，不可不察也……名家苛察缴绕，使人不得反其意，专决于名而失人情,故曰"使人俭而善失真"。若夫控名责实,参伍不失,此不可不察也。(北京:中华书局,1959年,第3289、3291页)

《汉书·艺文志》:名家者流,盖出于礼官。古者名位不同,礼亦异数。孔子曰:"必也正名乎! 名不正则言不顺,言不顺则事不成。"此其所长也。及警者为之,则苟钩鈲析乱而已。(北京:中华书局,1962年,第1737页)

葛洪:《抱朴子外篇·应嘲》:夫君子之开口动笔,必戒悟蔽,式整雷同之倾邪,磋砻流遁之闇秽,而著书者徒饰弄华藻,张磔迂阔,属难验无益之辞,治靡丽虚言之美,有似坚白广修之书,公孙刑名之论,虽旷笼天地之外,微入无间之内,立解连环,离同合异,鸟影不动,鸡卵有足,犬可为羊,大龟长蛇之言,适足示巧表奇以诳俗。(杨明照:《抱朴子外篇校笺》下册,北京:中华书局,1997年,第416页)

刘勰《文心雕龙·诸子》:公孙之"白马""孤犊",辞巧理拙,魏牟比之鸮鸟,非妄贬也。(范文澜:《文心雕龙注》上册,香港:商务印书馆,1960年,第309页)

黄震:《黄氏日抄·读诸子》:公孙龙者,战国时肆无稽之辨,九流中所谓名家,以正名为说者也。其略有四:一曰"白马非马"……其二曰"物莫非指"……其三曰"鸡三足"……其四曰"坚白石"……其无稽如此,大率类儿童戏语,而乃祖吾夫子"正名"为言。呜呼,夫子之所谓"正名"者,果如是乎!(《景印文渊阁四库全书》第708册,台北:台湾商务印书馆,1986年,第414—415页)

《四库全书总目》:《公孙龙子》三卷,周公孙龙撰……其书大指,疾名器乖实,乃假指物以混是非,借白马而齐物我,冀时君有悟而正名实,故诸史皆列于名家。(北京:中华书局,1965年,第1008页)

梁启超《墨子学案·附录一》：惠施公孙龙，皆所谓名家者流也；而其学实出于墨……《墨经》言名学过半，而施龙辩辞，亦多与《经》出入。（上海：商务印书馆，1926 年，第 165 页）

章炳麟《齐物论释定本》：指马之义，乃破公孙龙说。（《章太炎全集》第六册，上海：上海人民出版社，1986 年，第 78 页）

章炳麟《国学概论》：名家之说，关于礼制者，则所谓"刑名从商，爵名从周，文名从礼"也……凡正名者，亦非一家之术，儒、道、墨、法必兼是学，然后能立能破。故儒有荀子《正名》，墨有《经说》上下，皆名家之真谛，散在余子者也。若惠施、公孙龙辈，专以名家著闻；而苟为釽析者多，其术反同诡辩。（北京：中华书局，2009 年，第 116 页）

胡适《中国哲学史大纲》：这班人的学说，以为一切区别同异，都起于主观的分别，都非绝对的。但在知识思想上，这种区别同异却不可无有。若没有这些分别同异的"物指"，便不能有知识了。故这些区别同异，虽非实有，虽非绝对的，却不可不细为辨别，要使"彼彼止于彼，此此止于此"。有了正确之"名"，知识学术才可有进步。公孙龙一班人的学说，大旨虽然与惠施相同，但惠施的学说归到一种"泛爱万物"的人生哲学，这班人的学说归到一种"正名"的名学。（北京：中华书局，2015 年，第 213—214 页）

冯友兰《中国哲学史》：惠施之观点，注重于个体。个体常变，故惠施之哲学，亦可谓为变之哲学。公孙龙之观点，注重于共相。共相不变，故公孙龙之哲学，亦可谓为不变之哲学。（上册，上海：华东师范大学出版社，2011 年，第 129 页）

王琯《公孙龙子悬解》：名家既以正名为事矣。以吾所见，初则但如孔子"名不正则言不顺"，指陈正名与政治社会之利害关系，椎轮大辂，动机尚微，并未以此专其所学，更无所谓名家之号也。迨后道家诸子，若杨、庄一流，煽老氏无名之学风，以名伪无实,是非齐一,词锋犀利,转相诘难。正名者流,乃思为自卫之策。
更以向论单纯,壁垒未坚。对于自身,进而讨论正名之工具;对于
他宗,转而研求辩证之方法,相激相荡,蔚成宗风。此时代著述,
可以《尹文子·大道上》篇、《公孙龙子·名实论》、《荀子·正
名》篇等代表之。而《墨经》一书尤为圭臬……如管子、韩非以法
家谈名,荀子以儒家谈名,墨子以墨家谈名,尸子、吕子以杂家谈
名。在其学说全部只占一域,或为所标主义之一种基念,或以论
旨旁衍与名相通。总之舛而不纯,虽曾论名而不为专家。后之史
官仍就其学术宗旨之大者正者属于何派,谓为法家,或儒家、墨
家、杂家,以明其宗而昭其实,初不谓之名家也。专者如施龙诸
子,其学说全部特重于名,贯彻初终,成一家之言……此名家一义
成立之源,而公孙所以由墨归名也。(北京:中华书局,1992 年,
第 22—23 页)

　　谭戒甫《公孙龙子形名发微》:夫名家之学,体大思精,墨徒
传之,《经》《说》具在。今公孙《白马》《通变》《坚白》,皆作答问,
自画为守,疆域宛然,疑当世二家对扬之辞,后学编掇者也。(北
京:中华书局,1963 年,第 171 页)

　　庞朴《公孙龙子研究》:诡辩之为诡辩,不在于是否探讨了名
实关系,以及探讨时是否有见于客观辩证法的某些方面,而在于
怎样对待它所见到的东西……公孙龙在探讨名实关系的时候,确
然接触到了辩证法的某些方面,如个别与一般、对立的统一等,不
过他把这些方面加以主观的应用,用一个方面去排斥另一个方
面,而这就造成了诡辩。(北京:中华书局,1979 年,第 113 页)

　　栾星《公孙龙子长笺》:把这本书看作先秦诡辩学说中“离坚
白”一派的一部结集,也不为过。(第 14 页)虽然公孙龙的认识
学说是反科学的,也仍应用科学的认识论,来逐层探讨他的反科
学的认识学说。(第 32 页)以惠施、公孙龙为代表的名辩思潮,

是哪一个阶级、哪一种特定的社会生活孕育的呢？我的回答是：
名辩思潮是市民思想的映射，是商业都会的产儿。（郑州：中州
书画社，1982年，第161页）

温公颐《先秦逻辑史》：我认为公孙龙的逻辑是内涵的逻辑。
（第50页）关于逻辑的规律，公孙龙虽没有明确提出，但他在论
辩的过程中，的确是充分运用的。前边已谈到公孙龙的"白马非
马"之辩，就是他坚持"白马只能等于白马"的抽象同一律。（第
51页）公孙龙对逻辑的又一贡献，即他摆脱了正名主义的政治逻
辑，而把逻辑纯化。（上海：上海人民出版社，1983年，第52页）

周云之、刘培育《先秦逻辑史》：公孙龙作为名家学派的主要
代表，也喜欢抽象地谈论名实问题，喜欢故意用一些违反常识的
"诡辞"以求取胜，这就不能不受到辩者中一般诡辩思潮的影响。
（北京：中国社会科学出版社，1984年，第102页）

孙中原《中国逻辑史（先秦）》：在公孙龙及其学派的议论中，
逻辑与诡辩并存。有时诡辩占主要地位，但其中也包含逻辑学的
因素。有些议论，则不是诡辩，而是符合逻辑的。（北京：中国人
民大学出版社，1987年，第147页）

杨俊光《惠施公孙龙评传》：公孙龙的哲学，属于唯心主义和
形而上学，这是他的逻辑思想的哲学基础。同时，他的逻辑所论
证的，也正是这样一条哲学路线。但是，公孙龙的逻辑思想，却有
很多合理的成分。（南京：南京大学出版社，1992年，第214页）

谭业谦《公孙龙子译注》：《公孙龙子》目前还没有较完备的
注释，其意义需要作进一步的研究，公孙龙思想的真正面目还有
待揭示。本书意在对《公孙龙子》文义作一新的解释，同时也对
《墨经》中明显与《公孙龙子》有关的篇章作一较新的解释。以
《公孙龙子》之义证《墨经》之义，也以《墨经》之义证《公孙龙子》
之义。从两书文义的符同证明两书可能同出一源，或部分地同出

一源。(北京:中华书局,1997 年,第 1 页)

黄克剑(译注)《公孙龙子》:这位睿智的辩者已经觉悟到语言作为概念的排列组合在命名或描摹事物时其与经验事物相"离"的固有本性……用以命名、摹状的语词与天下实存的森然万象并不存在一一对应的关系,人却又不能不借助它辨识……世界。……他对"离"的秘密的揭示是为了"正"……即所谓"正名实"或"正名"……指称共相的"名"与称谓实际事物的"名"的同名相"离"为公孙龙论理式"正名"的灵韵所寄。……这一派人物把言谈或辩难所涉及的思维形式及"名""言"性状问题拓辟为一个有着特殊探讨价值的领域。(北京:中华书局,2012 年,第 24-26 页)

曾祥云《关于〈公孙龙子〉研究的若干问题》:《公孙龙子》一书是我国古代唯一专门探讨名的问题的名学专著。(《哲学研究》2009 年第 10 期)

附录三　名辩要旨

　　名家辩学，惠施、公孙龙为翘楚。施龙学说，古代学者或谓辩而无用，或谓专决于名而失人情；今世学者或谓为诡辩，或谓诡辩与哲学并存，或谓逻辑学说与唯心主义并存，或泛论施龙之学为哲学、逻辑学。至于施龙所云为何物，名家逻辑在哪里，则鲜见论及。故言先秦逻辑者，皆重后期墨家。名家辩学，未知所以。

　　施龙学说史料，信而可征者，唯《公孙龙子》六篇，又《庄子·天下》辩者三十一事。据此概括，有名家语言学，及名家逻辑。

　　名家语言学具如下四端：其一，否定墨家概念论。龙作《指物论》，开篇八字，掷地有声："物莫非指，而指非指。"《天下篇》凝为六字："指不至，至不绝。"意谓墨家概念未能包摄对象全部属性。"卵"有毛，"郢"有天下，"马"有卵，"白狗"黑，龟长于蛇，"丁子"有尾，看似荒唐，实讽概念论。其二，创立指称论。龙作《名实论》，以实为彼，以名为此，名实相应，不容有二，故"狗"非"犬"，"璞"非"鼠"。名为指号，绝无内涵，故"火"不热，"目"不见，"规"不为圆，"轮"不蹍地。其三，符号语形论。龙作《通变论》，论"二无一"，若"左右"与"左""右"无干。又作《白马论》，言"白马"与"马"无涉。复名、单名，形式不同，指号功能不异。借自然语言之形，行符号语言之实。名墨两家逻辑语言形同而神异。其四,一元语义论。一元语义者,符号语言指向单一也。龙作《坚白论》,明"独而正"之原则,故坚白离。"孤驹"未尝有母,"飞鸟之影"未尝动,"镞矢之疾"而有不行、不止之时,皆语义多元,不可成立者也。

　　名家逻辑乃准符号逻辑。准符号者,对象语言形非符号,实乃符号也。逻辑者,命题推理也。命题推理之法,略有二端。其一,定性推理。定性推理者,由此命题推彼命题者也,即利用命题之间肯定/否定关系,或命题之间同一词项正义词/反义词关系进行推理。《天下篇》载辩者命题曰:"今日适越而昔来。"复原当为:"'今日适越'而'昔日来越'。"符号化则为"▲▼＝△▽",此乃定性推理之公理也。其二,定量推理。定量推理者,根据命题之常量,推命题之变量者也。《天下篇》载辩者命题曰:"一尺之捶,日取其半,万世不竭。""一尺之捶,日取其半"为常量,"万世"为自变量,"不竭"为因变量。用符号公式表示,可为 $L=\dfrac{1}{2^n}$。"日取其半"乃量比之一,1/3、1/7 或 1/21 皆可也,定量演绎公理隐含其中也。名家逻辑,只见其用,未见其说。

　　二千年来,学者莫明施龙学术之奥妙,或讥名家学说"苛察缴绕""钩鈲析乱",或诬名家学说为"诡辩"。施龙忍辱含垢,讥诞学林,和氏泣血,莫甚于斯。诚龙说得彰,则千年诬辞可去,龙飞于天矣!

跋

一、不晓符号逻辑,难窥施龙名学奥秘;不察名学真谛,难执墨家辩学根柢。此乃《墨经》与《公孙》同诠之根由。

二、《墨经》与《公孙龙子》,合之为一,实则为二。凡例、附录诸项,各有不同,故分别行之。

三、先秦文献,难以卒读、莫识庐山真面目者,《墨经》《公孙龙子》居其二。《墨经》诸篇,前贤筚路蓝缕,略窥其貌。《公孙龙子》与辩者命题,怪说诡辩之讥,流传千载,迄今不息。

四、墨家辩学,以实践为本,形式逻辑孕育其中。名家辩学,专决于名,形式逻辑,焕然新生。自胡适以来,学者皆谓先有名家学说,再有后期墨家逻辑。此实难通。从人物时代言,或学术理路析,必先有墨家逻辑,后有名家逻辑。墨辩与名辩,合为辩学,分为二术。

五、古代中华之辩学,古代希腊之罗格斯,固各有特色,亦有同趣,统名"逻辑"可也。中华古典逻辑,不但属于传统逻辑,亦有现代逻辑因素,固可与古代希腊逻辑媲美。

六、余治三教六家学说有年,唯于名家学说莫明所以。故于晚近倾心施龙名学,遂及墨辩。稿成之后,获国家社科基金后期资助,先后经专家评审、鉴定者若干许人,惜不知谁谢。

七、余于逻辑，局外之人。虽殚精竭虑究览前贤之发明，然知识若深渊，文献似瀚海，莫见涯涘，心有惴惴。又涉古籍整理，版本校勘，体例笔法，亦觉生疏。承蒙张晓芒教授、董志广教授多方赐教，受益匪浅，谨致谢忱。

八、本书在出版过程中，承蒙朱凤瀚先生，中华书局张继海、罗华彤、朱立峰诸位先生和责任编辑王璇女士的关心和帮助，又蒙希伯来大学 Yuri Pines 教授修订英文书名，在此一并致谢。

九、本书虽十易其稿，误漏所在不知几多，诚望贤达指谬，以正学术。电子邮件地址：zhangrm@nankai.edu.cn。恭候赐教。

张荣明谨识

2021 年 6 月于南开大学历史学院